惜地

中區慈濟志工環保口述歷史

曾益冰等——口述
張淑宜等——整理

4 證嚴上人 環保初心 世代傳承
10 推薦序 菩薩覺有情 林佳龍
14 推薦序 善護念的環保菩薩 張皇珍
24 出版緣起 做就對了 慈濟基金會文史處

口述人物

28—永不言退的環保老「冰」 曾益冰訪談紀錄・張淑宜
70—南投國姓鄉環保推手 張玉妹訪談紀錄・施金魚
114—市場說環保 處處是道場 黃翠玉訪談紀錄・林雪花
154—開道鋪路走過三十年 劉榮欽訪談紀錄・林淑懷
198—三輪車到鐵牛車 跑出大里環保路 許國連訪談紀錄・林淑緞

228—懺悔得清淨 心靈環保度更生人 柯國壽訪談紀錄·張麗雲
274—動手動腦的環保實踐家 林淑嬌訪談紀錄·張美齡
314—罹癌後自我祝福 宣導千場再千場 邱淑姿訪談紀錄·賴秀緞
360—轉動烏日環保的女運將 簡珠香訪談紀錄·楊素萍、吳淑妃、洪素養
392—土牛環保站的守護者 黃國忠訪談記錄·賴秀緞

附錄

420—慈濟環保三十中區大事記
429—二〇二〇年慈濟臺灣各類資源回收總重量
430—二〇二〇年慈濟環保志工臺灣分布概況
431—二〇二〇年慈濟環保據點臺灣分布概況

【證嚴上人開示】

環保初心 世代傳承

今（二〇二〇）年是慈濟環保三十年，還記得三十年前的八月二十三日，那天我人在臺中，清早要到妙雲蘭若去拜見我的師父（印順導師），車子經過一個夜市場時，一陣風把地上的紙、塑膠、紙板吹起，垃圾就這樣撞上擋風玻璃，坐在副駕駛座的我，嚇了一大跳。

所以那一天晚上，我到新民商工演講（吳尊賢社會公益講座）時，就把早上遇到的那一陣風，這一堆垃圾的事情，重講一遍。我告訴大家，人說臺灣是寶島，而我說臺灣是淨土，如果有心來整頓，一定可以整頓得比現在更美，但是這需要很多人的力量。諸位，你們可以鼓掌的這兩隻手，就可以做什麼？垃圾分類啊！我希望我們大家，共同來一個呼籲，要如何呼籲？呼籲消滅垃圾的推動。

這個因緣，大家聽見慈濟、看見慈濟、了解了慈濟，所以會員、委員就這樣不斷地手牽著手投入慈濟的隊伍來。很感恩那一年的演講，的確是結了不少緣，慈濟人也就這樣出來，那樣的過程都一直感動著慈誠、委員。每一次我要到哪裡去說話，他們事先都要去清掃。

從那一天呼籲做環保開始，「垃圾變黃金，黃金變愛心，愛心化清流，清流繞全球」，我們做到了。三十年前不經意地呼籲，三十年後的現在，環保已經成為國際大事，慈濟人做出來了，在全球十九個國家地區，有逾十一萬位環保志工，人人都是以臺灣為典範，環保做得最好就是臺灣。

臺灣無以為寶，以環保、善與愛為寶，這都是因為有一群環保菩薩的付出無所求，真正是覺有情的人間菩薩，他們做出了典範。這一萬多個日子裡，菩薩沒有停歇過，天天如一日，沒有上下班的打卡，一大早天未亮出門，晚上做到摸黑回家，很多人連過年過節都沒有停歇，還要再去環保站打理打理。這就是慈濟人，那一種無私的大愛，無價的付出。

大家為師父一句話而做，不怕辛苦，不分早晚，天未亮就做，天天都這樣做。為了讓環境永續，都是自假自費、全年無休地投入。所以我說，真的是師父欠大家的人情債，欠大家的情很多，我生生世世都還不完，只好生生世世、心心念念、年年月月都是跟你們說感恩！我們要保持著生生世世同行菩薩道，我們的緣是結很深，是永遠不會斷，所以我很感恩啊！

期待每一位慈濟人總是莫忘那一年，三十年前，環保意識在臺灣民間還未普及，如果沒有那一群投入的志工，就沒有今天的成果。二〇一〇年，環保推動二十年的時候，我行腳到全臺大大小小的環保站，向志工感恩，也要大家挺腰說環保，向社區居民宣導「環保精質化，清淨在源頭」的觀念，鼓勵人人珍惜物命，確實做好垃圾分類與資源回收。

後來我又說「忍痛教育」，為什麼呢？因為二〇一四年六月，我行腳到高雄的環保站時，正好有一輛環保車回來，我走過去看車子倒下來的東西，有垃圾、廚餘，還聞到回收物沒清洗乾淨所散發的臭酸味。我很不忍心，也很捨不得，到了高雄分會後，就跟環保菩薩們說「忍痛教育」。

教大家要婉拒民眾未做分類、夾雜不可回收物的垃圾，維護環保站的環境衛生，也保護自己的健康。大家很為難，覺得這樣是拒絕民眾的好意，會中斷民眾的愛心；我告訴他們，有愛心也要有智慧，要適時開導，讓民眾得到教育，而非長年累月養成不分類的習慣。所以說要「忍痛教育」，才能真正做到淨化人心，帶動正確的環保觀念與行為，讓民眾增長道心。

我們不只是為大地做環保，還要帶動人心環保，習氣就像一堆未分類的垃圾，需要用心分類，可用的加以珍惜，不可留的就要即時清理乾淨，做好心地環保，不能養成不好的習慣；人生短暫、無常，沒有辦法讓我們慢慢改。如果這個時候我們沒有做好，將來要改善資源回收分類的型態就很困難了。

時間累積過來，我們一直一直宣導，社會人士也都了解，大家都有經驗，家家戶戶懂得分類，資源就乾淨多了。從三十年前的那一群人，一直到現在所有菩薩愛的累積，期待著這一分愛是無量無邊，但願愛的能量凝聚更大、更廣。這個時候，就是又要大提倡的時刻了。

每一位環保菩薩都有豐富的生命故事，都值得說出來，記錄成書，留下歷史紀錄。這不是要炫耀，是要為我們生生世世留歷史，成為後人的學習典範。大家要知道，每一本書都可以度人，慈濟這一部大藏經不能沒有你、我在其中。

未來的社會是年輕人的社會，現在年輕人各有事業、學業，以後誰來整理環境？誰來愛惜資源？這都是我們要多教育，看能不能帶出更年輕的志工，投入環保工作，不是為了錢，是為了替後代子孫造福、植福，為了清淨大地。

環保今年已經三十年了，大家最近都是一直在做宣導教育，試著要把做環保，從內心的歡喜，與外面的價值接軌，希望能讓環保亮點更多一點，讓更多人能看得見，不為什麼，單純只是為了環保教育。

今生為子子孫孫教育下去，來生我們還有一個很健康的天地，氣候是調和的，大地還是有豐富的五穀雜糧。期待我們的生活無慮，來生來世還可以這麼富有的大地，還是清新的空氣，要從我做起，每一個人從我做起，所以請大家要多用心。

彙編自一九九〇年八月二十三日臺中新民商工「吳尊賢社會公益講座」開示、《證嚴上人衲履足跡二〇一四年秋之卷》第五八〇頁、二〇二〇年七月二十七日至九月十四日證嚴上人志工早會開示、「二〇二〇年全球環保幹事精進研習會」八月二十三日圓緣開示。

【推薦序】

菩薩覺有情

——林佳龍 前臺中市市長

二〇二〇年是世界地球日五十周年，也是慈濟推動環保三十周年，人與自然依存關係密切，慈濟基金會也在這一年透過各項活動邀約社會大眾了解環保與氣候變遷、地球永續發展的關聯。臺中慈濟人文真善美志工為環保三十口述歷史紀錄的出書，也讓佳龍想起三十年前，證嚴上人應邀到臺中市新民商工進行「幸福人生」講座時，呼籲「請大家把鼓掌的雙手，用在撿垃圾、掃街道、做資源回收，讓我們這片土地變成淨土；垃圾變黃金，黃金變愛心」，三十年後的今天，全球已經有一千八百多萬人次響應，投入環保志工的行列。

近年來，全球面臨嚴峻的環境問題與大自然反撲，特別是二〇二〇年的

COVID-19疫情擴散全球、澳洲森林大火等，無不在提醒人類應該去正視自己對於環境與世界的作為。如何轉危為安，是我們的共同課題，世界各地有許多為環境獻身的志工團體、保育中心，慈濟大家庭也在上人的帶領下，透過具延續性的環境活動，引起更多人們關注環境議題、響應環境保護，正視自身與環境間的相處之道，如同上人所說，期許人心虔誠，愛心凝聚，透過每一個人的力量去改變，減輕地球的負擔。

記得晨起時的《草根菩提》節目，許多慈濟家人在天未亮之時即默默在各地環保站從事環保分類工作，以實際行動實踐上人的法，一人雙手，匯聚百手、千手的力量，點滴成就現在的慈濟志業，這樣守護地球的心志，令人感動與敬佩。我們常說拯救地球，其實拯救的不只是地球，而是自己，因為最後需要依靠地球支撐下去的，是生活在這片土地上的萬物。

慈濟除了環保志工的投入外，也在各項建設或是生態保育中融入環保概念，以愛護環境大地為優先考量。與地球共生息也是環保的重要環節，佳龍在臺中市長任內，在四年內種植了逾五十萬棵樹，在閒置公有地、裸露的山坡地、海岸及河口等地點種植原生樹種，解決因都市快速擴張所引起的水災及熱島效應等環境問題，並建構城市緩衝綠帶，盼維護生態與提升生物多樣性。

二〇一八年舉辦臺中世界花卉博覽會期間，我們也決定以「花現GNP」為主題，以臺中的地方特色為主軸，強調綠色（Green）、自然（Nature）與人文（People）等核心價值，充分展現花博重視「生態」，強調跨物種、跨文化「共生」、「共好」的精神，盼生態保育深化為對這片土地的永續關懷，構築人類與自然間的共好未來。

環境保育包羅萬象，其實就從意識到自己對環境與土地的責任開始，我們也從周遭開始落實環境保護及生態保育，佳龍在交通部推動兼顧綠色價值，包括國道紫斑蝶保護、中部石虎路殺預警系統、墾丁陸蟹產卵保育等都是指標性作為，盼生態保育讓道路更有溫度，以後動物在路上將不是被路殺，而是祝福。

「大愛共伴有情天，寸步鋪路護大地」是三年前慈濟歲末祝福的主題，佳龍記得當時上人說，從過去、現在到未來，天下慈濟人都是以大愛共同作伴，人人都是「覺有情」的人間菩薩，落實佛陀教育，力行菩薩道。上人很堅持：「對的事情，做就對了。」「環保」就是從自己足下的那一片天地開始，邊做邊學，向外推展。

「大愛共伴有情天」，從跨出第一步開始，用寸寸愛鋪展寸寸道路，「寸步鋪路護大地」；保護大地，需要天下人共知、共識，還要共行，以實際行動落實節能減碳，感恩慈濟家人在地球每個角落辛勤努力環保工作，共同讓世界因此更加美好。

適逢今慈濟臺中人文真善美志工為環保三十口述歷史留下紀錄，能夠為此寫序，是我的榮幸。與上人一起實現永續全球環境，為環保要惜福再造福，與這片土地連結共生共好的夥伴關係，留給下一代更美好的未來與祝福，也是我們共同的期盼。

【推薦序】

善護念的環保菩薩

——張皇珍　財團法人商業發展研究院副院長

三十年前，證嚴上人應吳尊賢文教公益基金會邀請，在臺中新民商工社會公益講座中，呼籲「用鼓掌的雙手做環保」，提倡美麗寶島、惜物、愛地球的觀念，啟動慈濟人資源回收的腳步，也加速臺灣資源回收的推動。

三十年來，慈濟人以柔和卻無比巨大的力量實踐環保，每天用「鼓掌的雙手做環保」，慈濟志工都是菩薩，以善心善念感動周遭的人。「慈悲生智慧」、「利他佈福德」，實踐真善美的大愛循環。

一〇九年九月二十五日佛教慈濟慈善基金會文史處師姊、師兄到我的辦公室看我，希望我可以為慈濟環保三十周年專書寫序，提到這是臺中慈濟志工的建議，聽聞欣然接受。我曾任臺中市環境保護局局長四年多之時間，那段期間是臺中市環保資源回收制度實施之初期，篳路藍縷，有臺中慈濟環保志工大力協助及響應，才可以締造全國第一的績效。

「環保三十周年中區慈濟志工口述歷史」訪談紀錄（註），如證嚴上人所說：「人人都是一部大藏經。」每一篇都非常精彩感人，每一位的故事不同，都有令人感動及學習之處，他們每一位都有無比的毅力，小人物發揮最大的力量，對臺灣這塊土地的貢獻都功不可沒，他們真正是「善護念的環保菩薩」。

看到書中好幾篇訪談紀錄內容提及臺中市資源回收及廚餘回收，當時慈濟環保志工就是我們的夥伴，我們有共同走過的路，一回首已經二十年。因此我首先來分享當時臺中市如何規劃推動，並以數據成果表達最高的謝意。

我於民國七十一年起就在衛生署環境保護局服務（環保署前身），迄今已三十八年，見證了慈濟志工對環保的貢獻。

二十多年前全國垃圾處理場（廠）不足，垃圾大戰時有所聞。資源是放錯位置的垃圾，環保署第一任署長簡又新於民國七十八年推出外星寶寶，開始宣傳資源回收觀念，當時中央資源回收制度尚未完備，地方還沒有資源回收車，所有的資源都和垃圾一起丟到垃圾車。證嚴上人在三十年前就看到問題，鼓勵慈濟人以鼓掌的雙手做環保，將心動化為行動、愛臺灣救地球。

二十年前，九二一地震後第二年，也就是民國八十九年一月十二日由行政院環境保護署商調至臺中市擔任環保局局長，當時張溫鷹市長考量臺中市經常有垃圾抗爭事件，希望我發揮女性、專業的特質，和地方進行良善有效的溝通，同時將在環保署的經驗帶到臺中市，並進行長遠的規劃，將臺中市打造成環保城市。臺中市在民國八十八年有八個行政區，二百一十四個里，約九十萬人口，每日垃圾量約一千二百七十八公噸，文山焚化廠於八十五年開始處理垃圾，但是處理量不足，因此每日仍有六百二十四公噸垃圾須掩埋處理，每到天乾物燥的冬季，掩埋場偶有火災發生。我到任二至三個月即發生掩埋場火災事件，也造成當地里長里民抗議。俗話常說「不打不相識」，也因此讓我和當地幾位里長深談溝通，體會當地居民的無奈及委屈，也由於他們的督促、要求、給我具體的意見，讓我在最短時間可以接地氣，和當地監督委員會成為夥伴關係；也因此下定決心，積極推動垃圾減量、回收再利用、逐年減少生垃圾掩埋量。

臺中市是在民國八十八年辦理全面實施「強制垃圾分類」，八十九年七月一日起即分二階段推動廚餘回收工作，於九十一年率全國之先，在北屯成立寶之林家具回收展售中心，並且自九十一年七月一日起率先全國公告廚餘為回收項目。

廚餘回收在當時為首創，考量熟廚餘、蔬果生廚餘產出源及再利用方式不盡相同，應有多元不同的規劃。當時，廚餘堆肥廠尚須克服場地、設備技術評估以及經費籌措等問題，廚餘養豬雖然可以有效消化，同時降低養豬戶成本，但畢竟不是最好的方式，也無法解決果菜生廚餘的再利用問題。因此我於九十二年開始規劃臺中市螞蟻雄兵廚餘堆肥示範計畫，希望透過螞蟻雄兵計畫，每一位市民參與投入，發揮最大力量及成效。當時我的想法是，鼓勵百萬市民動手將廚餘變黑金（堆肥），參與民眾將每日產出的廚餘，利用小型廚餘堆肥桶，自己動手產製有機堆肥，再自行使用於庭院的花草樹木、或自家附近的行道樹、鄰里公園等，庭園也可以變得更加綠意盎然，讓居家環境品質變得更好。市民自己動手，過程百分之百參與，動手做環保化，甜美的果實及綠意會帶來愉悅的成就感，環保可以更生活化、更普及化。

因此，我們從輔導社區開始做起，也獲得許多社區及民眾的支持及響應。黃元杰師兄也在九十四年起開始響應，請官杏枝老師指導，甚至成立臺中志業園區廚餘屋。每每我到社區了解實施成果，看到的都是愉悅的笑容，北屯有一社區還種了許多漂亮的茶花，也送我一株帶回家種在陽臺上，這也應證了上人所說「布施的人有福　行善的人快樂」的一句話。

臺中市廚餘回收於九十二年完成全市一百二十條一般家戶垃圾清運路線全數收運廚餘作業，及八百六十四個社區配合實施廚餘回收工作，每月平均之回收量達二千五百公噸，廚餘回收績效更為全國第一，有效達成有機廢棄物減量之目的。

四年之間，每日垃圾量降至四百七十二公噸，垃圾掩埋量由每日六百二十四公噸降至二十三公噸，每人每日垃圾量更在八十八年一點一公斤降至九十二年零點四七五公斤，資源回收率達至百分之三十四點二，一〇八年資源回收率高達百分之六十。（我於八十九年一月十二日至九十三年四月二十六日期間擔任臺中市環保局長的統計數據）提出這些數據，主要是表達我的感謝，初期華路藍縷，現已成全民共識。不僅是臺中市，臺中縣及中部縣市的資源回收環保工作都有相當的成果。截至一〇八年底，慈濟臺中區有四十一個環保站，六百九十九個社區環保點，七千八百八十四位環保志工，在所有的環保活動、社區學校宣導活動都有慈濟志工的身影，不分彼此，不為自己，只為環保。

如臺中國小老師邱淑姿師姊（註）受到上人鼓勵弟子的話「合抱之樹，

始於毫芒」，放下癌症標籤，把握奉獻的機會，圓滿「一千場環保宣導」的大願，開始再一千場的承諾。一〇九年雖然受到COVID-19的衝擊，宣導活動場次也受影響，卻持續社區回收工作。

臺中黃元杰師兄小時困苦，努力改變宿命，婚後跟著大姊做滷味，後來自立門戶，也很受歡迎。和太太參加資源回收後，身體舒暢，進而戒掉抽菸、嚼檳榔的壞習慣。為了落實及確實執行，甚至放下滷味的事業，全力投入資源回收環保的工作。八十五年受委任成為中區環保組副組長，八十八年八月配合臺中市環保局強制垃圾分類，每天清晨四點半，天未亮時，出動一百零四位環保志工隨垃圾車宣導民眾配合。我還記得當時資源回收四合一制度，必須按月統計社區、學校、清潔隊資源回收的數據，並加以統計分析；當時慈濟中區環保組總是最認真、數據正確。黃元杰師兄做環保過程中，永遠歡喜心、誠信是不二法則，散發正面能量，才能獲得大眾社會的肯定及參與。

南投林金國師兄在草屯發揮創意出錢出力興建「南埔回收站」，把回收的資源充分再利用，如以回收水壺懸掛成兩排，象徵福氣很多，廢棄的彈簧床作為環保站圍牆，利用回收塑膠桶收集雨水成為南投社區環保特色，受到環保局及居民高度肯定。當完工時，附近草屯、社口等都已有環保站，擔心配合的人不多，他的太太說「只要我們好好地做，志工會自己來。」果然，他們的用心、巧思及熱誠，口耳相傳，志工真的多了。三十年來秉持的就是歡喜心，全家做環保，幸福又美滿。

書中印象最深刻的是柯國壽師兄（註），當兵前，當學徒、學做黑手，和哥哥一起創業開工廠。婚後，兄嫂吵著分家，生活壓力排山倒海紛湧而至，經常把太太當作出氣對象，暴力相對。加入讀書會、撿垃圾、載回收物後，受到姑婆的關懷及感召，發覺慈悲及愛的力量，真心懺悔，徹底改變。他坦承面對、誠實待人，將自己在家暴力最不堪的一面說出來，這是最不容易的事。他從資源回收中領悟惜福愛物及感恩，如同放下屠刀，立地成佛，進而影響他人做大愛，願意給更生人機會，進校園反毒。這是多麼不容易啊！

黃陳淑惠師姊則是長年出錢出力、以熱食溫暖大家的心，看到大家吃得很滿足，就很歡喜。他們環保站是接引菩薩道場，讓慈濟照顧戶一起加入做環保，除可以吃飽不受凍，也成了心靈避風港，甚至改變了家庭。在九十八年罹患猛爆性肝炎，上人的三求三不求願力，給了她很大的鼓舞。不為自己求健康、如意、減輕責任；但求精神敏睿、毅力、勇氣及增加力量。黃陳淑惠師姊凡事感恩、不怨天尤人，懷著如果不做，再也沒有機會結緣的心態，繼續環保布施。這樣的精神及意志力，菩薩也感動了。

七十二歲的環保幹事林秀鳳師姊，自三十年前聽到證嚴上人在臺中新民商工社會公益講座中，呼籲「用鼓掌的雙手做環保」，當晚便投入環保志業，沒有一天不做環保，環保已成她的DNA。她在臺中健行路開一家理髮店，她說白天賺的是世間財，晚上是功德財；她從做環保找到生命的價值，人生最大的收穫是看到地球已經變乾淨許多。

每一篇慈濟環保志工的口述訪談紀錄，都是他們人生的精華，三十年都有深深的環保印記及動人的故事。他們共同的特質就是樂觀、感恩、惜福、毅力及永不放棄的精神；他們都不是大人物，卻都是以自己一生成就環保的大英雄。他們是「善護念的環保菩薩」！我在此致上最高的敬意！

註：「環保三十周年中區慈濟志工口述歷史」訪談紀錄分別收錄於《拾福》、《惜地》二書，並先後出版；邱淑女、柯國壽皆收錄於《惜地》中。

【出版緣起】

做就對了

——慈濟慈善事業基金會文史處

自從證嚴上人在臺中新民商工演講呼籲聽眾——用鼓掌的雙手做環保，當日在臺下聽講，除了臺中在地人，也有來自外縣市的慈濟志工和會眾，許多人深受感動，回家後就開始身體力行。

三十年來，慈濟志工做環保，隨著時代變遷，一步步成長，從開始的資源回收，深化為清淨在源頭的簡約生活態度；從個人實踐，提升成社會環保運動的宣導與帶動；從臺灣拓展至全球十九個國家地區。

慈濟基金會文史處為感恩志工的付出，同時留下他們這些年累積下來的珍貴經驗，規劃慈濟志工環境保護口述歷史專書：《拾福》、《惜地》。以中區為起點，訪談在三十年前的演講中，聽見上人呼籲，回家後就投入環保，並在鄰里間開枝散葉的「先行者」；追隨先行者的腳步，繼而在社區帶動與推廣的「共鳴者」，以及默默投入，不遺餘力的「小螞蟻」。

「拾福」、「惜地」意涵，出自上人對志工的勗勉，期待人人感恩天地恩德，只要四季調順，大地即能隨時出產糧食穀米，使萬物繁榮；也要感恩大地承載天下萬物，供應資源，應珍惜使用。同時也叮囑，人類對大地已是過度開發，追求享受而不斷汰舊換新，鼓勵消費也大肆浪費。慈濟人惜福惜物，將廢棄物回收再利用，即是疼惜大地的生命；人丟我撿──他「丟福」，我「拾福」，累積許多資源，與更多眾生分享，即是修福。

兩書共計十八位訪談人選的產生，是透過各社區的志工組隊共識推薦，由人文真善美志工承擔記錄，以具「為慈濟寫歷史，為時代作見證」的經驗值為標準，藉由他們做環保的歷程與經驗，勾勒出慈濟志業和社會發展的交會脈動。設定訪談主題時，先以慈濟志工的生命經驗為主，同時透過慈濟人連結地方事務，藉以增加歷史縱深。中區慈濟志工如何推動環保，屬於慈濟的歷史；個人所見所聞，或涉及社會氛圍、政府政策施行等，則視為時代的見證。

環境保護攸關地球永續發展，是現今全球共同努力的重大目標。然而，千里之行始於足下，中區口述人物是全球逾十一萬位環保志工的縮影，不談學問、不論地位，只有疼惜物命、守護大地的實際行動，以及充分發揮人身使用權的生命價值觀。期待他們的故事，能帶動更多年輕一輩，共知、共識、共行環保，一同守護萬物賴以生存的地球。

27 惜地

永不言退的環保老「冰」

——曾益冰訪談紀錄

經典語錄

要堅持才能體會修行，下大雨，出大太陽，就不想出門，怎麼能體會修行呢？

訪談：張淑宜

記錄：張淑宜、楊家妤

日期・地點：二〇一九年十一月十九日北屯曾益冰家；二〇二〇年七月二十七日北屯真鍋咖啡生活館、八月十二日北屯曾益冰家。

【簡歷】曾益冰一九三三年出生於南投埔里，雙手因幼時燙傷而攣縮變形，致使求學之路受挫，但仍力爭上游。一九七八年接觸慈濟，一九八二年受證委員。一九九〇年八月，臺中新民商工的吳尊賢社會公益講座後，他從臺中開始推廣環保，再擴大到嘉義、雲林、彰化、南投、苗栗五縣市。年近九十歲的他，仍固定每週三天出門做環保，有「環保老尖兵」的別稱。

曾益冰的環保路，數十年如一日。（攝影／黃世澤）

曾益冰師兄的手雖有缺陷，卻不妨礙他做環保。（攝影／黃世澤）

我是一九三三年（民國二十二年，日治昭和八年）出生在南投埔里的鄉下，隔年才登記戶口。阿公是作田人（臺語，音tsoh-tshân-lâng，農人），有六甲多的田，較早的人（臺語，音khah-tsá ê lâng，以前的人）用人工，做得非常辛苦。

農村社會　缺人力欠醫療

我記得我會曉（臺語，音ē-hiáu，知道、懂事）的時候，就要到田裡去。田裡工作很多，都要人工，跤手（臺語，音kha-tshiú，人手）都不夠，犁田要用牛去犁，佈稻仔（臺語，音pòo-tiū-á，插秧）也要用人工，巡田水[1]（臺語，音：sûn tshân tsuí）、施肥、割稻仔、曝粟（臺語，音phák tshik，曬穀）都用人工，做到身體都要受不了了。

我爸爸是長子，生了八個孩子，我排行老六，有兩個哥哥、三個姊妹、兩個妹妹。以前序大人（臺語，音sī-tuā-lâng，父母）都要去田裡工作，小孩子會爬了，就放在地上，讓他自己爬。我二姊以前生病，家裡田種多，加上較早哪有西醫，都是青草挽挽（臺語，音bán-bán，拔）搗碎擰汁直接灌，就看會活不會活。二姊不吃、不哭，只剩微微的呻吟聲，序大人沒辦法，那個時代就放在門邊草蓆上，較早田莊厝四合院，就這樣放三暝（天），結果沒有斷氣，就再挽草藥來灌，又活了過來；以前的人都是這樣自生自滅。

鄉下人田裡忙還都要下田挖蕃薯，剁豬菜（臺語，發音ti-tshài，番薯

1. 指農夫到水田裡，巡看田水灌排有否正常等工作，其意與巡田相同。

藤）、糝（臺語，發音sa̍h，以白滾水煮食）豬菜給豬吃，豬長大了賣錢才能生活。我們是大家庭，養了十幾隻豬。我在學爬的時候，我媽媽把豬菜倒進大鍋煮滾後，舀進大餿水桶裡，準備拿去給豬吃；餿水桶滑滑的，我爬到那邊，扶著桶子要站起來，雙手就滑進滾燙的湯裡。我媽媽聽到我在哭的時候，趕快把我拉起來，這（手掌的）肉都燙爛掉了。

以前沒有醫療，就是糊（臺語，音kôo，塗抹）青草而已，我糊了三年才好起來，以前沒有西藥。草藥有纖維，剁一剁糊上去後，乾了要撕換，很痛，我一直哭；家人看我痛了，就用布把我的手包起來，包到手都變形了。那時候還沒有周歲，十多個月而已，糊到三歲才完全好，這痕跡到現在還有。現在想起來，那時候是業尚未消，所以命不該絕。

時代悲歌　殘障失學自力更生

小時候不覺得自己的手有怎麼樣，一直到讀書時（一九四一年），別人多少都會笑我是殘障，那時候才知道我是殘障，讓我很自卑，不怎麼敢跟人家互動，只要小朋友有一個說你，就會常常讓人家欺負。好在有日本老師，我很認真讀書，成績都是五名內，一年級到四年級我都是當班長，以前叫級長。

國校三年時開始空襲，四年級時（約一九四四年），學校變做兵宿舍，以前一庄一庄有集會所，學生只好在庄的集會所上課。男眾老師都調去做兵（臺語，音tsò-ping，當兵），女眾老師調去做護士，所以學校沒有老師。五、六年級都學白話（國語），像「一人唱，兩人聽」就是一頁，這就是白話，臺灣剛光復[2]，大陸（國民政府）還沒過來，也沒有課本，就用寫字的簿仔印一印，就這樣讀書，到六年級才正式有老師教歷史，那時候也有讀到

---

2. 一九四三年年底，中美英三國領袖在開羅舉行會議，在會中決定將日本在中國所奪取的土地，東北四省及臺灣、澎湖歸還中國。一九四五年八月十四日日本宣布無條件投降。十月二十五日，我政府在臺北中山堂接受日軍投降。淪陷了五十年的臺灣，又重回祖國的懷抱。一九四六年，政府訂十月二十五日為臺灣光復節。資料來源：大紀元文化網，https://reurl.cc/Enlba1（二〇二一年八月五日檢索）。

ㄅㄆㄇㄈ了。

讀完小學（一九四七年），我考到臺中一中[3]，但是身體檢查結果是殘障，所以不能讀，只好回到南投縣立埔里初中，可是初中也說我是殘障，不讓我去讀。殘障在那個時代就是「廢人」，我哭了好幾年……沒辦法讀書只能去做工，在大太陽下做工，做工時想起來就哭，看到別人讀書很羨慕，眼淚就惦惦（臺語，音tiam˫-tiam˫，默默）地流。

我自己意志很堅強，雖然殘障也要自力更生。年輕的時候，我們鄉下人很艱苦，那時代埔里沒有工業、沒有人開工廠，只是農村而已，只要人工。我到農場去割草，小學畢業後兩、三年的時間，經常在大太陽底下工作；只要有人請要做工，我都去做雜工。後來覺得這樣不行，我去賣枝仔冰、賣仙草……只要可以批來賣的都賣，我非常堅強，什麼都願意做。

十六、七歲時，我去𥴊仔店（臺語，音kám-á-tiàm，雜貨店），較早的𥴊仔店賣味噌、小魚乾、鹹魚……什麼都賣。那個門是柴門（臺語，音tshâmnâg，木門），一間店差不多一邊有三片，一片差不多台斤四十多斤，開門要一片片拆下來，到晚上十一點多沒客人了，東西收一收，再把門板搬回來裝上，所有的東西收好才能去休息。

早上起來，老闆教我把味噌鋪得尖尖的，小魚乾大隻的放上面，頭斷的，賣相不好的，放在下面。這樣賣的時候，客人一把抓，就會連下面賣相不好的一起抓……就這樣在籤仔店做了幾年的時間。

勤奮認真　從工友到開公司

後來我去惠蓀林場做事，那裡有工寮，咖啡林很熱鬧；員工宿舍還有很

3.曾益冰報考時校名為「臺灣省立臺中第一中學」，分高中部與初中部。一九七〇年初中部結束，專辦高中，更名為「臺灣省立臺中第一高級中學」；二〇〇〇年二月改制為「國立臺中第一高級中學」；二〇一七年一月一日改隸為「臺中市立臺中第一高級中等學校」。資料來源：臺中市立臺中第一高級中學學校簡史，https://reurl.cc/83Lqdd（二〇二二年七月二十日檢索）。

大的日式榻榻米、拉門隔間、浴室。二十幾甲的咖啡園是日據時代日本人從北海道拿來種植的[4]，聽說日本北海道農學院的學生，每個人拿三十棵日本野杉到惠蓀農場實習林場來種，若種活了，回國才能領得到畢業證書，所以惠蓀林場的咖啡林和吉野杉都是農學院學生從日本北海道拿來種的。只可惜一九五九年八七水災時，這些樹木都流掉了。

當時，我已經二十幾歲了，還沒有交過女朋友。過年時，親戚們商量要去哪裡玩，我就邀他們到惠蓀林場來玩。潘蓮卿是表弟媳的親戚，她也有去。那一次出遊後，我也沒有再和潘蓮卿聯絡。兩年後，家人找媠媠當媒人介紹，竟然對象就是潘蓮卿。

我的個性勤快不怕勞動，工作若做完，看到還有沒做的，比如擦桌子，我都會主動做；我都是最早到，最晚下班的那一個。結婚前，阿姨的女婿在埔里鐵杉營造廠當會計，介紹一個工友的缺給我；鐵杉工廠是丙級營造廠，下班後，大家隨地將畚箕、鏟子、鋤頭等工具一丟，我會去主動收拾整齊。

營造廠老闆的弟弟看我默默地做，引薦我去當監工，就是監督工程的進度，從工友一路做到監工，後來換到臺中一間甲級的興志營造有限公司當監工。

一九五五年花蓮縣秀林鄉龍澗發電廠開始建水壩[5]，作為發電用途。木瓜溪各溪流的溪水流到水壩，被水壩攔下，利用高低落差來發電。水壩工程有日本、西德和美國等國的工程師參與。一九五八年，結婚後沒多久，我被派到花蓮龍澗發電廠當監工；因為我會說日語，在工作中認識一位日本工程師，我們很投緣，他要做什麼，我都會主動幫忙。

日本在一九六四年東京奧運之前，開始要建設，這位日本工程師介紹一

4.惠蓀林場是國立中興大學所屬四個實驗林場中最具規模的林場，日治時期即隸屬於北海道帝大之「演習林」。資料來源：惠蓀林場網站，https://reurl.cc/6DNMgk（二〇二〇年八月三十一日檢索）。

5.龍澗發電廠為臺電公司於一九五〇年代推動的木瓜溪流域發電廠之興建工程中的其中一座水力發電廠，該發電廠於一九五二年，立霧發電廠完工後，同年九月成立銅門工程處，開始初步執行計劃，而龍澗發電廠與其上游攔水壩龍溪壩的工程則在一九五五年五月開始興建。一九五六年美援撥款協助龍澗水力發電工程。資料來源：維基百科，https://reurl.cc/3ape3X（二〇二一年七月二十日檢索）。

位要到臺灣買木材的朋友跟我認識，於是我開始做木材買賣生意，成立天航企業有限公司。日本需要買大量的木材運回去建設，我協助他從臺灣買紅檜原木再賣到日本裁切，或是如果客戶需要裁切好幾吋長、幾吋厚的製成品，我就先請廠商切割好再運出。只要客戶有需求，我就買來賣他，算是貿易賺價差性質；當時賣木材的利潤很好，我賺了很多錢，雇用了十幾位職員。

一九六八年間，一位商場上的朋友常常向我周轉現金，我一直很信任他，當他說要到馬來西亞投資買木材時，跟我借一千多萬元後就沒有再回來。當年，我們住的地方一百坪才十五萬而已，一千多萬可以買下非常多的土地，可是一夕間什麼都沒有了。有兩、三年的時間太太都唸我、怨嘆我太過老實、太過相信人家的話。我賣掉房子、賣黃金還不夠還債，真的很生氣、很恨。有好長一段時間吃不下也睡不著，甚至在心裡想，如果讓我遇上，我一定殺了他。

欠債還錢　遇明師一語驚醒

很多木業雕刻工廠都設在彰化，我的外銷訂單慢慢沒了，我們才搬來臺中住。每逢過年前後，我和太太也會到佛寺拜拜。有一年除夕夜，我們到臺中太平頭汴坑佛恩寺拜拜，因為當時天色已經很晚了，住持廣壎老和尚留我們一起圍爐吃晚餐。

那時寺裡只有他一個師父，很多事都他要自己來，只有一位侍者幫他煮飯而已。來參拜的信眾若要安太歲，師父就用毛筆沾著紅硃砂寫下對方的資料。但是師父是外省籍，鄉音重，不會說閩南語，信眾說的他聽不懂，他說的話對方也聽不懂。我主動跟師父說，要協助他翻譯。於是，我就留在佛恩寺當總務。很多人過年都會到佛寺拜拜，我就對他們說：「這個老和尚修行很深，你們都不知道要追隨他，以後初一、十五就來這裡拜拜。」之後，我也在幾家佛寺當過總務，負責安排寺裡的大小事。

一九七八年，太太跟我說花蓮有一個師父要來北屯路的香雲精舍[6]，要我跟她去。精舍空間不大，好幾次跟著太太去，人非常多，只能遠遠地看，只知道有一位從花蓮來的證嚴法師。同年，有一天和朋友去素食餐廳用餐，點完菜，閒著沒事，看見餐廳桌上有一本《證嚴法師的慈濟世界》小冊子，順手翻看才知道原來慈濟做了這麼多濟貧的善事，我心裡就想：「怎麼會有這麼好的慈善機構？一般都是人家捐多少，就幫助多少，哪有可能生了病，還幫他醫治？還每個月給生活費的？」

我就著冊子內的帳號，除了自己捐錢外，也跟周遭朋友募款，收了錢就匯到花蓮慈濟功德會，功德會再寄收據來給我們。一九八六年慈濟在臺中民權日本宿舍成立分會[7]，我才拿去分會繳。分會空間不夠用，開始著手看土地時，大家都在積極募款。有一次，我站得遠遠地聽到一位六、七十歲的阿婆哭著對上人說：「師父，我要給你的錢都被人倒了。」上人說：「那要恭喜妳啊，妳有錢給人家倒，是妳過去生欠人家，所以不要說被倒，應該恭喜還有能力賺錢還給人家。」

聽上人說那些話，我心裡好震撼，突然間被點醒了，這麼說，朋友借去的那筆錢，是我過去生真的欠他的囉？我心念一轉，幸好還能賺一千多萬去還人家，償還過去的業，要不然賺錢就去花天酒地，現在沒錢就不能再怎麼

---

6. 一九七〇年，臺中佛教會館的達宏法師與達彥法師，由臺中迢迢來到花蓮靜思精舍參訪。盤桓數日，達宏法師深深為（證嚴）上人的悲智願行所感動，本著護持佛門同道的襟懷，回臺中後即率領座下弟子——陳貴玉、汪黃琇蘭、林麗華三人，開始從事慈濟「濟貧教富」的工作。一九七六年，達宏法師在北屯建立「香雲精舍」，農曆初一、十五帶領委員、會員共修，照顧戶的發放亦於初一合併舉行；念佛共修後，師姊們另備齋飯與委員、照顧戶等結緣。慈濟在臺中總算有了暫時的據點。資料來源：《慈濟月刊》三二二期，https://reurl.cc/a1kaYq（二〇二一年八月十三日檢索）。

7. 一九八〇年底，慈濟會務於達宏法師的「香雲精舍」進行；一九八六年三月十日，慈濟臺中分會於民權路三一四巷二號正式設址，臺中慈濟人終於擁有自己的家——舊式日本宿舍，自己的道場。一九九〇年，因會場已不敷使用，原地進行改建，改建新館於一九九二年十月三十一日落成。隨著會務發展，分會再於二〇一三年遷至文心南路臺中靜思堂，民權路舊址於二〇一八年五月二十四日更名為「慈濟民權聯絡處」。資料來源：證嚴法師法音集，https://reurl.cc/n57M4X（二〇二一年八月九日檢索）。

樣了。我就想，未來應該與大眾結好緣，不能再像以前一樣浮浮沉沉。如果沒有遇見上人，怎麼會有這番覺悟？幸好不是被倒，而是拿錢去還給人家。想想自己一個殘障的人，還可以賺那麼多錢還人家，心念轉後，心情就無比自在，輕鬆多了。

偏鄉訪貧　見苦知福勤行善

上人呼籲在花蓮蓋醫院，臺中的慈濟委員辦茶會、小型義賣，或租借學校運動場辦大型義賣來募款。委員幾乎是女眾，男眾不超過十個，年紀也都六、七十歲了，我才四、五十歲，算是最年輕的，所以就主動承擔勤務。有時候早上出門，直到下午二點多才回到分會吃飯，就被林美蘭[8]唸：「現在都什麼時候了？為什麼做到現在還在做？」余金山[9]說：「美蘭，妳要有良心一點，他做到現在汗流浹背才回來分會吃飯，妳還唸人。」我本來想做志工就好，不要受證。但因為入佛門，慢慢轉念，才覺得被唸是消業障，她也是一番好意，所以我並沒有因此而不做慈濟。

一九八〇年到一九九〇年間委員的工作，多半是訪貧而已。四、五個人一組，一早開車帶著便當到苗栗縣、雲林縣、嘉義縣、彰化縣探視偏鄉貧困的人，回到家很晚還要寫個案紀錄。我們訪視都問得很清楚，也會去左右鄰居了解個案如何生活。孩子有沒有拿錢回來，或進一步去鄰里長那裡了解個案的情形。慈濟做慈善的基金點滴來自四方大德，委員一邊訪貧、同時要招募會員，會員越來越多才有辦法幫助更多人。每次去看完個案都要經過詳細

---

8. 林美蘭中區資深慈濟志工，大愛劇場《路長情更長》以林美蘭成長故事，敘述成長的坎坷，如何以大愛化除小愛的問題。資料參考：慈濟全球社區網，https://reurl.cc/XWnQvM（二〇二一年八月十三日檢索）。

9. 余金山是伴隨著臺中會務從早期走到現在的少數幾位男眾委員之一。人稱「余伯伯」的余金山，曾經熱衷於一般民間信仰、到處求神問卜的他，直到接觸慈濟，才將一顆懸浮的心安定下來，他覺得跟隨證嚴上人做善事很有意義！大愛電視將夫妻的故事編成《路長情更長》大愛劇場。資料參考：《慈濟月刊》三六二期〈千江映月〉，慈濟數位典藏資源網，https://reurl.cc/95VAOV（二〇二一年八月十三日檢索）。

一九八九年十一月五日，曾益冰與林美蘭師姊（左二）等人，步行一個多小時探訪關懷照顧戶。（圖片／慈濟基金會提供）

討論才決定幫助多少金額，一組看完，再換另一組去複查，看決定補助的金額是不是可以。

我記得第一次去訪視，大概走了一個多小時，到苗栗山上去訪視一位眼睛看不到的老伯，他住的是芒草搭建的房子，下山採買都要經過一條很深的溪，旁邊是養魚的池塘，路窄窄的，眼睛看不見也在茅草屋旁堆石頭燒柴火，如果燒了起來，不知道該怎麼辦？我看了心裡很不捨，雖然小時候手被燙到攣縮變形，但是比起那位老伯，我還可以做事，可以學佛、做慈濟，想想自己還是很幸福的。

鼓掌雙手　開始做環保

一九九〇年代，上人行腳來臺中分會時，都是女眾圍在上人面前，男眾站在最後面。出門時，男眾開車當前導，上人和委員的車跟在我們後面。每個月農曆初一前一晚，男眾護法出兩部車去臺北接上人。在高速公路上，彼此的默契是一部在前面開道，一部在後面護法，上人的座車在中間。

一九九〇年八月二十三日「吳尊賢社會公益講座」[10]第二場在新民商工[11]舉行，上人應邀演講。出門時我陪伴在上人旁邊，也為上人護法。我們從臺中

---

10. 吳尊賢文教公益基金會，為使積極有效推展改善社會風氣之工作，特於今年（一九九〇年）舉辦第一次「吳尊賢社會公益講座」，邀請本會會長證嚴法師做全省巡迴八場演講。七月十九日晚間七時，於台北國父紀念館，展開首場演講。演講結束，該會並致贈本會三百萬元做為慈濟基金。資料來源：〈慈濟二十七周年慶特別報導〉，《慈濟道侶》一五二期，慈濟數位典藏資源網，https://reurl.cc/pxLGvb（二〇二一年八月十九日檢索）。

11. 吳尊賢社會公益講座原訂八場，第二場因逢楊希颱風而取消，於是八月二十三日於新民商工的講座變為第二場，總場次改為七場。資料來源：〈慈濟訊息〉，《慈濟月刊》二八五—二八六期，慈濟數位典藏資源網，https://reurl.cc/EZ3AVm（二〇二一年八月十九日檢索）。

分會開車出發，在五權路與太平路交接的地方，左邊是東興果菜批發市場，下午有很多人批貨，準備隔天販賣。上人說：「停下來，我用走的，我去那邊看看。」我跟著上人下車，走過馬路。

黃昏時分的批發市場有報紙、紙箱、塑膠盒，堆棄得到處都是，上人一邊走，一邊說：「這些如果能回收來賣，不是很好嗎？」我在一旁也隨即撿拾紙板、寶特瓶等等可以賣錢的東西，放入廢棄的紙箱裡。上人在五權柳橋頭再次坐上車，到新民商工剛好七點，七點半講座開始。演講完，大家都鼓掌，上人說：「希望你們用鼓掌的雙手來做垃圾分類……」於是，環保志業就從那個時候開始。

講座結束兩天，王萬發、劉榮欽、洪旺、林美蘭和我，我們五個人開會商量如何開始做環保？可是沒車也沒有人，所以中區慈濟環保列車是一位當時去聽演講的會眾楊順苓小姐，九月將賣舊報紙的回收款拿到分會給上人，上人讚歎她積極推動慈濟環保的腳步[12]，於是中區在十月開始啟動。我們一邊做，一邊看，做環保是開會時，我自己主動舉手說要做的，所以一直都沒有間斷。

從無到有　跨六縣市做宣導

中區的環保一開始是林美蘭和王萬發在推動，但是要到嘉義、雲林、彰化、南投、苗栗、臺中等六縣市做宣導，就由我代表去。

嘉義縣從嘉義市開始，雲林縣從虎尾、彰化縣的員林、南投縣草屯鎮、臺中縣市的北屯區和苗栗縣的苗栗市開始做。臺中地區委員分成臺中六組，

12.一九九〇年八月二十三日，我在臺中新民商工的演講中，輕輕對大家說：「請用鼓掌的雙手來做環保。」當年二十多歲的楊順苓小姐，在成衣工廠擔任作業員，有心助人但經濟能力有限。她聽見我的呼籲很高興，此後每逢假日，她就挨家挨戶按門鈴，請人整理舊報紙與鐵鋁罐交給她回收。（九月二十一日）她帶著回收所得兩千多元來分會交給我，我請人開收據給她，她說：「這些東西都是別人捐的，我只是幫忙載回來而已。」這筆錢最後以「慈濟人」名義捐出，而她也成為慈濟第一顆環保種子。資料來源：〈無盡藏〉，《慈濟月刊》五二六期，慈濟數位典藏資源網，https://reurl.cc/1oe97Q（二〇二一年八月十九日檢索）。

人稱環保老尖兵的曾益冰募集眾人愛心，集資購得一部中古貨車，車身漆上「慈濟東北屯資源回收」定點載運回收資源。（攝影／游國霖）

彰化區屬於第七組、第八組。我屬於臺中北屯區和北區的的一條線，每當組隊開完會後，我就上臺呼籲：「上人說：『要用鼓掌的雙手做分類。』我們這一組最有福報，就該來做環保，你們把可回收的東西集中在一個地方，我每一個星期都來載。」我告訴委員們如何撿？如何設點？你們撿，我來載。委員們都說：「好，好。」

在北屯區開始做時，一開始沒車，林大壹[13]向妻舅借一部車。我臉皮很厚，就去一家一家的工廠向人家借車。「老闆，我是慈濟（志工），你的車有空閒嗎？星期六可以借我好嗎？」有時候碰了一鼻子灰，話還沒有說完，對方就說：「這是我的車，跟你什麼關係？」我只好摸摸鼻子，繼續再找下一家，耐心地一一去問，托上人的福，真的有人願意星期六借車給我們用。

但是有時他們工廠也要用車，實在很不方便，我覺得這樣不是辦法，就提議大家募資來買一輛車。一位阿婆說由她來出這臺車的錢。兒子問她：「妳有錢嗎？」她說：「有啊，我把菜園的地賣了就有錢。」兒子很緊張地說：「這塊地是我們以後要蓋房子的，怎麼可以賣？以後再說。」她一直想賣那塊土地來買車，我勸她：「兒子不同意，不好啦！」雖然兒子不同意，阿婆卻有這個心願，所以我就對兒子說：「這一部車總共十七萬五千元，你願意出多少，隨意就好，剩下的我們自己來。」最後我出一半，剩下的差額

13. 一九九二年和太太一起受證成為慈濟志工，無論水管、電路細節都會，也會修理紗窗、補地板、馬桶漏水維修工作。資料來源：慈濟口述歷史網，https://pse.is/3msytu（二〇二一年八月二十三日檢索）。

就一千、五千元地募，買下那部車。這就是中區第一部專用環保車，志工口中的環保老車，車號是「OY-9973」。

遍尋資源　有車缺人也要做

募資買到了車，我開始利用人脈到處尋找回收資源，去工廠、企業界問有沒有可以讓我們回收的東西？回收物品越來越多，沒有人幫忙就開始求救，想想能邀約誰來一起做環保？還好林大壹也很用心，他找太太、兒子一起出來幫忙載回收。我若找不到人來隨車，也請太太潘蓮卿來支援。早期回收物都直接載去賣，我們一車車載到回收場，秤完重量，回收商給我們一張收據，最後再一起領錢。

因為人手不足，只要見到人我就問：「菩薩，這區你來幫忙？上人提起『用鼓掌的雙手來做環保』，你若有鼓掌，就要出來做環保喔，看東西放在哪個定點，我再來載。」我很雞婆，看到人就邀，連最遠的沙鹿都去了，有一家工廠的回收物都要給我們。

當時社會上對於資源回收的觀念還不足，我就四處去找資源。比如金融界改用電腦作業，很多五年以上的舊傳票保存在倉庫裡，我就去找信用合作社的理事長，留給他們我的電話，如果有舊傳票，他打電話給我，我們再去載。後來第一、彰化、土地銀行，還有臺中所有的信用合作社，透過彼此介紹一直打電話來，他們將傳票存根、舊存摺、有過期的文件、舊檔案等等用二十公斤的米袋裝好、綁好，放在倉庫裡，我們再自己上樓把整大袋的傳票搬下樓。

臺中環保老兵（左起）陳成立、曾益冰、黃金得，誓願終生疼惜、守護地球。（攝影／簡宏正）

我的人面很廣，會員在臺中工業區工作，

就幫我跟廠家說，我一星期去回收一次，結果每次都載滿兩部大卡車的回收物，常常忙到晚上十點多，晚餐都很晚才吃，甚至有時候連午餐都沒時間吃。像三洋、聲寶等等家電經銷商若送新的電器品去給客人，舊的載回來放在倉庫裡，都會給慈濟回收。我會說日語有一個優勢，我去拜訪日本電器經銷商時，就用日語誇讚他們：「你很厲害，公司經營得那麼好，不簡單。」結果，他們到北屯、潭子工業區還有市區倉庫裡淘汰的冰箱、洗衣機、電視機等等舊家電都讓我們去載。

當時我還年輕有力氣，大型的外國品牌洗衣機，不管多重，因為內裝有不鏽鋼零件，賣的價格又好，尤其是洗衣機、電冰箱的馬達，一心只想載回去賣錢，便使盡力氣扛過肩膀，硬推上車，載回來後先放在廣場上再拆解。但是太多的回收工作可做，卻不知道去哪裡找人可以持續做。有的人做兩天就沒再來，我必須再想辦法找人。做環保很克難，通常一部車兩個人出去，有時候只有我自己一個人搬。如果真的找不到人，就叫太太來補位，有好些年都是我們兩個人去載回收。

無煩惱　夫妻一起做環保

花蓮慈濟醫院一九八六年（八月十七日）正式啟用後，我開始承擔醫療志工的領隊，所以除了每個月要邀約二、三十位男眾回花蓮慈濟醫院當醫療志工，還要到鐵路局排隊購買臺中、花蓮的來回火車票。帶醫療志工時，我逢人就會問：「你家裡面什麼人有空也可以一起來培訓慈誠？」有時候到師姊家聊天，或是每個

一九九三年六月十四日聯合報大幅報導一群慈濟志工以知福、惜福，再造福的心，投入環保運動。（圖片／曾益冰提供）

月坐火車回花蓮做醫療志工，女眾多，男眾少，我就問：「師姊，妳出來做志工，家人會不會反對？」如果對方跟我說會，我就告訴她：「妳把先生、家裡人捐出來給上人做弟子，以後就不會反對了。」

後來我做環保，我繼續跟師姊們鼓勵：「師姊，家裡人如果對妳出來做志工有意見，先把他接引出來做環保，之後受證慈誠，這樣他就會乖乖的。」有的師姊會問：「真的嗎？我也來邀我們家師兄出來做環保。」因此我接引了南投、嘉義、彰化、雲林、苗栗、臺中縣市數百人，很多都是師姊推薦先生出來的。

一九九六年三月，中區環保組成立，每個月二十日環保會議，就輪流到各地開會，比如一月在嘉義、二月在雲林、三月員林、四月草屯、五月臺中，六月就到苗栗……差不多運作四、五年成熟後，就各自做各自的，各縣市由當地的環保組長去號召和宣導，就不用去嘉義、苗栗那麼遠的地方開會了。

我載回收的範圍很廣，臺中地區包括北屯、西屯、南屯、太平、大里、霧峰，還有潭子、豐原在內，我最遠到東海大學收回收。東勢還沒有自己的環保站時，我連東勢也去收過。當地的志工若願意出來，再劃分區域給他們去載。像太平、大里、潭子的師兄陸續來北屯學習後回去自己做，他們就會找出當地可以負責的人，我就不用過去載了。比如大甲的柯國壽出來開始做環保後，我就跟他說：「臺中西岸海線都讓你負責。」後來，沙鹿、清水與大甲，沿著海線就分配給他。

除夕最忙　再晚也得載完

環保回收車通常是一個人開，一個人隨車，早上七點多出門，載完為止，有時晚上十點才回家。中午載到哪裡，就在附近找麵攤隨便吃。我開車兼搬運回收物上車，到回收場卸貨。做環保我都很法喜，現在回想，也很好奇自己以前怎麼有辦法這麼做？印象最深的是有一次車子中途爆胎，趕緊想辦法回家找電話支援，很感恩我一通電話過去，就有人幫忙把破輪胎換過。

過年前半個月幾乎都忙到晚上十點才回家，尤其圍爐（除夕）當天最忙。師兄們要陪太太去買菜，三點多就得走了，大家回家圍爐，我就自己做、自己搬、自己卸，我沒辦法，太太過年圍爐買菜都自己去，從來沒有抱怨。我們承諾做環保，過年大掃除，有人發心整理出來，不能不去載。沒有人幫忙做，我就自己一個人載，再怎麼晚也得載完。

當時北屯區沒有環保站，載回來的回收物沒地方放，除夕夜十一點，回收場都關門了，我會先問大門鑰匙放哪裡？再自己開門，先卸在回收場的空地，過年後再來秤。很多年過年我都十點多才回來吃飯，太太、孩子都習慣了。

做環保，很多人來了又走，進進出出的人很多，沒人要跟我們一起做，也得自己做，我用平常心做環保，也不計較、不強求，所以和很多人結下好緣。回收多時，我幾乎天天出門，沒有一天休息。想想自己也覺得很安慰，募來的那臺環保回收車給我開超過十年，其他的人都要上班賺錢，有空才能出來，只有我固定做環保，所以覺得自己很有福報。

延伸進校園　大中小學通通去

我除了跨社區推廣環保之外，也想到進校園，讓老師帶動學生。臺中市北屯區仁愛國小後面有位詹順名師姊，先生是軍人，邀約姊姊詹惠名一起號召左鄰右舍做資源回收。另一位資深志工黃喜麗是仁愛國小的老師，就請學生星期六把家裡的回收放在學校大門邊，我們再開車去載，詹順名的先生申請移民去紐西蘭，後來環保工作交給周月香，就是後來北屯區大德環保站的源起。

另外，我還先後到過臺中市二、三十所學校做宣導。第一個星期三去學校宣導一、二、三年級；第二個星期五，宣導四、五、六年級，我跟老師說到禮堂宣導如何做環保，我說：「你們每個人都把家裡不要的東西，如牛奶

他們的一天

相招來去撿垃圾

小店的老闆，大公司的總經理、董事長，工人、老師、上班族……這群人，每個星期六的下午，風雨無阻的在街頭巷尾做資源回收。

「大家來去囉！」

星期六下午一點半，準時到達慈濟功德會台中分會的大門口，跟著「環保署長」曾益冰，登上了林大壹開來的卡車，就出發去搬運垃圾了。

曾益冰負責台中北區五條路線其中的一條，有六七個回收定點。前幾天都下雨，垃圾是溼的，這一趟會很辛苦。

林大壹穿著一件汗衫，胸前印著「預約人間淨土」，披著一件背心，背後是「淨化環境歡喜心」幾個大字。他是一家水電行的老闆，工作很忙，但是每逢星期六下午，他一定會挪出時間，跑來「歡喜一下」。

「台灣實在真有福報，我每天打開水龍頭，就會想到衣索匹亞。」林大壹一邊開車一邊說，「所以我們一定要惜福！」

來到中華國小，車子開進校門，就看到了一堆垃圾。大家下了車，就忙著整理垃圾，把破紙箱疊好，把廢鐵絲捆在一起，搬上了車。曾益冰還特別走到新建教室的工地，看看有沒有什麼可以撿的。

下一站是一家理髮店，兩輛垃圾回收車一起到達。理髮店的老闆沈先生，正在忙著幫人剃頭，就請大夥直接到後院去搬垃圾。天啊！這麼多包！沈先生一家人都發了心，每天到附近的菜市場去撿垃圾，再加以分類，一包包的，十分整齊。

後院很小，大家就排成了一條龍，以接力的方式，把後院的垃圾傳到車上，兩輛車很快就裝滿了。曾益冰說：「我們只是每星期來搬一次，他們一家人每天都去撿，功勞最大！」

然後，兩輛車就一起開到了「古物商」的垃圾場。那裡，慈濟的垃圾回收車一輛輛的開來，一場歡喜的相逢。「環保阿公」陳龍全也到了。老人家一直笑著，請他拍照，他很不好意思，趕快跑去車上，拿出一瓶蜜豆奶來請客。

稱好重量，算好價錢，大夥又各自出發前往其他的回收定點了。

這一站是謝老師的家門口，門口掛著一個牌子，請社區民眾來放分類好的垃圾。「先把最早的幾包垃圾排好，以後人家就不會亂放！」這是謝老師保持門口垃圾整齊的原因。大家搬累了，謝老師拿出一大瓶加了蜜的冰水，給大家解渴。

一些當老師的慈濟人，也經常向學生灌輸環保觀念。曾益冰說，有一位老師，每天把貨車開到校門口，讓路過的學生放分類垃圾。

這只是一天的一小段故事。這一群環保義工，以及他們更多的朋友，都是在默默做事的。而且，他們還會一直做下去，因為他們都記著證嚴法師的話，「台灣一天不進化，慈濟一天不休息！」

（記者曹銘宗／台中報導）

一九九三年六月十四日聯合報報導「他們的一天　相招來台撿垃圾」，記錄著包括董事長、上班族、老師、工人等，不同背景的一群人，每個星期六下午，準時集合在慈濟臺中分會大門口，由人稱「環保署長」曾益冰（左）帶領，在街頭巷尾，載運資源回收物。（圖片／曾益冰提供）

瓶、報紙，每個禮拜六拿到學校大門邊或固定的地方？我來回收，大家來做環保好不好？」國小、國中、臺中一中、甚至逢甲大學、東海大學、中興大學我都去過。

大學生一開始沒做分類，我們就做給他們看。我到學校跟老師說：「這些東西亂丟，會惹來到處是蒼蠅，將它好好分類，塑膠、飲料瓶、寶特瓶、紙類等等都分開放，我拿袋子來給你們裝。」一星期出三部車去載兩次。中臺醫專（今中臺科技大學）包括日、夜間部學生一千多人，校園裡瓶瓶罐罐可回收的東西很多，我先聯繫總務，總務再和老師們說如何分類。

東海大學音樂系沒有經費買樂器，我說：「同學，你們這裡有一些可回收的東西，你們收一收，我載去賣，賣回來的錢當成你們買樂器的經費，若有剩下再捐出來做善事。」我都這樣鼓勵他們，其他科系的學生看到做回收有錢可以拿也想做。他們沒有做好，我就和學校商量好，一星期去整理一次。對大學生宣導環保不容易，雖然比較累，有時候，他們連理都不理，我還是用很虔誠的心去做溝通，後來逢甲大學、中興大學，還有中臺醫專也都做了資源回收。

摔傷不開刀　怕不能做回收

有一次我將紙板疊得太高了，從車上摔了下來，雖然很痛，還是先開車回來卸貨，再到中國醫藥大學附設醫院看診。醫生說：「馬上住院開刀。」我心裡想：「若是開刀，要很久不能做環保！」我告訴醫師要先回家準備。離開醫院回到家裡，坐在客廳裡，對著上人法照呼喊：「上人，我怎麼辦，我都不能動了！」痛到沒辦法上床，只能坐在客廳椅子上睡，還好有太太照顧，一個多禮拜，只能坐在那裡，不能工作。

這時，我想到一九九九年九二一大地震後，我在埔里工地看顧組合屋材料時，認識一位徐先生，我拿起話筒說：「我腰椎閃到，一個禮拜多沒有辦法動怎麼辦？」他說：「住址報來！」當天晚上快十點，徐先生帶著一位草根率直的國術館師傅來到我面前；他叫我起來，趴下！我說：「我就沒辦法動。」師傅說：「不能動也要動，起來！」我慢慢地起來，他又說：「趴著！」我說：「就沒辦法趴。」他說：「不能趴也得趴。」

他說話簡短、直接：「衣服掀起來。」他用藥洗（中藥外用液，俗稱「藥洗」）先噴一噴，類似辣椒藥膏貼下去，再用兩個滾輪在我後背滑動，按到了傷處，知道是脊椎移位。他繼續推，然後突然用力按壓，疼得我咬緊牙根。稍稍接合後，辣椒藥膏再貼上四、五塊固定。他就這樣慢慢地推著推著，邊噴藥洗，再貼上貼布，我就感覺整個背後熱呼呼的。師傅幫我推一推後，我就可以起身走著上洗手間，感覺好了很多。師傅說：「好，要回家了。」他很有自信地離開。

隔天的清晨三、四點，我覺得自己可以站起來，於是，走到床前慢慢躺下，這樣一躺就馬上睡著。醒來時太太說：「你睡了兩天，連吃飯都沒有。」一個多禮拜沒什麼睡，推療之後竟然睡了兩天才起來。之後，再經過一個星期，準備要出門發動車子，太太說：「你這樣還要開車？」我說：「沒關係，開開看，真不行再給他們開。」結果發現沒有人開車，也得自己來，自己搬，還是要一站一站去收回收，不能懈怠。

風雨無阻　堅持體會修行

三十年來從開始一直做到現在，還維持三天做環保，三天在臺中慈濟醫院做醫療志工，只有星期日休息一天。只要時間到，我一定要出門工作。上人說：「下大雨，出大太陽，都要做，風雨無阻地去付出，才叫作修行。」真的，要堅持才能體會修行，下大雨，出大太陽，就不想出門，怎麼能體會修行呢？

說到修行，有人要給回收東西，就像老闆一樣，聲色不好，有時候連三字經都出來了，我會彎腰、低聲跟他道歉：「對不起，對不起。」無論環保，還是任何勤務，我不是叫人做，自己在旁邊乘涼，無論是大太陽、下雨天，我都一樣以身作則，才能感動人家的心，才有辦法邀約別人來做。不然人家會說：「你自己不做，還叫我去做！」

農業社會的人，比較肯做環保；我邀約的人，有時間就來，沒時間就不來。一部車固定幾個人一組，沒空來，我就要安排別人來補位。如果覺得慵懶不想來，臨時要去哪裡找人？我跟他們說，萬一不能來，也要找人遞補，自己發願做，要信守承諾、承擔起責任。

曾益冰師兄二〇〇五年七月八日與家人合影。（攝影／林炎煌）

出門載回收都是自己找麵攤簡單止飢，沒有從環保回收裡請款。一個月幾千元油錢，有人會發心，但大部分是自己出的比較多。不買東西，不看電影，不吃點心，不坐車到處玩，少消費，就不會花錢，簡單生活，加油的錢就有了，不用再請款。

這麼多年了，身體健康就好。我太太怨嘆：「跟著你最歹命，別人都去哪裡玩，我都不曾。」太太嫁給我，我不曾帶她出去玩，我自己忙慈濟，也沒時間。前年女兒公司團體要去日本五天，幫我報名，這輩子就玩那麼一次。

我的生活很簡單，不抽菸、不喝酒，一餐一碗飯，有沒有菜無所謂。經常身上帶著一百元零用，一個月後還在口袋裡，從來不會想要買冰水、飲料，喝白開水就好。

國際賑災，自己主動參與，吃、住、飛機等交通費都要自己付，慈濟基金會沒有補助。這一輩子幸好有機會參加四次。到柬埔寨那一次感受最深（一九九四年十二月五至九日），戰爭導致的肢體殘障都比我慘，我不過是手這樣（攣縮）而已；他們卻是沒腳、沒手，我感受自己的幸福，不再抱怨自己為什麼會殘障。

一口氣在　要繼續做下去

很久以前曾經夢見一位出家師父，遠遠地回頭看著我，要仔細看時，突然又隱沒在人群當中；再看到師父時，急急地追了過去，又不復見。就這樣一直讓我在後面追，連續三次清晰的夢境，後來進了慈濟才知道原來那位師父就是上人。

說到上人，有時候如果太久沒去看他，他都會說：「你怎麼那麼久沒來看我？」聽到這句話會覺得很溫馨。上人講的每一句話我都會去執行，把它做好，雖然沒辦法做得很完美，他說過的話，我都會記起來。

剛開始去花蓮慈濟醫院當志工，下午回精舍都

二〇〇五年七月八日，曾益冰不只自己做環保，還帶著孫子隨車整理回收物。（攝影／林炎煌）

會說個案給上人聽，因為我每個月都回去，其他人不一定每個月都會來，所以，我和上人師徒之間的心很緊密。雖然現在沒有回去看他，但是醫療志工和環保志業我都一直認真在做。有一次，上人行腳在臺中慈濟醫院遇見我，上人拍我的肩膀，說：「我來，你都不會來看我？」一旁的莊淑婷副院長說：「他一直都在這裡。」

上人的一句話「用鼓掌的雙手做環保」，我就一直做到現在，不是上人誇獎、稱讚，我才去做。現在做環保跟以前比，相對輕鬆多了，雖然投入環保領域的人比以前多了，但是我不能找藉口休息。只要一口氣在，我還要繼續做下去，環保是這樣，醫療志工也是。

沒做夠　提醒不懈怠

到醫院當志工我都做癌症病患的關懷，十多來年關懷的病患都是癌症末期或三期開刀住院的多。我覺得罹患癌症最可憐的就是口腔癌，手術後將舌頭割掉，一定要插管從鼻子引流。不能再插管時，從食道切口，再不行，從腹部做人工造口直接到胃。胃不是切開插入，還要剖開掀起來，再插進管子黏在胃裡。病患躺在病床上，吃也不能吃，睡也不能睡，鼻子還插著管，不小心動一下就痛，有苦難言，拉了幾次發炎就要不斷換地方再開刀插管。

我看過很多案例，慶幸自己還很健康，體會身體還能動，就不能懈怠。三十幾年來，應該承擔的責任，我都有做到，因為過去欠人的債，我已經還清，完全放下了，現在全心全力做慈濟。我快要九十歲了，能動就要做，一旦懈怠，身體機能就會退化。一些老朋友像我這樣年紀的都沒出來了。不像我繼續做，雖然沒開車，還是照樣隨車做環保。現在做環保人比較多，但是，我還能做就要繼續做。上人到現在也都沒有休息，他的精神，我們不能忘記。每次若想到上人，就會覺得自己絕不能懈怠。所以，只要有工作分配給我，我從未說過：「我不能去。」

幸好有環保可以做，到現在都不曾有過退休的念頭，一直覺得自己「還

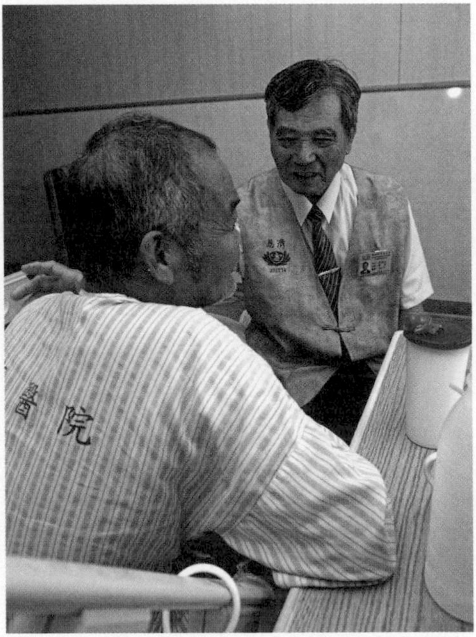

慈濟志工曾益冰二〇〇五年七月十二日在花蓮慈濟醫院關懷住院病患，親切互動。（攝影／林炎煌）

沒做夠」，要這樣想才有辦法再繼續做。若有「已經做這麼多了」的念頭出來，人就會鬆散，不想再做。遇上下雨天，若想說「年紀那麼大，下雨天危險不要出去」，就會心生怠惰。我都一直想：「還做不夠。」

未來我從來沒想過，因為那不是自己可以決定的。做就對了，未來要怎麼樣，都是冥冥之中的定數。走好路，要有人護持；走壞路，也會有人在看。做善做惡，不是沒有差別。福報還有，還可以享受；福享完了，若沒有

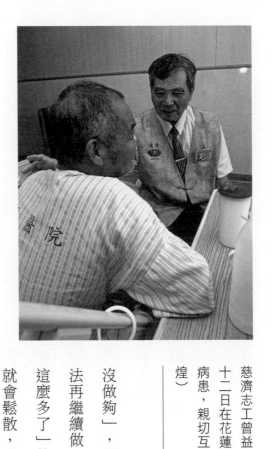

再修福，以後到了地獄就知道了。

付出是跟人家結好緣而已，沒有什麼功德，不是我做很多，功德就很多。凡夫說是積陰德，多付出以後回去（往生）的路比較好走。選擇這條修行的路，絕對不會富貴，不會很有錢。手頭不充裕，但是生活過得去，我們都會盡量參與，出一分心力。

南投國姓鄉環保推手

張玉妹訪談紀錄

經典語錄

信己無私，信人有愛。我在做，天在看。做環保是好事，天天可以做，對孩子是最好的教育。

訪談：施金魚

記錄：施金魚、張秋菊、游淑惠、羅麗仙

日期・地點：二〇二〇年六月三十日埔里聯絡處、八月一日魚池灰熊露營區、八月五日埔里聯絡處、八月九日張玉妹家、十月三十日電訪。

【簡歷】張玉妹，一九四六年出生於南投縣國姓鄉大石村，一九六八年與柯春枝結婚，一九八三年成為慈濟會員，一九九四年開始做環保，一九九五年受證慈濟委員，同年借地成立「佛教慈濟北山資源回收站」。為了讓環保普及全鄉，辦理多場社區宣導茶會，讓全鄉十三村都設有回收點。後來回收站用地歸還，兩人在國道六號高架橋下成立新站，讓當地環保得以延續。

柯春枝和張玉妹夫婦攜手為國姓鄉的環保而努力。（攝影／潘常光）

我是一九四六年（民國三十五年）出生在南投縣國姓鄉大石村的崁斗山上，爸爸媽媽做人很虔誠，如果有寺廟要造橋鋪路，爸爸都會去寺廟拿功德簿幫忙勸募。我有七個姊姊、四個哥哥、一個弟弟，十三個兄弟姊妹中我排行第十二，從小家人都叫我阿玉。爸爸在崁斗山種了兩甲多的田地，所以我出生時家裡米糧都很足夠。而且我有很多哥哥、姊姊還有嫂嫂，所以小時候我很好命，什麼事都不用做。

小時候沒電視可以看，離我們家最近的鄰居，相隔有好幾百公尺，還好我們家孩子多，又有四、五個長工，很熱鬧。所以到了晚上，鄰居常來我家聊天，哥哥有時會吹吹蕭給大家聽。爸爸常常跟大家說：「人在做，天在看。善有善報，我們要多做好事，才會出好子孫。」所以從小到大我都有這樣的想法：「人如果做壞事，天上的神明、佛祖會看到；做好事，他們也會看到。」所以絕對不能做虧心的事，好事能做就盡量做。

我小學念北山國校（今北山國小），就在北山村的街上，從家裡走路到學校要兩個鐘頭，來回就要四個小時，出門的時候天很暗，回到家天也是暗的。一九五九年，我國校畢業，爸爸叫我到北山街上的雜貨店幫忙賣菜，學習做生意，只做了幾個月。後來爸爸叫我去學裁縫，我到埔里學了四個月，不過姊姊們都沒有學裁縫。我覺得爸爸對我很好，那時像我這樣十三歲年紀的人都是要去做工。

我有兩個姊姊出家，五姊法號宗性法師，六姊法號明定法師。一九六三年，兩個姊姊到臺北臨濟寺受具足戒[1]，我也跟著去，在那裡住了一個多月，就在廚房幫忙挑菜、洗碗。淨心法師是兩個姊姊的戒師，戒期圓滿後，淨心法師要到高雄縣阿蓮鄉（今高雄市阿蓮區）光德寺接任住持，兩個姊姊

---

1. 僧尼出家的程序分剃度與受戒，只有受過具足戒才算正式取得比丘、比丘尼資格。具足戒是在佛寺舉辦的三壇大戒中取得，在三壇大戒中，會有三師七證授予僧尼資格，共十位戒師。比丘尼受戒需二部受，先在尼眾僧團的三師七證前受具足戒，再由女戒師領至僧眾的三師七證前完成受戒儀式。資料來源：李玉珍、黃國平，〈三壇大戒〉，全國宗教資訊網：宗教知識家線上百科，https://reurl.cc/4y5QpX（二〇二一年一月六日檢索）。

要隨著法師南下，我也跟去了。在那裡我當淨心法師的侍者，也會和姊姊、師父們一起上課。

兩年後我們回家看爸爸媽媽，大哥就跟我說：「妳跟人家住在菜堂（臺語，此指佛寺）做什麼！」爸爸媽媽很放心我跟著姊姊出家，但是大哥不肯，我自己也還想工作賺錢，所以沒有再去光德寺。有一位鄰居在南投鎮（今南投市）開百貨行[2]，我就去那裡當店員。後來又換了幾個地方，在草屯鎮的百貨行上班時，認識了我先生柯春枝，結婚後我就辭掉工作。

用心教育孩子 不步夫家後塵

認識先生柯春枝是經人介紹的，他家住草屯鎮的南埔，那時候他在草屯鎮上開機車行，正好在我工作的百貨行對面。

以前的父母，家裡有女兒要論及婚嫁時，都會去打聽男方家庭，那時候我媽媽也去探聽對方的家庭。柯春枝的爸爸有三兄弟，老大愛釣魚，結果被水沖走了。老二就是他爸爸，愛喝酒，對妻兒沒責任，五十多歲就走了。老三做流氓，被人打死，所以他們家給人的印象很不好。但父母親並沒有反對，只是告訴我：「他的家庭是這樣子，妳要考慮看看。」我覺得他做人很實在，所以二十二歲那年我們就結婚了，結婚後先生還是繼續機車行的工作。

八年後（一九七六年），在北山開鐵牛車[3]的弟弟跟我先生說：「現在崁斗山上種了很多梅子、橘子、生薑、樹薯，很需要鐵牛車運下山，你也來開鐵牛車。」因為修機車很辛苦，我們就搬到國姓鄉北山村的街上。

2.百貨行，一九五〇、六〇年代於傳統市場中販賣日常用品的商店，其商品種類繁多從襪子、內衣褲、拖鞋、雨傘、針線等用品，為當時家庭主婦提供方便的購物管道，但隨著時代變遷這類型商鋪漸被大賣場、超市與網路商城取代。〈丰安市場．德發號百貨行〉，臺北市市場處網站，https://reurl.cc/yn17A6（二〇二一年一月三日檢索）。

3.鐵牛車，用耕耘車拼裝的小貨車。資料來源：教育部重編國語辭典修訂本，https://reurl.cc/3L073V（二〇二〇年十二月二十一日檢索）。

先生開鐵牛車，幫人把農產品載下山，當季有什麼農產品就載什麼，有人砍相思樹也要載樹。他的鐵牛車最多可載重一萬多斤，而山上的產業道路沒有鋪設水泥，每當下雨車子就容易陷入泥地，無法前進，又沒有電話可以求助，尤其採梅季節是雨季，載梅子更是常出狀況，雖然賺的錢比一般工人多，但很辛苦。

我先生也是有三兄弟，我嫁過去時小叔不到二十歲，就不斷犯案入獄。看小叔這樣，我就告訴自己，以後一定要好好教育孩子，把這個家庭的名聲翻轉過來。所以我都嚴格地教導教育我三個孩子，要求他們不論去哪裡，一定要報備。那時我都會跟小孩機會教育：「爸爸工作很辛苦！你們看，這個時間，別人的爸爸已經回家吃飽飯在看電視了，你們的爸爸還在山上開鐵牛車。你們要乖一點，孝順爸爸，認真讀書，把書讀好，以後就不用像爸爸做得那麼辛苦。」

響應建院救人 加入慈濟會員

小時候從家裡往北山村的半路上，有一間靈光寺，我的五姊就在那裡出家，他的法號是宗性法師。靈光寺一年有兩次法會，就在農曆四月八日的佛誕節和十一月十七日的阿彌陀佛誕辰，我和爸爸媽媽都會去參加。

我的慈濟因緣，就是靈光寺的姊姊牽起的。住在彰化的邱蘭芳師姊[4]，娘家也在國姓，她是姊姊的信徒，每逢靈光寺舉辦法會，她都會去會場插花。一九八三年，有一群日本人來臺觀光，遊覽車在國姓鄉柑子林翻覆，有多人往生，國姓鄉公所就在柑子林一處廣場舉辦大法會，為那些人超渡，國姓鄉所有寺廟的法師都參加，我就在那個會場經由姊姊的介紹認識了蘭芳師姊。蘭芳師姊跟我說：「花蓮有一位師父要蓋醫院救人，需要大家來護持，

4.邱蘭芳（一九二八－二〇一四年），彰化第一位慈濟委員，法號靜苑，委員號一百七十九號，其人生故事也被拍成大愛劇場《蘭心飄芳》。邱蘭芳口述、許淑輝撰文，〈邱蘭芳 彰化第一種子圓滿〉，慈濟全球資訊網，https://reurl.cc/WL5Yvz（二〇二〇年十二月二十二日檢索）。

張玉妹與宗性法師在靈光寺合影。（圖片／張玉妹提供）

一個月一百元。」

因為我的個性屬於比較雞婆（熱衷助人），像是看到一位聾啞人士在路上撿回收物，手推車推不動，我就會過去幫忙推。女兒看我這樣做，也會幫忙，以後只要看到那個人來就會去幫忙推。還有一位住在南港村的阿嬤七、八十歲了，都會挑著自己種的菜到北山街賣，我都會幫她推銷。有一次阿嬤生病，她兒子載她到北山街看醫生的時候，她還特地到我家打招呼。因為這些事情，我家對面雜貨店老闆的媽媽就說我是土地婆。

所以一聽到每個月捐一百塊就可以幫助花蓮師父蓋醫院救人，我毫不考慮就參加了。我也開始勸募，邀了八個鄰居、朋友加入會員，蘭芳師姊每個月來一次，我就把收到的功德金交給她。但因為對慈濟不是很了解，也就沒有很努力去招募，會員始終只有八個。由於蘭芳師姊住彰化，兩人互動不太方便，所以我只是收功德金而已，沒有參加慈濟活動。

花蓮慈濟醫院開幕那天（一九八六年八月十七日），在蘭芳師姊的邀約下，我和出家的六姊也去參加。會場人很多，場面非常莊嚴，看了很感動。

一九八八年，蘭芳師姊來到埔里，遇到南投縣的組長徐瑞宏師兄[5]，就跟徐師兄說：「我這個幕後[6]就交給你們來帶了。」徐師兄找蘇幸師姊[7]來帶我，我就和埔里的慈濟人接上線，但還是和蘭芳師姊保持聯繫。

5. 徐瑞宏，埔里第一位慈濟委員，委員號八十六號，曾任南投區組長。

6. 幕後委員，慈濟委員勸募會員後，會員認同慈濟理念，協助委員招收會員，稱幕後。

7. 蘇幸，一九八三年受證慈濟委員。因不忍南投慈濟志工徐瑞宏在病痛時仍持續收善款，發心協助其收功德款加入慈濟，主要於埔里推動慈濟活動。資料來源：施金魚，〈歲末祝福啟愛心 帶動會眾學子善循環〉，慈濟全球社區網，https://reurl.cc/Ldykd3（二〇二〇年十二月十八日檢索）。

即使做環保讓生活變得忙碌，也帶來一些困擾，但張玉妹還是堅持做下去。（攝影／潘常光）

好事一起來　動手做環保

有一天，蘭芳師姊告訴我上人在新民商工有一場「吳尊賢社會公益講座」。那天（一九九〇年八月二十三日）我邀了幾位會員和埔里的志工搭遊覽車去參加。演講中，上人呼籲大家用鼓掌的手做環保。回來之後，雖然想做資源回收，但卻不知道怎麼做，就沒有行動了。

一九九三年，蘭芳師姊跟我說：「妳參加幕後那麼久了，應該出來培訓了。」我想到當委員要穿制服、綁頭髮還有很多規矩，心裡有些掙扎，但想到上人是那麼慈悲，這樣的師父一定要跟，所以還是報名了，由蘇幸師姊幫我推薦。

隔年，我和埔里的師兄師姊坐慈濟列車[8]去花蓮，在火車上草屯的陳琬愉師姊[9]分享她做環保的心得，我想到三年前也想做卻沒有做，人家都已經在做了，我也應該開始做。回去後我就邀我先生和我的會員陳有一起來做，陳有也有去新民商工聽上人演講，我一邀她，她就說好。

我剛做回收是從住家附近的商店開始，我跟他們說：「慈濟在做環保，賣的錢點點滴滴都是在救人，請你把紙箱留下來，我會來載。」很多人一聽

8.「慈濟列車」一詞源於一九八九年九月十七日，當時為慶祝慈濟護專開學典禮及慈院開業三周年，與會貴賓、委員、會員二萬餘人；為紓解人潮，慈濟特向臺灣鐵路局提出專案申請，加開火車班次，由於整列火車僅搭乘慈濟人，因此又被稱之「慈濟列車」。資料來源：慈濟年譜資料庫。

9.陳琬愉與林金國夫婦皆是一九九二年受證的慈濟委員，一九九三年成為環保志工，是建立南埔慈濟環保站的重要推手。資料來源：林金國口述、魏玉縣記錄，〈金國重機　賺歡喜——林金國訪談紀錄〉，《拾福》（臺北市：經典雜誌，二〇二〇年十一月），頁二七〇—三一三。

說可以助人都說好，因為離家很近，我每天傍晚都會去載。後來我就走出北山街，只要認識的人就跟他們說，他們也都說好。

只要人家打電話來說有回收物，我就趕快去載。我很愛穿兩片裙，紙板越載越多，雙腳就要張得更開，兩片裙都是後面開叉，就這樣撐破了兩、三件裙子。回收物都放在我家屋簷下，有些人拿來隨便放，擋住了門口，我們回家就要趕快先把紙板拿開，才能進家門。

有時候回收物太多了屋簷擺不下，我會把一些借放在對面鄰居的屋簷下，那間房子是當倉庫用，但他們偶爾會有車子出入，造成鄰居的不便，對人家很不好意思。

雖然做環保要花時間，也帶來了一些麻煩，但我還是堅持去做。我很感謝先生，結婚後我都不用上班，只要照顧小孩、煮三餐，其餘時間他都不會管我，而且他一有空也會幫忙載回收和分類。

克服個性膽小 學開車載回收

一個月後，回收物多到家門口擺不下了，我和先生就開始找堆放的場地，於是想到我們的好朋友張文炳、李月雲夫婦，他們有一塊四百坪的空地。我先生和張文炳非常好，就跟他說：「阿炳，你們那一塊地可以借我們放回收物嗎？」他一口答應，我們就有一塊專門用來擺放回收物的土地。

我們請很早就在做環保的簡棋煌師兄[10]和陳琬愉師姊來指導，教我們分辨可回收和不可回收的種類，以及瓶瓶罐罐、紙類如何裝袋打包，才能方便載運；陳琬愉師姊和她先生林金國師兄[11]則是每個月會來載一次。

10. 簡棋煌，草屯第一顆環保種子，一九九三年開始做環保，最初是沿路撿回收物到鄉公所廣場，再到大賣場借場地做環保，一路做到今天，草屯地區已有三個環保站，接引更多人共同守護地球。資料來源：釋德仉，〈納履足跡：二十四至二十五日 可愛的人生〉，《慈濟月刊》六四九期（二〇二〇年十二月），頁一四八。

11. 同註9。

有時候人家要給我們的回收物很多，用機車載不了，先生工作也沒空，我就要拜託朋友載。鄰居賣豬肉的吳祥文和賣菜的簡萬護，傍晚沒做生意，我就拜託他們。但有時還是找不到人幫忙，所以我決定自己學開車，在李月雲家的空地上學，由先生先教我一陣子。

後來上路練習時，都是利用一大早在北山街的附近，我都開時速二十而已。載工人上山採茶的車都很早，我每次看到車子都很緊張，司機都認識我，看到我就會慢慢開讓我過去。我本來膽子就很小，有時候坐人家的車，只要車子開靠路邊一點，或開快一點，我就很緊張、很害怕。所以是上人給我的精神力量，讓我一定要學會開車，會開車後我才去考駕照。

剛好，我小叔有一輛一噸半的小貨車要汰舊換新，就送給我們當環保車，性能還不錯。載回收時，先生沒工作的話就是他開車，他沒空，就換我開，然後有兩個環保志工跟車幫忙。

剛開始開車載回收物時，只載住家附近的，慢慢熟練了，就敢開到比較遠的埔里去。即使是開車要半個多小時以上的魚池、日月潭，我也照常跑。那時候埔里還沒有環保站，直到埔里有了環保站之後，我們就把埔里的那些回收點，全部交給埔里的志工去載。

開環保車，我也學會了綁繩子，像大卡車固定貨物一樣，把繩子往下拉緊，纏住車身，再用力拉緊。這些男人的工作，我都會做，因為先生如果沒有跟出去，出門一趟都是載滿滿的一車回來，沒有用繩子固定住，紙板就會掉下來，所以我自己就要學會綁繩子。

起初開車載回收，遇到很多狀況。有一次

張玉妹為了載回收學開貨車，起初遇到會車很緊張，竟扯斷換檔器，她感恩上人給了她精神力量，才能克服膽小的個性勇敢學開貨車。（攝影／張秋菊）

我到北山街，沒想到街上車子很多，我很緊張，就趕快要換低速檔，沒想到一緊張用力過度，就把排檔桿折斷了，當下我也不知道該怎麼辦；鄰居看到我車子停在路上不動，趕快過來幫我把車子推到路旁。

還有一次更驚險，國姓村的曾秀琴師姊跟我說，她家附近有幾個會員，他們有很多回收物要給我們。我問她：「那邊的路好走嗎？」她說：「很好走。」沒想到開到半路，看到前方的路是上坡，又彎又陡，旁邊又是坡崁。我退也不是，進也不是，只好一邊開，一邊大聲唸阿彌陀佛，還好最後開上去了。我實在嚇死了，我跟秀琴師姊說：「這種路妳怎麼會叫我開？」回程時，我不敢開了，拜託會員的兒子幫我把車開下去。

國姓鄉到處都是山路，一想到那次我就很害怕，所以以後只要我沒有去過的地方，遇到彎路有坡度時，我一定要先下車，走上去看看是不是我可以開。開環保車都還算平順，雖然我是急性子，但是我開車不會心急，時速最高不會超過六十。

這一年我兒子考上警官學校，鄰居就說：「阿玉，就是你們兩夫妻這麼認真在做環保，妳兒子才能考上警官學校，那就是你們造來的福。」我說：「不是啦！那是他個人的努力。」

上圖／北山資源回收站環境克難，沒電也沒有固定建築物，志工就在黑網下做資源分類。（攝影／潘常光）

下圖／每當分類工作結束，柯春枝（左一）就會帶領志工們念誦「迴向文」，祝福人人家家平安、福慧增長。（攝影／潘常光）

人人出錢出力 成立資源回收站

隔年（一九九五年）我受證委員，那時李月雲家養了很多水鹿，需要用那塊地來種鹿草，我們只好再另外找地。有一天，李月雲跟我說：「妳去看看斗山橋旁那塊地，以前是做陶瓷的工廠，妳去借看看。」那塊地離我們家走路只要五分鐘，我們很喜歡，便四處打聽地主。有朋友告訴我們那塊地是埔里人的，要我們去「埔里酒家」隔壁賣香菇的問看看。我們找到了地主黃先生，他告訴我們：「那塊地是我們家五個兄弟姊妹共有的，我沒有在管，妳去找我姊姊。」

我就把這件事跟蘇幸師姊和組長陳麗華說，蘇幸師姊說她認識那位黃小姐。我們就一起去拜訪黃小姐，她同意無償借給我們使用，但有四個條件：不能申請電力、不能鋪水泥、不能蓋房子；土地要收回的時候，要在三個月內把土地恢復原貌。蘇幸師姊寫下切結書，我們就借到了這塊土地。

雖然有了土地，但是那塊地雜草叢生，因為過去是陶瓷工廠，到處都是一個一個的水泥坑，必須用大型的挖土機挖起水泥，然後再填上泥沙，才能使用。請卡車載來挖土機，車資要五千元，是社區發展協會理事長潘清木先生幫我們出的；潘清木以前在大石村開雜貨店，他家種了很多梅子和竹筍，都是找我先生去幫他載，所以跟他很熟。而整地、載沙石來填平，是我兩個在開大卡車和挖土機的侄子義務來幫忙。

地整理好了，回收站就開始運作。因應回收物的種類很多，我們分門別類規劃了

國姓鄉公所贊助費用架設圍籬之後，回收站有了內外之分，「佛教慈濟北山資源回收站」看板豎起，向路人廣為宣傳。（攝影／黃南暘）

為了推動國姓鄉民響應環保，張玉妹（臺上右一）和志工們到各村愛灑宣導，並設置回收點，讓環保普遍到全鄉。（圖片／張玉妹提供）

存放空間，分紙類、鐵類、寶特瓶、塑膠等等。為了存放一些怕淋雨的回收物，因規定不能蓋房子，我們就搭建一個鐵皮屋，然後拉起一張大黑網，就在這樣克難的環境下開始回收分類，但每個人都做得很歡喜。分類工作結束了，我先生就會帶領大家念誦「迴向文」：「願消三障諸煩惱，願得智慧真明了；普願罪障悉消除，世世常行菩薩道。」祝福人人家家平安、福慧增長。

因為地上不能鋪水泥，所以下雨天時，地上總是泥濘不堪。也不能申請水電，我們洗手用的水，水源在靈光寺後面，大概有六公里遠，那裡有十個用戶自己接水管下來，我就引一道水給回收站用，用戶都同意。

我很感謝國姓鄉鄉公所的清潔隊長，他先送了兩個子母車給我們放垃圾。隔年，他認為我們的環保站沒有內外之分，建議用鐵絲網圍起來，費用由公所支出，實報實銷。有了圍籬之後，就有大門可關，我們也在圍籬上掛起「佛教慈濟北山資源回收站」看板，讓外人知道慈濟在斗山橋這邊做環保。

辦茶會宣導　十三村皆設回收點

為了讓更多人知道慈濟在做環保，一九九七年我們就帶動掃街，每逢初一、十五早上五點，邀潘清木和社區的會員十多人，打掃北山村的兩條街道，持續了四、五年。

第一次開始掃街時，組長陳麗華帶了很多埔里的志工來，掃完我們還帶動手語歌，也請大家吃點心，很熱鬧。後來每次掃街也會有村民主動加入行列，有四、五位後來也去環保站做環保，像黃素蘭和高好樣一直做到現在仍在做。

另外，為了呼籲整個國姓鄉的人，都能響應環保工作，這一年我們也由麗華師姊帶領著師兄、師姊，陸續到北山村、國姓村、柑林村、福龜村、大石村、乾溝村、北港村、南港村、長流村等九個村去辦茶會，但大旗村、石門村和國姓村是連在一起，他們都也一起來參加，而長豐村和長流村是連在一起，兩村的人也一起來參加。大約花了兩、三年的時間來辦理。

要辦茶會就先去找村長，告訴他慈濟想來辦個茶會，邀請村民參加，村長都很歡迎。我們自己找茶會地點，通常是在社區活動中心或宮廟，我們就去拜訪村長或主委，因為是好事，他們都很贊成。每一場茶會，我們會請當地志工或熟悉的人幫忙邀會眾，每一場至少都有二、三十人參加。茶會中，我們說慈濟，也講環保，介紹慈濟的回收分類，請民眾一起來響應。

然後我們就找每個村裡認識的人，請他幫忙找一個回收點，再請鄉親把整理好的回收物，拿到那個地方，我們再去載。經過不斷地努力，最後，包括沒有參加茶會的長福村在內，整個國姓鄉的十三個村都有了回收點，所以回收量也愈來愈大。因為我先生在開挖土機，大部分的回收是我開車去載的。

這時候回收量更多了，我們就自己載去賣。兩個月固定賣一次，每次都要填寫「資源回收提報單」回報給慈濟臺中分會[12]。以二〇〇〇年的九月和十月的提報單來看，我們紙類賣了一萬六千三百二十公斤，鐵類似千四百九十七公斤，塑膠三千零八十公斤，寶特瓶一千九百六十公斤，大概就可以知道一整年的回收量，可見斗山橋旁的回收站收到不少資源。這都因為有那些志工，我們才可以做到這樣。

12. 本文指舊慈濟臺中分會，一九八六至二〇一三年設址於臺中市民權路三一四巷二號，後因會務增加，需要更大的空間，於二〇一三年臺中分會搬遷至文心南路臺中靜思堂，原處於二〇一八年更名為「慈濟民權聯絡處」。資料來源：慈濟年表資料庫。

帶人帶心 疼惜環保志工

慈濟北山資源回收站的回收量越來越多，二〇〇一年又多擺了兩個貨櫃，存放回收衣服和可再利用的家具、輪椅、輔助器。這兩個貨櫃是九二一地震後，北山國小當倉庫用的，學校重建好之後，就將貨櫃送給我們。後來貨櫃會漏雨，我們去跟（國姓鄉）鄉公所申請補助，李增泉鄉長說好，我們請人在屋頂安裝了鐵皮，花了五萬多塊，也是鄉公所支付的。

我們固定在星期四早上分類，有時候十幾個，有時候二、三十個。來做環保的，大多是北山村附近的人，不過，有兩位七十多歲的老人家是從長福村搭車過來，車程四十分多分鐘，而且要轉兩趟車，結束後我們再載她們回去。長福村也有回收點，她們也有在村裡撿回收，但她們很堅持每週四要來分類，我實在很感動。我們大概兩、三個禮拜就會去那裡載回收物。

我在帶志工，就像上人說的：「我們一定要疼惜志工。」他們不怕髒、不怕熱，我很感恩他們，也打從心裡疼惜他們。所以如果有誰兩三天沒出現，我就會打電話去家裡關心；志工家裡有喪事，我一定會找一群人去助念跟關懷。

回收站沒有一個很好的地方可以煮飯，只能準備茶水給人家喝，煮個麵或米粉當正餐，但大家也都做得很甘願。後來回收站搬家，換到高架橋下，有了一個休息的地方，所以我們都會有點心和正餐，曾經有位輪值煮飯的師姊問我：「午餐能不能煮個麵就好？」我說：「不要太簡單，我們要疼惜環保志工，九點半準備個點心或涼的給大家吃，正

慈濟北山資源回收站每週四舉辦環保日，約有二、三十位志工固定投入回收分類工作，疼惜大地，守護地球。（攝影／潘常光）

餐一定要煮飯菜。」

冥冥中有護法 環保車失而復得

我們的環保車都寄放在斗山橋附近人家的庭院裡，二〇〇五年有一天中午，我和先生在客廳午休，我醒來，走到門口向外看，發現有人開著那輛環保車經過，那個人搖下車窗抽著煙，我問先生：「我們的環保車有給別人開嗎？」他說：「沒有。」我說：「被別人開走了！」他開往北山國小的叉路，我們不知道他到底是左轉還是右轉，趕快去派出所報警，請他們調閱監視器，但那需要一段時間，我們很急，我和先生就開車往埔里方向去追。

到了埔里的愛蘭橋那裡，發現那輛環保車就在對面車道，車上載了半臺支撐板模的鐵柱，可能是要賣給附近的回收商。我們馬上停下來，我的眼睛緊盯著他，他知道已經被發現了，就趕快掉頭開往市區，他開得很快，和他擦身而過的人轉頭罵他怎麼開得這麼快。我跟先生說：「我們不要再追了，會有危險，萬一他撞到人了，也不好。」

回到家，我跪在觀世音菩薩像前，我邊哭邊求菩薩：「觀世音菩薩，國姓鄉所有的環保回收都要靠這輛車來載，沒有這輛車不行，觀世音菩薩，您慈悲幫我們把車找回來。」我一直求菩薩。

三天後，國姓鄉福龜村的長壽派出所員警打電話給我：「妳是不是有車子遺失？」我說：「是。」他說：「妳的車現在已經在我們長壽派出所這邊，妳趕快來看。」我們過去看，那輛車真的在那邊，載了一整車的鐵。

能找回這輛車，真的很奇妙。福龜的環保志工田阿杏，根本不知道我們的環保車丟了。她住在福龜的北玄宮旁，午睡起來，看到對面停了一輛車載滿了鐵，她覺得那個人神情怪怪的，就跟鄰居說：「那輛車好像是贓車，你是不是趕快去報案。」那個人看到他們一直看他，就跑掉了，鄰居趕緊去附近的長壽派出所報案。

我覺得很奇怪，為什麼田阿杏會覺得那是贓車，那輛車又沒有標示慈濟回收車，原本掛了布條，但布條被竊賊拿掉了。我跟阿杏師姊說：「妳真是觀世音菩薩派來的！」上人常說我們要虔誠，那時候我真的很虔誠地求菩薩。我也常跟志工說：「虔誠很重要，心誠則靈。」

信己無私 不畏流言

我們在國姓鄉北山村的住家只有十多坪，孩子很貼心，在草屯鎮南埔買地蓋了房子。二〇〇七年我們搬到南埔時，草屯的林金國師兄和很多師兄師姊都到我們家，叫我們回歸草屯區，和他們一起做慈濟。新家距離北山的回收站有二十八公里，但是我們捨不得北山的志工，好不容易有個北山回收站，我們決定要繼續帶下去。

搬去南埔的時候，北山就有人在我們背後說：「你看！你們那麼辛苦在做，他們夫妻拿走好處，去外地買土地、買房子。」其實，以前還沒搬家的時候也有人對志工說：「阿玉兩個夫妻這麼拚命在做，我不相信他們沒有拿錢，要不然他們要吃什麼？你們這些人都很傻，還撿給他們。」

起初我聽到這樣的話，心裡很不好受，後來想想，我信己無私，信人有愛，我在做，天在看，會講那種話的人，都是沒有做環保的。我跟那位志工說：「如果我阿玉拿環保回收的錢來用，我自己要承擔因果，但是如果我沒有，說的人自己要負因果。」

因為無私，所以肯定我們的人也很多，像潘清木家裡有賣冰棒，他要去田裡會經過回收站，都會進去看我們，有時會帶冰棒請大家吃。他跟我說：「阿玉，你們兩夫妻很不簡單，可以做到這樣子，你們的精神讓我很欽佩。」所以我們要設站時，他就說：「需要什麼錢我來出。」

回收站所有的帳都是給姜佐棋師兄管理，我如果做環保又管帳，比較會有是非。他看我們兩個要爬上爬下搬回收物很辛苦，就要我們去訂一輛可以抬起車斗的車子；我們就去問車行，車行說空車就超過一百萬，我們又做了車斗，總共要一百三十萬。想到要花這麼多錢，我們怎麼敢啊！

後來姜師兄說他要出一百萬，還缺三十萬，我就請熟識的臺北內湖區劉亦爐師兄幫我們募款，結果他自己出了十六萬。我會認識劉師兄是因為當年在做北山國小希望工程[13]的景觀工程時，我都會煮點心到工地給師兄師姊吃，我們相處得很好，後來一直有保持聯絡。

我一位臺北的朋友知道後也出五萬，我女兒和她的朋友出六萬，其餘的，我們和陳採鶴師姊出。事後潘清木知道了，他說：「妳買這輛車怎麼沒有跟我說，我都沒有出到錢。」我說：「夠了就好了。」因為這樣，才又有一輛新車可以開，但我們心裡也是有壓力的，我們如果不認真做，大家的愛心可是都在那裡呢！

接引弱勢做環保　黑白人生變彩色

除了自己做環保，因為個性的關係，我都會主動去關懷住家附近一些弱勢的人，還接引他們出來做環保。有一位姜先生，有精神疾病，夫妻倆的智商都不高，太太林女士在草屯的鞋廠工作，有時他會自己走到草屯去找太太，還會把路上的木柴都搬回家。

他外出都要經過我家，我開始做環保之後就跟他說：「姜先生，你不要再拿木柴了，你家放那麼多木柴，你又沒有在燒柴。那邊有紙板，你去撿，放到我家。」他很勤勞，就四處去撿，撿了很多都拿到我家門口。後來我在斗山橋旁設立了回收站，姜先生只要走個兩分鐘就到環保站，我們去把一袋袋的回收物載回來，他會去拆開倒出來給大家分類。

因為他們兩夫妻沒有申請殘障手冊或是低收入戶，我就帶他們夫妻去南投醫院（今為衛生福利部南投醫院）檢查。他太太的智商不高，醫生問她：「我拿一百塊給妳，妳買醬油三十元，要找回多少？」她算不出來。在

13.一九九九年九二一地震後，慈濟將重建災區學校的工作稱作「希望工程」，其中北山國小希望工程於二〇〇〇年八月三十一日動土，二〇〇一年三月二十二日落成啟用。資料來源：〈山中傳奇 北山國小〉，九二一希望工程網站，https://reur.cc/MdqzYL（二〇二〇年十二月二十四日檢索）。

醫生一番評估之後，他們都拿到了殘障手冊。醫生問我：「他們是妳的什麼人？」我說：「鄰居。」醫生說：「那妳人很好！」

姜先生都去衛生署草屯療養院（今為衛生福利部草屯療養院）拿藥，後來我認識了療養院蔡輝煌醫師的太太，就拜託她，以後姜先生都給蔡輝煌看，後來病情有改善。蔡醫師每個月都會到中台禪寺看師父，途中會順道去看姜先生，順便帶藥來給他。

有一間雜貨店兼賣菜的老闆看他精神比較好了，就讓他們夫妻到店裡工作。我就邀他加入慈濟會員，希望讓他造福，能造福才有福。輔導他我覺得很有成就感，他原本四處亂跑，後來卻可以做環保，還能助人。

二〇一三年住在國姓村的陳火烈自己來到回收站，我問他：「你怎麼會來？」他說：「我現在退休，想來跟你們學習。」我們的環保車在國姓鄉來來回回跑，他都看到了，所以也要加入志工行列。後來我們去載回收，他也會隨車去幫忙，再重的東西照樣搬，他是個很肯付出的人。

另外一位周女士，也是弱勢的人。她從小命就不好，罹患小兒麻痺，父母也不疼她，十六歲就把她嫁給一個外省人，先生常常打她，她自殺過好幾次。斗山橋旁的回收站就在她家附近，我就去邀她做環保。那時她先生過世了，兒子又離婚，她身體一向不好，又要帶兩個讀小學的孫子。

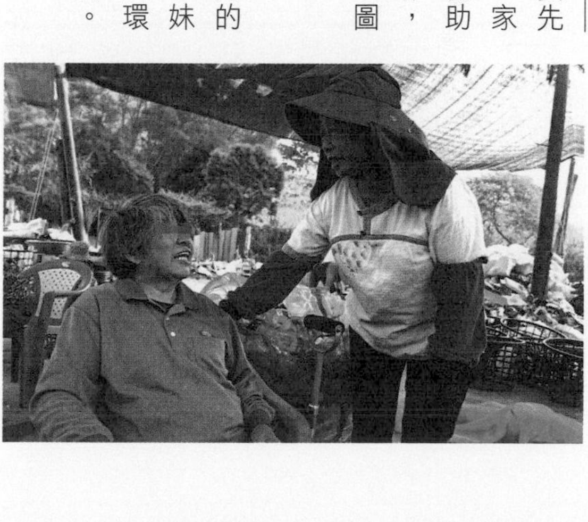

上圖／慈濟志工到姜先生和林女士夫婦的家中關懷，在張玉妹協助下，他們找到了工作，還加入慈濟會員。（圖片／張玉妹提供）

下圖／原本個性封閉的周女士（左）在張玉妹（右）的接引下投入環保，露出開心的笑容。（攝影／潘常光）

黃秀富即使脊椎退化又有嚴重的骨質疏鬆，她仍忍著痛穿著背架做環保，她的忍辱與精進的精神讓張玉妹十分敬佩。（攝影／潘常光）

周女士幾乎天天去做環保，做一些人家沒做完或不願意做的，像洗塑膠袋，洗的地方會曬太陽，還要站著，她就是這樣做。有時候她會帶飯糰去，做到下午兩三點才回家。我跟她說：「周女士，中午吃飯時間，又那麼熱，妳就要回家。」她都說：「不會！不會！」她很吃苦耐勞。

環保站旁邊有一些牧草，周女士都會去剝牧草筍，我跟她說可以幫她賣。所以每次到埔里聯絡處共修時，我會帶去賣，她的牧草筍都剝得很嫩，很多人喜歡買，有時候可賣到一千多塊。

因為過去先生對她暴力，造成她個性上比較封閉。走進回收站之後，認識了很多人，慢慢對自己比較有信心，跟人家互動也很好，身體也比較好。她做得很歡喜，所以即使鄰居笑她：「走路一拐一拐的，還要跟人家去做環保。」她一點也不受影響，繼續做環保，後來鄰居都會把回收物拿給她。能夠帶動一個志工讓她改變成這樣，很歡喜。

環保站換到高架橋下後，周女士一樣不缺席。二〇一七年她下床時跌倒，髖關骨斷了，住院治療。出院後，國姓的黃寶貴師姊送她一輛復健車，讓她推車走路做復健，她卻把它當成回收車。她走路那麼不方便，從家裡出來又是下坡，她兩三天就可以撿滿一輛環保車，我看了實在很感動。

除了邀弱勢的人來付出，我也邀好朋友黃秀富，那時候她在做採茶的工作，都要很早出門，所以她都三、四點就出門做回收，早餐帶在車上才吃。她天天做回收，除非颱風天大風大雨，不然平常下雨天她照樣穿著雨衣出門。

環保志工黃秀富為了兼顧採茶工作和做回收，凌晨三、四點就出門做回收。（攝影／潘常光）

只是後來她的脊椎退化又有嚴重骨質疏鬆，脊椎去灌漿（打骨水泥），還穿背架，壓得她胸部和胃很難受，走路時有一隻腳抬不起來，都是用拖的，但她還是拖著命在做環保。後來狀況更嚴重了，頸椎去開刀，脊椎又灌漿，就沒辦法來回收站，但是她穿著背架、拄著拐杖，還是拿著夾子在住家附近撿回收，很感動！在志工身上看到忍辱與精進的精神，她在前面讓我們看、讓我們學。

不捨環保志工 重啟北山環保站

二〇一五年，我先生不開挖土機了，就全心投入環保和慈濟的任務，北山很多人都很欣賞我們同進同出。

沒想到，就在這一年回收站的地主要賣地了，五月我們把土地歸還，想辦法再找地。我想到國姓村的土地比北山村多，所以拜託國姓村的志工幫忙找，但找了兩個多月了還找不到，內心有點掙扎要不要把回收站收起來，但是我實在捨不得那些志工，就一直求菩薩：「要是沒有一個地方，環保志工要怎麼做環保？」上人說要菩薩大招生，我一定要招呼好這些志工。

我們在找地這件事，北山村村長劉煥鋒也知道。想不到因緣就來了，有一天他告訴我們：「在國道六號高架橋下有一塊山坡地，你們去看一看。」我們去看了很滿意，就問他要找誰租這塊地？他說去找我們國姓鄉的鄉長丘埔生。

慈濟在國姓鄉做回收，比鄉公所還要早。丘埔生還沒有當鄉長之前，在鄉公所服務好多年，而且他媽媽也是我們的環保志工，慈濟對國姓鄉環保的付出，他都看在眼裡。我和先生就去找丘埔生鄉長，鄉長很歡迎我們，他說：「那塊地是高公局的，你們要去向高公局申請。」我說：「我們不會申請。」他說：「沒關係，我幫你們申請。」真的很感謝他。他說：「你們預計需要多大的土地？要怎麼做？這需要規劃、製圖、送案。」後續這一切都是鄉長幫我們辦的。

雖然順利租到那塊地，但那塊地坡度很大，必須請大型的挖土機整平才能使用。我很感恩草屯的梁世建師兄，他的工廠在霧峰，他都在霧峰參與慈濟活動。梁師兄跟霧峰一位師姊說：「北山回收站的地人家要回去了，現在又有一塊地，整地需要一些開銷。」那位師姊就開了二十萬支票給梁師兄，他就打電話告訴我：「妳可以開始整地了，有一位師姊捐了二十萬放在我這裡。」霧峰那位師姊不讓人家知道她的名字，我也沒看過她，就是那位師姊我們才可以馬上整地。

後來不只花了二十萬，因為我們還想搭個鐵皮屋作為休息區，於是規規矩矩向高公局報備，高公局說必須申請建築執照。建築師替我們申請建築執照要十四萬，按申請進度支付費用，拿走了七萬後，卻因我們沒有營業執照

上圖／北山資源回收站的土地被地主收回，張玉妹不捨環保志工無處可去，努力尋得國道六號高架橋下的土地，成立「慈濟北山環保站」，延續志工的慧命。（攝影／張秋菊）

下圖／四根水泥柱撐起大黑網遮陽，礫石地面鋪上一塊塊地布，就是一方環保福田。（攝影／施金魚）

等等因素無法申請。

鐵皮屋蓋不成了，我們決定買兩間貨櫃屋，一間七萬多元，都是人家贊助的，一位是國姓的姜佐棋師兄，另一位是霧峰那位師姊。我們又買了兩間廁所，也是七萬多。所有別人捐的錢，用到建設剛剛好。

地整好之後，我們從北山資源回收站拆下的隔間材料，在埔里的志工幫忙下，把它們重新裝設起來。然後用吊車立起四根六米高的水泥圓柱，上面撐起一張志工合力縫起來的大黑網，地面鋪上地布，志工就在那裡分類。二〇一六年四月十日「慈濟北山環保站」正式啟用，環境雖然很克難，但是志工都做得很歡喜。

很奇妙的，我們環保站需要什麼，就會有人捐給我們。有位師姊在煮飯時說了：「環保站要是有個流理臺，煮菜就方便多了。」結果有一天我去草屯的南埔環保站，看到了一個流理臺，那是林金國師兄和陳琬愉師姊負責的，我跟琬愉師姊說：「那個流理臺可以給我們嗎？」她說：「你們比較需要就拿去用。」正想要買高腳的塑膠椅，讓年長志工坐得舒適一點，埔里的賴錦文師兄就載來九個回收的椅子，八、九成新，還是我正要買的那一款。

志工黃敏買了一個中古的冰箱給環保站用，卻會漏水又不太冷，不是很好用。她說：「阿卡，那一臺我們不要用了，我們來募款買一臺新的，我出一千。」立刻有人說我出五百、我出二千……最後買了一個兩萬三千元新冰箱。電鍋也是黃敏發起募款買的，她比較敢說，她呼籲之後大家就爭相出錢。真的，我覺得如果真的認真在做，自然就有貴人出現，就有資源給你用。

做環保真正好 守護地球沒煩惱

做環保這二十多年來，設立環保站，從無到有，覺得很有成就感。鄉下人家原本分不清可不可回收，常常拿去燒掉，經過我們的宣導、帶動，現在都可以做回收。資源回收再利用，可以減少垃圾量和資源的使用，對地球有很大的幫助，人人如果都能做環保，我們的環境就可以更好。

不僅如此，環保志工來環保站做環保，讓他們有一個可以做好事的地方。常常聽到環保志工跟我說：「來到環保站，心情很放鬆，很開心！」看到大家做得很歡喜，我也很歡喜，同時，環保回收的收入，對慈濟也有一點點幫助，所以我堅持把環保站維持下去。

對我自己來說，做環保也很好，還沒做慈濟前，我常會胸悶不舒服，都要看心臟科醫生。可能是小孩都去念書，在家裡太閒了，做環保後有個寄託，身體就變好了。

這二十多年來會一直堅持做環保，背後還有一個很重要的意義，過去我先生的家人都走不好的路，名聲不好，所以我告訴自己一定要做好榜樣給孩子看，做環保是好事，天天可以做，對孩子是最好的教育。大女兒都跟她弟弟妹妹說：「我們要感謝爸爸媽媽，他們有在做好事，我們才能夠這麼順利。」我們的孩子都讓我們夫妻很放心，我覺得很安慰了。

我也常跟志工講：「我們默默地做，不是為上人做，也不是為阿玉、柯師兄做，都是個人做個人得。你有付出在做，菩薩都有在看，菩薩一定不會虧待你，不是說給我們賺錢，有錢沒錢都是命中注定，而是讓我們的子孫平平安安、順順利利就好了。」

上人講過一句話，我都永遠記在心裡：「做慈濟，讓你永遠不會後悔。」我就是憑著這一句話，一直做下去，到現在我真正一點也不後悔。感恩上人，創造環保讓我們做，我會一直做下去。

市場說環保　處處是道場

黃翠玉訪談紀錄

經典語錄

人生的阻礙就像一顆橫擋腳前的石頭，不要硬闖，繞過就安全沒事了。

訪談：林雪花

記錄：林雪花、吳淑女、吳淑鐘、陳怡君、曹美常、簡文娜、柳俞君、蘇育慧、楊家妤

日期・地點：二〇二〇年三月二十八日、三月三十日、六月二日大里共修處；八月一日電訪。

黃翠玉透過熱食溫暖顧客的心，也牽起眾人與慈濟的善緣。（攝影／邱昇權）

【簡歷】黃翠玉一九五四年出生在嘉義朴子的窮困家庭，初中休學隨父母在桃園夜市擺攤。一九八〇年與邱昇權結婚，婚後定居臺中大里。一九九〇年夫妻到臺中新民商工聽證嚴上人演講，初識做環保並與慈濟結緣。一九九六年受證慈濟委員，一九九八年在內新市場擺攤賣麵，並成立夜間環保點，接引許多會員和志工。二〇一九年二月收攤退休，但仍持續環保工作。

一九五四（民國四十三）年十二月十六日，我在嘉義朴子的一個窮困家庭出生，家中有阿嬤、爸爸、媽媽，再加上我們六個兄弟姊妹；我排行老三，上有一位哥哥、一位姊姊，下有一個弟弟、兩個妹妹，弟妹都叫我「二姊」。

我們是很窮很窮的人家，爸爸用手工做麵條和麵線，當老闆來收麵粉錢時，爸爸會交代我：「等一下阿伯來收錢，妳要跟他說阿爸不在家。」因為家裡窮到沒錢付帳，又有那麼多張嘴要吃飯，賣的麵條、麵線還是不夠付麵粉錢，遇到收帳時爸爸只好暫時先躲起來，等到有錢再付給老闆。

小時候家裡常常沒東西吃，我都會不解地問媽媽：「我們家已經那麼窮了，為什麼還要生那麼多孩子？」媽媽總是回應我：「六個孩子哪算多，古早的人，妳阿嬤那一代都生十幾個呢！」我又說：「媽媽，不過我們跟別人家不一樣啊！家裡這麼窮。」媽媽會一臉輕鬆地跟我說：「你們這些孩子很快就長大了，沒關係啦！」

初中中輟　賺錢補家用

讀小學二年級的那年冬天，寒流來襲，很多漁塭的虱目魚都凍甦翻白肚，凍死魚很便宜，媽媽就買回家煮鹹瓜脯紅燒魚給全家人配飯。晚上吃飯時，媽媽一定交代我：「阿玉，妳爸爸還沒有吃，妳淋鹹湯配瓜仔、青菜就好，爸爸賺錢很辛苦，魚留給爸爸吃。」所以我從小吃慣飯拌鹹湯。

我們吃的是番薯籤飯不是用新鮮的番薯，而是用一半曬乾黑灰灰的番薯籤加一半白米下鍋煮。如果打開飯鍋看到番薯籤，我就滿臉不高興，嘟著嘴唸：「又是番薯籤飯，不好吃……」爸爸就說：「有得吃就很好了，還嫌東嫌西。」阿嬤會戳我，說我是歪喙雞仔肖想吃好米（臺語，指人有不符自己身分或能力的欲望）。媽媽聽我這樣講，會趕緊把飯和番薯籤攪拌均勻，不讓我只盛白米飯吃，實在是因為我吃怕了番薯籤。

一九六九年我讀完初二，家裡就沒錢繼續供我繳學費，只好休學。爸爸帶我們一家北上桃園討生活，白天我就到桃園的信東藥廠（今為信東生技股份有限公司）做工。廠方說我未滿十五足歲是童工，叫我到注射液玻璃瓶的部門，負責用抹布擦玻璃，月薪是五百五十元。

注射液的玻璃瓶很薄很容易打破，滿地都是細碎玻璃，組長叫我先用掃帚掃掉，再用抹布把地板擦乾淨，下班回家我的十個手指頭都破皮流血。媽媽捨不得地說：「不要再去做了。」但是我很愛賺錢，有錢賺的感覺真好。

當時姊姊在利臺紡織廠上班，供吃又供住，廠房很大、生意好，布料都外銷日本，姊姊叫我一起去。我一進去是上長日班，月薪一千二百元，每天從上午七點做到下午三點，中午不休息，十點半時工廠會提供兩個麵包讓我們充飢。隔年，我還是想繼續讀書就去補習。

求神卜卦　借錢頂攤

即使姊姊和我在利臺上班，家裡還是窮，爸媽窮怕了，常去廟裡拜拜、抽籤卜卦。有一天廟裡的宮主跟媽媽說：「歐桑（日語「奧さん」的臺語諧音，是對別人妻子的敬稱），大廟後面的夜市有一個攤位要頂讓。你們頂起來做，那個攤位若好好做，還不錯啦！」媽媽請宮主跟原攤主打聽價錢，對方開價一萬二千元的權利金。對我們家而言，一萬二千元是很大、很恐怖的數字，全家即使省吃儉用，也不知道要賺多久才能存到這筆錢？身無存款的爸媽傷透腦筋。

爸有一個好朋友叫邱欽鐘，他比我爸小一歲，跟我親叔叔是結拜兄弟，是我們住在嘉義時的鄰居。爸爸小時候身體不好、脾氣壞、牙齒差，邱叔叔會先咬掉硬硬的甘蔗皮再給爸爸吃，兩個人從小就是很要好的玩伴。一九五六年邱叔叔一家從嘉義搬到臺中做網版印刷。

爸爸想到邱叔叔，就打電話向他開口：「我想頂一個麵攤，需要一萬兩千元，不知道你方便借……」爸爸話還沒說完，邱叔叔就一口答應，很快就寄來一萬二千元的支票。爸爸打開支票，歡喜地跟我說：「阿玉仔，你叔叔借我一萬二千元，我們可以做生意了。」因此從一九六九年開始，爸媽就在桃園大廟（即景福宮）夜市擺攤賣麵做小生意。

爸爸身體不好，媽媽很善良，但是動作慢，講話也慢條斯里。我總覺得他們太軟弱了，我是家裡最厲害、最堅強的人，所以一九七一年初我辭掉工作，開始幫忙麵攤做生意。因為還是很想繼續讀書，可是家裡沒錢，年中我就以同等學歷考上中壢高商，選擇就讀夜間部，這樣白天可以幫忙爸媽備食材，下午三點到夜市擺攤，五點回家換衣服再趕火車去上學。

小時候家境不好，從小養成努力勇敢、堅強打拚的個性，當有賺錢的機會時，我就認真賺、拚命做，希望能改善家庭經濟。全家人一有空都去攤位幫忙，大哥讀成功大學放假，大姊下班回來都要幫忙洗碗。我是兄弟姊妹中最會做事又做最多的，補貨、整理東西等等都要靠我。

爸媽很會燉當歸補藥湯，我們不是到中藥房買配好的十全大補包，而是爸爸專程搭火車到臺北市迪化街選新鮮的藥材，再請他們送來。每天晚上收攤算錢後，就準備隔天燉補湯用的中藥。爸爸撿藥材時會一一唸著當歸幾片，要不然會太苦，川芎幾片就好，黃耆、熟地……我跟在爸爸身邊學了十幾年的麵攤歲月中，雖然他沒有刻意傳承，但精明伶俐的我已經學到了真功夫。

借錢還錢　姻緣天注定

每當邱叔叔北上出差，都會來桃園找爸爸，兩人從晚上聊到天亮，幾乎沒有睡覺。我跟邱家的孩子不熟，只知道他爸媽跟我爸媽是老鄰居，也知道我們家跟邱叔叔借了一萬二千元做生意。漸漸地，我家在夜市的麵攤生意越做越賺錢。好幾次爸爸要還邱叔叔錢，他都說不急。

一九七九年邱叔叔和嬸嬸北上出差，來我家聊天。邱叔叔就說：「現在孩子長大該成家了，我們來結為親家，好不好？」嬸嬸接著開口：「你們家的阿玉嫁給我們昇權好嗎？」媽媽說：「如果你們不嫌棄，好啊！」一旁的爸爸沒吭聲，我知道爸爸是捨不得我。

依雙方家長的意見，雖然在那年訂了婚，但是我還不想那麼早嫁掉，可是邱家很快就送來嫁娶日課表讓我們家「覆日」。我一直沒有答應要嫁，媽媽說：「你大姊廿四歲就結婚，你已經廿五歲了，要嫁啦！」隔年，邱家又陸續送來三次日課表，我還是不答應。媽媽耐著性子勸我：「阿玉，女孩子一定要嫁人，妳若不嫁我會很煩惱……」其實，我不想那麼早結婚是因為爸媽正在賺大錢，我一直想幫家裡脫困，讓爸媽有很好的晚年生活。

後來，有一次邱叔叔帶兒子昇權來家裡，媽媽說：「我這個女兒兇巴巴的。」昇權說：「兇巴巴，很好啊！」我想到爸爸跟邱叔叔借錢頂攤，他們不但沒有急著要錢，還送來四次嫁娶的日課表，加上媽媽的催促和擔心，我只好答應了，在一九八一年元月和邱昇權結婚。

婚後回門，妹妹說：「二姊，妳結婚那天，爸爸一個人躲在樓上哭，哭了三天，都不吃飯。大家要吃喜餅，爸爸嘔氣說不必啦，他嫁女兒不讓人知道，還說氣話兩塊餅就好。邱家堅持送了十二塊餅，喜餅也不分左鄰右舍和親朋好友，放到發霉丟掉。」我知道爸爸捨不得把跟前跟後的我嫁掉，因為我是他的左肩右臂、得力助手。

我一直惦記著一萬二千元的事，就跟媽媽說：「媽媽，我們跟昇權他們家借的錢要還呢。」媽媽輕輕點頭。幾天後，爸媽特地從桃園帶來一大鍋我最愛吃的滷味來到婆家，拿出本金加利息的五萬元當面還給公婆，公公笑說不用還，但熬不過爸媽決意還錢，一旁的婆婆才代為收下了。

嫁到臺中，我不適應婆家生活，一直想家，大約每個月都坐火車回娘家一次。又發現先生脾氣不好、沒有耐心，不高興時，還會對我大小聲，所以我更想回家，於是婚後半年就回娘家幫忙做生意，隔年年底我生下老大。我常跟媽媽抱怨：「昇權怪怪的，思想都跟我不一樣，不知道是他怪？還是我怪？」媽媽總說：「不會啦！人家不抽菸、不喝酒、不吃檳榔，還會幫忙帶小孩，無處找了。」媽媽勸我，彼此來自不同家庭背景，看法當然不一，要我多忍耐一下，家才會圓滿，我聽媽的話忍了下來。

聆聽演講　開始做環保

一九八四年貸款在大里鄉（今為大里區）買房後，我和先生便搬離婆家，舉家定居在大里。一九九〇年八月二十三日，昇權帶我回他的母校新民商工聽一場「吳尊賢社會公益講座」，是我們兩人第一次一起聽演講。那場演講人山人海，一樓、二樓都坐滿聽眾，我們坐在二樓。我看到一位出家法師上臺講一些佛法，因為未曾接觸佛法，沒有仔細聽，也聽不懂；但是，當講到「環保」兩字時，就聽得一清二楚了。

法師說：「垃圾滿天飛，都是咱人製造出來的，這對環境的影響很大……」講完後掌聲不斷，法師呼籲大家：「要用鼓掌的雙手去做垃圾分類……」他強調地球垃圾很多，環保很重要，若有看到還能用的，撿回來再利用。我非常感動，想到撿回那些看起來不值錢的東西，不需要本錢，只要有心去撿，就可以做善事，為什麼不做呢？所以隔天我和昇權就開始撿回收。我家透天厝前面有個小庭院種很多花，為了做環保把花移除，利用前庭空地放回收物。

當時我怕被認為是在「撿垃圾」，所以晚上戴著全罩式安全帽與口罩，去大里鄉東興村永興路二六〇號路口的垃圾集中點，翻撿法師說的紙類、飲料罐、寶特瓶等回收物。從整堆待丟棄的垃圾中，有報紙或信件，上面如有地址、名字，我就照著上面的住址，一家一家去按門鈴說：

黃翠玉住家前面原來有個小庭院種花，一九九〇年之後為了做環保，她把花移除，改放回收物。（攝影／邱昇權）

「我是家住附近的鄰居，您家如有要丟掉的紙類，可以拿來我家回收做善事。」

昇權在自家的印刷廠上班很忙碌，我撿回收物拿回家裡放，等他下班後再一起分類。那時候什麼事情都靠自己，我們晚上分類，疊放在中華得利卡九人座打平座椅的車上，疊得滿滿的。隔天昇權上班前先載去回收場賣，將所得拿到臺中民權路慈濟的會所，以「善心人士」名義捐出。

月刊因緣　從會員到培訓

一九九〇年九月讀小學的兒子長高了，我去崇光國小旁的雙大商店，買兒子的卡其制服，看到桌上放著一本書，我問老闆娘：「那本是什麼書？可以借我看嗎？」她說：「好啊！那是《慈濟月刊》，每月一本，妳可以繳慈濟功德款做善事喔！你若要繳，我可以找人去妳家收。」我回老闆娘：「等我先看過月刊再說。」

其實，我曾在臺灣日報，看到證嚴法師引述佛經（《佛遺教經》）：「知足之人，雖臥地上，猶為安樂；不知足之人，雖處天堂，亦不稱意。」這句話，我牢記在心。幾天後，看完月刊的感人內容，我回店裡跟老闆娘說：「我要交功德款。」不過，我不是很有錢，因為買房子要交貸款，還有一個氣喘兒，另一個小孩讀幼稚園，一個月只能捐二百元。

過幾天老闆娘請大里的委員蔡素蓮來我家收錢，她說話很大聲又活潑，告訴我很多有關花蓮師父和精舍的點滴，讓我想

鄰居響應黃翠玉所說「做環保是做好事」，晚上有空就一起分類回收物，雨天也不停歇。（攝影／邱昇權）

起小時候媽媽帶我在嘉義朴子家附近的高明寺當志工的事。我很喜歡和素蓮說話，她為了收兩百元的善款，來和我聊天，常聊一個小時。我家和她家只隔兩條巷子，繳款後的第三個月，我甘願省錢做善事，主動把功德款提高每月四百元。

素蓮看我發心付出，除了帶我參加慈濟活動，也教我如何募功德款。年底，我第一個月就募到了一萬零八百元，她驚訝地說：「妳真會募心募愛啊！」又過兩、三個月後，她就鼓勵我說：「可以領本子做我的幕後[1]了！」開始是領黃色本子，接著是咖啡本，再來我就參加培訓。

一九九一年我去跟會員收功德款時，跟他們說：「你們若有空瓶子、罐子、報紙或不要的紙箱，留下來給我。」有一個會員住在大里內新市場附近的西榮路上，都喝罐裝啤酒，喝完就丟到袋子裡，一個月後我去收回來，整理空罐子時，發現裡面都長蛆了。拿起啤酒罐我跟會員說：「你看都長蟲了，喝完啤酒麻煩先用水洗罐子，再丟到袋子裡。」果然下個月我再去收，會員把罐子都清理乾淨了。

漸漸地，很多人認同了，就對我說：「我有幾個要好朋友，我帶妳去他家講環保回收。」我一口答應，就印一些有關環保常識的資料，再帶茶點辦茶會，講環保故事給大家聽。

打消退意　做環保更堅定

為了讓我和昇權進一步認識慈濟，素蓮常帶我們去參與活動，像是到分會打掃，到東海大學、逢甲大學帶動慈青，師父行腳前後點收借用的物品等，我們就這樣進來了解慈濟，用心學習行住坐臥、端碗拿筷吃飯等行儀。

培訓上到第六堂課時，我有點不想受證，心裡覺得慈濟好像都是有錢人在做的，這個要花錢，那個也要花錢，而且都是花自己的錢，所以當我上到

1. 幕後委員，慈濟委員勸募會員後，會員認同慈濟理念，協助委員招收會員，稱幕後。

第七堂課時，就去素蓮家跟她說：「我不要培訓受證了，因為我覺得做慈濟要花自己錢，那都是有錢人在做的。」

蔡素蓮聽完生氣地罵我：「妳在說什麼？妳浪費了多少資源，這裡有多少人陪你上課？」她又說：「慈濟不是有錢人在做的，是要有心才能做啦……」我立正站好乖乖聽她罵。我很感恩素蓮，她罵醒了我。我看到「慈濟」在她心中的分量，真心佩服她對慈濟的盡忠、對上人的盡孝。

回家想想蔡素蓮說的話很有道理，我拉昇權一起做環保，還是顧慮家庭經濟和心理無法馬上調適，起了退轉心，一九九一年開始培訓，前後反反覆覆經過五年，終於圓滿培訓，在一九九六年一月二十五日受證委員，真的很感恩素蓮當初的當頭棒喝。

受證委員後，我承擔南中縣區（太平、大里、烏日、霧峰）的環保幹事，我做環保的理念，第一就是身體力行去撿回收，當時沒上班，帶小孩上幼兒園後，有很多空閒時間，我和幾位太太週一至週五上午八點至十點，去西榮路中友羽球館（目前蓋透天住家）打羽毛球，持續四、五年之久。羽球場地由打球太太合租兩小時，打完羽球，球友們搶著洗澡、換衣服回家；我是拿著羽球拍，去大垃圾桶裡翻撿飲料罐、寶特瓶等，每次打完球，我都拖一大袋的回收物回家。

球伴好意提醒我：「翠玉，那些東西很髒，而且大家都吐痰在桶裡呢！」我說：「我回家洗一洗，就乾淨了。」我單純做回收，沒有不潔、骯髒的顧慮。起初是自己撿，早上去運動、打羽球和晚上還

一九九七年十一月二十七日，黃翠玉（前左一）等人在曾燈章師兄家舉行社區環保志工第一次會議，草創之時結合了大里、仁化、霧峰等社區志工共同響應。（攝影／邱昇權）

一九九八年三月八日晚上七點半，黃翠玉前往鄧和男師兄家參加中區慈誠隊會議，邀請眾人共同為落實社區環保來努力。（攝影／邱昇權）

在清潔隊八點半到定點前先去撿。左鄰右舍看我撿回收，堆放在家裡庭院，也會互相告知送到我家，我甚至挨家挨戶去按鈴，請鄰居把回收物直接拿到我家庭院來。

因此，我家大門從早上六點到晚上十二點，都是開放的。有鄰居就問：「妳出門，大門怎麼都不用關呢？」我說：「大家都是好厝邊，開門讓大家放回收。」有一年初二回娘家關了門，初五回來時大門打不開，原來大家從圍牆丟回收到庭院裡，把大門堵住了。

回收物琳瑯滿目，裡面夾雜著垃圾、餿水、紙尿褲……真的很髒、很臭，曾經一度讓家人起反感，但我愛做環保，髒、臭難不倒我，只有自己先過濾做分類，挑出無法回收的垃圾丟棄，才能堅持做下去。

媽媽提醒　虔誠開素麵攤

受證後我全心全力做慈濟，到花蓮慈院當醫院志工，一去花蓮就是七天，在家十一及十四歲的孩子都是先生在帶。嫁入婆家短短幾年，從少女、少婦到孩子的媽，還有與婆媳、妯娌和夫妻相處，彼此心境都要適應，我都很期待去醫院當志工，看到生老病死，就覺得自己要知足、很幸福。

做慈濟後，更懂得縮小自己，若昇權不高興發脾氣，我都不會回應。因為曾經有人請示上人夫妻相處之道，上人說：「在家要守本分，家人才會讓你做慈濟。」婚前我在外獨當一面是個霸道、強勢、驕傲的女孩；婚後生孩子、帶孩子，和先生說話動輒得咎，我覺得備受委屈，有時躲進廁所對著鏡子哭，從鏡裡我就會想到上人說的話：「妳要守本分，才能做慈濟事。」彼此來自不同家庭背景，看法當然不一。新婚不適應婆家生活，我一直想家，受氣時更想回家，向媽媽哭訴，還好媽媽勸我要多忍一下，家才會圓滿。

因為我愛做慈濟，即便夫妻意見不合，很想據理以爭，後來就忍下來做罷了。想想如果不是當年他帶我去聽演講、讓我做慈濟，我哪能接觸上人呢？我個性獨立堅強，曾有兩次離家念頭，至今婚姻維持得住，都要感恩一生中改變我最大的媽媽和上人，這兩位我生命中的貴人。

一九九八年孩子讀國中、高中，我就近在中興大學男生宿舍的地下室餐廳工作。有一天，一位用餐的先生看我親切招呼客人態度很好，就塞一張字條給我，跟我說：「我是臺中地方法院餐廳的老闆，請妳來我餐廳工作，禮拜六、日休息。」連薪水多少、電話都寫給我。

受證後我期許自己一年安排三次去花蓮當醫院志工，當時只有花蓮慈濟醫院，有志工可以做。所以當三月去應徵臺中地院餐廳當助手，我跟老闆說自己一年會需要請假三次，一次一個禮拜因為我是慈濟人要去醫院當志工，老闆欣然答應。結果四月我向老闆請假時，老闆很不高興地說：「不可以請假！不然就辭職。」

白天，黃翠玉（中）請許燕雪（左）、何金葉（右）一起張羅麵攤生意；晚上，三人則是同行環保菩薩道的好姊妹。（攝影／邱昇權）

原來老闆換人，老闆的弟弟當家，不准假，否則要辭職。我還是選擇辭職去花蓮當醫院志工，第七天要回臺中，我就跪在大殿向佛菩薩說：「菩薩，我這次為了回來當志工被老闆辭工作了，怎麼辦？」慈眉善目的佛菩薩只是靜靜地看著我。

當完志工回臺中，一踏進家門，還沒

換衣服，接到媽媽從桃園打來的電話：「阿玉，妳最近怎麼樣？」我說：「我剛從花蓮慈院當志工回來，當然好！不過，我工作辭了當志工，現在沒工作。」

媽媽說：「阿玉，妳哪會這麼憨？妳跟著爸媽做十多年的油湯，很會煮啊！自己去開一間攤位。」媽媽這句話點醒了我的迷茫與無助，開始認真在大里找攤位，經過二十多天，我在住家附近的內新市場裡租到攤位，很多人都說日子逢五又逢十三多不吉利，但上人說時時是好時、好日、好風景，擇日不如撞日，我的麵攤店就在一九九八年五月十三日開張。

過去十幾年來承租那個攤位的人，賣過炸雞、豬肉、青菜、豆花、碗糕……都做不到半年就歇了。聽到我要做素食，攤位房東好心說：「翠玉，不要做素食啦！咱內新市場沒人愛吃素，沒生意的啦！」我跟房東講：「讓我試賣看看，不賣怎知好壞？」

我調製素麵、素湯、素羹、素滷味來試試客人的口味，並向佛菩薩許願虔誠賣素食和大家結好緣。可能是因為發過好願，在菜市場我手煮素食麵，嘴巴說上人的法，讓顧客吃到很有法味香，他們打結的心，就有法可轉了。

幫顧客解疑難　對症傳法

開始經營時天氣漸熱，市場人多數是買菜的婆婆媽媽，早齋來吃麵，都坐到攤位後的桌椅，漸漸地從閒聊間知道我在做慈濟，喜歡和我聊天的人，就愛坐在我煮麵的前面，他們會把疑難雜症丟給我。比如說，妯娌之間不融洽，或是夫妻吵架、婆媳不和等問題，我常常把師父短短的一句靜思語送出去，他們就心開意解，心情好的婆婆媽媽，常常相招來攤位吃麵聊天。

當然，也有吃不到麵的時候，我是志工要承擔志業，需要有自己的時間，我做生意每月固定要休七天，客人來攤位看到告示，都知道我回花蓮當志工。我常這麼跟客人談談笑笑：「第一做慈濟，第二才賣麵。」客人更加喜歡找我聊天，大家越講越投機，幾乎都成了我的會員。

會員最多的時候約有六本募款簿，每本一百戶，後加五十張空白表，大約將近八、九百戶的會員。一九九九年九二一大地震後，募到更多隨喜會員，為了要繳交慈濟功德款，我去銀行申請支票本子，因為我不敢每月拿幾十萬現金在身上去分會繳，隨喜的大德不計其數，每月功德金基本上就有三十多萬元。

有一次一位楊太太來攤位前坐下，邊吃麵、邊流眼淚，我問她：「楊太太，妳今天怎麼了？這碗麵煮得那麼好吃，妳在哭什麼啦？」她還是一直流淚不說話，配著眼淚吃完那碗麵。我就輕聲細語地說：「楊太太，世間事我們做人不要比較、計較，妳心情不好要趕快回去休息喔！」看她心情很難過，我就勸她早點回家。

第二天早上七點多我剛到麵攤，楊太太已經在麵攤旁了。她看到我就急著問：「翠玉，我等妳一個多鐘頭了，昨天妳跟我說的那句話，我只想起來一句，妳說『做人不要比較』，另外一句是什麼呢？」我說：「不能比較跟不能計較。」她聽完心情比較好了，就跟我說老公不給她生活費，叫她去撿回收，還說：「我跟先生幾十年了，小孩都長大成家，看別人老公多好，自己的老公竟然這麼無情。」我勸她，「老公無心說說，不要放在心上。」因為一句靜思語，我們成為好朋友，她每年為全家捐兩千元功德款，當我的會員。

上圖／慈濟列車「尋根之旅」，黃翠玉每年都帶會員、志工返回心靈故鄉花蓮靜思精舍參觀。（攝影／邱昇權）

下圖／黃翠玉總是在夜深人靜時，坐在書桌前整理要給內新市場捐款人的收據。圖為二〇〇〇年六月拍攝。（攝影／邱昇權）

還有一位吃麵的客人張小姐，她曾向我吐苦水：「我老媽有夠搞怪，什麼事都要照她的方式做。」剛好我回去花蓮做醫院志工的時候，上人在志工早會的開示講了類似的事情，我有抄在筆記本上，回來就現學現賣。我說：「師父說過，我們要改變父母、改變老人家，對他們實在很殘忍！」她聽完這句話呆住了。原來媽媽和女兒、女婿住，老人家七、八十歲已有既定的生活習慣，我說：「張小姐，母親難得肯跟你們住，順她就好啊！」

第二天張小姐再來吃麵，她告訴我：「我回去想了想，覺得妳說的那句話很有道理。」我說：「是呀，父母都已經七、八十年的習慣，為什麼要改變他，而不順從他們呢？『孝』就是『順』啊！妳只有孝沒有順，真可惜呢！」因此我們成為好朋友。

反光背心　如火金姑帶路

我在內新市場賣素食麵是賣早、午餐，從早上七點半到下午二點半，白天菜市場人潮強強滾，各忙各的生意。我忙完麵攤常常想還可以在哪裡做環保？怎麼載回收物？怎麼度人？同時讓下班後的人做回收分類。

一九九九年三月我邀麵攤對面開小百貨的林麗娟，她利用春假帶著女兒參加慈濟列車[2]，回來後感動不已，徵得先生鄭有桐和家人的同意，把屋旁的停車場空出來，當環保回收點，讓攤商收攤後可以自行回收和分類。市場人來人往，有人看到這個固定的回收點，也會問麗娟可否拿來回收，漸漸地大家主動拿來放。她甚至將車庫作為夜間環保點，不但度了許多人，同時也帶動市場人人做環保。互動久了，有人看志工認真做回收，認同的就主動加入會員，慢慢培養成志工，再鼓勵參加培訓、受證，深入了解慈濟志業。

內新市場的環保回收逐漸量大、人也多，所以每週二、五下午五點半

2.「慈濟列車」一詞源於一九八九年九月十七日，當時為慶祝慈濟護專開學典禮及慈院開業三周年，與會貴賓、委員、會員二萬餘人，為紓解人潮，慈濟特向臺灣鐵路局提出專案申請，加開火車班次，由於整列火車僅搭乘慈濟人，因此又被稱之「慈濟列車」。資料來源：慈濟年譜資料庫。

後，我們邀約大家一起做環保。有些白天坐辦公室的上班族，忙於生意的老闆，下班後路過也來加入分類，所以就成立「夜間環保點」，讓更多人來參與。一開始我自掏腰包，煮點心給大家吃。漸漸年紀大了白天做麵攤生意，傍晚又得煮晚餐，覺得很疲累，就邀約師兄、師姊輪流來分擔，如徐根進、楊思涵、楊雅倫、楊春蕊、林麗娟、楊信雲和我，我們自掏腰包輪流煮，提供給夜間做環保的人吃點心，每個人都很歡喜能煮點心與大家結好緣。

環保志工都是有緣人，有人來麵攤吃麵，說家裡有回收物，能不能拿來放，我都鼓勵她，如果不嫌費力，可以買菜順便提來。吃麵的當下跟客人互動，他們都認同資源回收再利用，心甘情願拿來。做環保是最容易認識慈濟的方便法門，參與培訓的人，都會來做環保回收。大愛臺《草根菩提》節目中，很多人看了都會分享給親朋好友，一個邀一個來做環保，環保志工就是這樣帶出來的。

現任的和氣組長駱品君（原名：駱雪梅）就住在內新市場裡，她的婆婆劉玉，很早就在大里路三十七巷做環保，婆婆又茹素。有一天，品君來攤位吃麵，我鼓勵她在內新市場做環保。一開始接引他們全家成為慈濟會員，漸漸地引導她募心募愛收善款。

開始做夜間環保分類，為了安全起見，請志工不要穿深色衣服，盡量

上圖／林麗娟師姊提供內新市場自家車庫作為環保點，民眾放置回收物後，志工再分類整理。（攝影／邱昇權）

下圖／二〇〇四年三月，大里內新市場「夜間資源回收環保志工隊」成立，隊員穿上反光背心合影。（攝影／邱昇權）

穿淺色的衣服，讓別人看得到。為確保大家路上安全，我提議買反光背心，一件一百九十九元由自己出錢，大家都同意買來穿著做環保。有一天晚上環保志工黃群方說：「師姊，有空帶大家去看螢火蟲。」那天晚上剛好在回收場，從車上搬回收物下來，電燈照亮大家的反光背心，就像發光的螢火蟲。我靈機一動說：「不用去了！你看我們這裡就有很多閃閃發光的螢火蟲。」我們看了都哈哈一笑。

三多吉自助餐　轉葷為蔬食坊

做環保時我曾想買塑膠袋裝回收物，但是這樣做又違背做環保的初心。在大里路和益民路口，有一家生意非常好的三多吉自助餐，因為平價，顧客大擺長龍。我想到可以去跟他們要米袋裝回收物，我進去就坦白對老闆娘說：「老闆娘，我做環保想拿店裡用過的米袋裝回收物，好嗎？」老闆娘指著牆角說好，因此我常到店裡拿米袋使用。

有一天，我又大拿米袋，四十多歲的老闆徐根進，在廚房剛好在倒蕃茄醬，做美味下飯的蕃茄炒蛋。我說：「老闆，我在做資源回收，你這些用過的玻璃罐、塑膠桶、沙拉油桶以及紙板，都拿到我家回收，好嗎？」果真當天晚上他載來我家，從此跟徐根進有了更多的互動。

另外，我和徐根進認識兩年多後，遇到一九九九年九月二十一日臺灣發生九二一大地震，徐根進也跟著我入災區救災，他捐了一百多萬個便當給中區災民、救災的警消、軍方弟兄和工作人員吃。當時我就跟他開口說：「師兄，現在慈濟要做很多事情，災區要蓋組合屋，我們都來發好願捐慈濟榮譽董事；雖然我現在沒有錢，希望我們乞丐發大願，好嗎？」

徐根進一口就答應我，「好！」他先為母親捐榮董，緊接著，很快就培訓受證，一家五個人都成為榮董。事後我才聽說，他身上還有一千多萬的貸款。令人更感動的是，他進來慈濟之前是做葷食的自助餐，但是接觸慈濟後就茹素了。在九二一世紀災難之下，徐根進先供應了兩天葷食便當，搬大體的阿兵哥看到被震災壓得血肉模糊的身軀，都反應吃不下葷食便當，他就改提供素食便當，漸漸地因緣成熟，二〇一一年三月一日三多吉自助餐重新開幕，轉葷賣素成為「三多吉蔬食坊」。

深信上人　不畏風雨流言

二〇〇一年慈誠委員的培訓課程邀我去講課，現場的社區大學老師林義澤師兄說：「翠玉，你知道嗎？臺下有四個博士聽妳講課，還有一個郭（德進）法官，妳說的環保做回收，郭法官非常讚歎感動⋯⋯」

我聽了嚇一跳，說：「哎唷！我不知道有哪裡說錯？我不是叫大家一定要做環保。但是，我講一些平常就在做，很生動、生活化容易做到的事情。」上人說的法很生活化、很活潑，做環保、吃飯、遊玩⋯⋯有做就會應用，所以沒有什麼高深學問。

自一九九九年至二〇二〇年，配合我們夜間環保點的回收廠商林坤燦老闆，也是慈濟的會員，我們做到幾點他就開到幾點，有一年的除夕前一天做到十一點多，他還是等我們，然後忙到凌晨。二〇一五年有一回和林老闆聊天時，得知原本向他收功德款的師兄已經很久沒來收了，經過了解，是師兄家裡有些狀況，無暇收款，所以我就幫忙收。

我和昇權到林老闆家時，他和太太就問：「現在的慈濟，電視報成這樣，你們還要繼續收功德款嗎？」我說：「我很早就進慈濟，四十幾歲開始做環保，一九九六年受證的時候，固定去花蓮醫院做志工，曾經聽到師父說：『普天之下苦難的眾生這麼多，我們要做的工作很多……』確實慈濟要做的事非常多，無論外界怎麼說，我們的心還是堅定不動，我們都相信上人絕對不會去做不對的事。上人所做的事，一定都是利益眾生的事。」聽完後，他們就如過往每月捐五百元善款。

度人從環保　市場是道場

我常常說感恩，我帶出的慈誠、委員對我都很尊重、很貼心，一年四個，兩年八個……陸陸續續一直蹦出來，一個內新市場帶出數十個慈誠委員，環保志工多得數不清。

其中還有一個原本是江湖人林連宏也變成慈濟人，他以前愛喝酒賭博，天天都醉醺醺，在家大小聲怒罵妻小，已受證的太太張秀米常跟我抱怨，喝完酒三更半夜沒辦法爬樓梯回家，倒臥在樓梯口，連鄰居都嫌棄；甚至喝到爛醉，酒店都叫太太去載回。

林連宏對家庭雖然沒有責任感，偏偏遇到我就像麻糬般，讓他改掉過去的壞習氣，將原本用拿牌支與酒瓶的雙手，改做環保做得用心又賣力。以前匪類個性改掉九成以上，現在戒賭戒酒在山上工作。山上種的菜、水果都拿來送我，並常來電說：「雞母[3]妳好，我叫太太拿菜給你們吃。」對我輕聲細語恭敬有禮。

一個自大的男人肯改變，尤其改掉壞脾氣，做環保能屈能伸，放下身段，正如他自己說的：「說我做環保回收，不如說是上人回收了我……」我覺得與其說我會度人，不如說人人都度我。

我帶志工都循一定的步驟，第一先加入會員、繳功德款，這是我的資深蔡素蓮的要求，點滴付出才是慈濟大家庭的一份子。第二就是做環保，我認為一個肯彎腰做回收的人，才能體會身體力行、有人相挺的重要。以上兩點若沒有問題，第三才繼續參加培訓成為慈誠、委員。

簡錫堅和陳秀雲也是受證的夫妻檔，錫堅曾表示想做醫院志工，我告訴他一定要從「環保」做起，所以即使他一條腿裝義肢行動不便，仍堅持做環

3. 意即母雞帶小雞，慈濟人常說的「資深」、「資淺」，是從「母親帶小雞」的意旨演變而來，其深層意涵就是「人帶人」的藝術。資料來源：李委煌，〈婆婆牽媽媽，母雞帶小雞〉，《慈濟月刊》四七四期（二〇〇六年五月），頁四。https://reurl.cc/Q9gypO。

保，太太日夜陪伴、夫妻同進同出，兩人結伴做環保非常精進。陳秀雲剛來做環保時說話都大小聲，後來承擔和氣組長改變最多。

為了保護初發心的慈濟志工，不能隨心所欲，要不然一碰到挫折就容易起退轉心。我以母雞帶小雞的心，按規矩、一個步驟一個步驟來，希望他們一步一步踏穩菩薩道。像內新市場賣菜的鄭開明，喜愛杯中物。他每天一早得去臺中市建國市場批發蔬菜，常常從建國市場一路醉回內新市場。有一天又喝得爛醉，太太氣呼呼地拿起粗鐵棍在菜攤說要打死他，我衝到他的攤位，把棍子給搶了下來，鏗鏘地丟在一旁。

鄭太太哭喊著：「我要做生意，還要養四個小孩，很辛苦呢！你卻醉到不知死活……」醉醺醺的鄭開明，還知道跑進我的麵攤裡，大聲指著我說：「妳是我的資深師姊……」我說：「如果你承認我是慈濟師姊，就不要讓我漏氣，喝得那麼醉，口水沿路一直滴，能看嗎？」我數落著他。

要改掉飲酒爛醉的惡習得給他時間，我不斷找機會讓他做環保回收、助念，慢慢地只要戒酒不顛倒就好。包容陪伴他多年，好不容易總算走進慈濟培訓慈誠。嗜酒如命的他，年輕時在中興路的臺灣日報上班，寫得一手好字，現在每週二、五都會乖乖和邱猶竹、邱昇權去載回收。

擴大帶動環保　從市場跨社區

我開始帶動社區會眾做環保，不只自己做，也要他們感動想動手做。我就近去大里中興路、國光路兩旁附近的大小公園的涼亭聚會辦活動，祈求老天爺別下雨。民眾聚集時，我先讓大家安靜下來，再用上人的靜思語「甘願做　歡喜受」，以淺顯方式講環保故事。接著，教唱慈濟歌曲和手語，還帶動唱跳〈我們都是一家人〉、〈阿爸牽水牛〉、〈哈囉歌〉，當時我才四十多歲，說說、唱唱、跳跳、比手語都難不倒我。

辦茶會前，我先找開自助餐店的徐根進師兄提供餐食，炒飯、麵、米粉和青菜色香味俱全，吃完了，徐師兄馬上又回店裡拿，邊吃邊教大家如何

二〇〇四年八月二十四日，艾利颱風過後開學在即，黃翠玉（右一）等志工協助光榮國中清掃校園周邊。（攝影／邱昇權）

煮出好吃又健康的素食料理。我的號召力很強，每次都有六、七十人參加，大家同心齊力來招生。

漸漸地回收資源集中點約有六、七個，從我家、黃昏市場、大里路陳內兒科對面停車場、大里路三十七巷內，還有仁愛醫院對面巷子的水果行、西榮路大樓。有人騎腳踏車送來，也有用摩托車或用自家車載來集中點，可說是一步一步辛苦地做出來。

我愛做環保，愛吃也愛玩，除了帶環保志工做環保，也帶他們煮素食，舉辦一年兩次的一日遊。我清楚告訴他們，環保回收賣的錢，全部捐給大愛臺，出去玩要自己出錢。出門前做很多功課和筆記，在遊覽車上，我分享當醫院志工的所見所聞，再結合上人早會的開示說給大家聽，回程就請他們講心得。我用心度人，期待他們能進一步了解慈濟四大八法印，步步踏實做。

還沒有進慈濟，到處都是阻礙，阻礙就像一顆擋在前面的石頭，我覺得不要硬闖從旁邊繞過就安全沒事了。我很感恩上人，讓我在未進慈濟前，只知到處和人比較、嫌家裡窮的「貧中之貧」人，走入慈濟後，家裡雖然小康，但因為懂得付出與布施，我可以成為「貧中之富」人；做了慈濟知道做得不夠多，是「富中之貧」人，走過環保三十年，退休後的我更能全心全力做慈濟，就是「富中之富」的人。

二〇一九年二月四日除夕，我們結束麵攤營業正式退休。先生邱昇權仍和環保志工開著環保車忙著載回收，我仍繼續我最愛的環保定點回收分類、募心募愛；從上人呼籲開始做環保，走過艱辛的路程，見證慈濟環保三十年來的演變，期待人人隨手做環保、處處都是回收點。

開道鋪路走過三十年

劉榮欽訪談紀錄

經典語錄

無常不針對任何人，做才能體會自己的幸福；唯有投入，才能感受人生苦樂參半。

訪談：林淑懷

記錄：林淑懷、曾千瑜

日期・地點：二〇二〇年十月三十日、十一月六日、十一月十三日民權聯絡處

【簡歷】一九五五年生於臺中市北區，身懷電工專長，一九七九年退伍後，到電子公司上班認識太太陳俐伶，隔年結婚，育有二子。後夫妻自行創業，經營代書事務所。一九九一年認識慈濟，因此投入見習、帶慈濟列車等；年底，在家中成立環保點、開自家車載運資源回收，是慈濟在臺中市推動環保的先行者之一。一九九二年受證慈誠，隔年受證委員。

慈濟環保路上，劉榮欽與太太陳俐伶同行三十年，不變初心。（攝影／劉立仁）

我是一九五五年（民國四十四年）九月一日出生在臺中市[1]北區，是家裡的獨子，有一個姊姊、兩個妹妹，一九七六年全家搬到現在居住的臺中市忠明路。爸爸是臺灣省政府印刷廠（今財政部印刷廠）的技術人員退休。媽媽是家庭主婦，利用空檔在家裡做代工補貼家用。在臺中很有知名度的「高慶泉醬油工廠」就在我家附近，以前工廠有做醬料加工，需要將整條小黃爪切片，我媽媽跟左右鄰居的阿姨們，都在做切片加工。

有時候媽媽還會接鞋廠的加工，黏涼鞋底部，和後腳跟要加墊底，需要用到強力膠，強力膠刷上三十分鐘後才能黏緊，再用鐵搥敲打穩定。這些工作都很簡單，我讀初中[2]時，下課回來也都會幫忙。爸爸收入有限，所以媽媽很辛苦，要做加工又要顧家，還要照顧我們。

聽我媽媽說，在我還是嬰兒的時候，她抱著我坐三輪車去親戚家，三輪車跟鐵牛車[3]相撞，我被三輪車夾住差點沒命。到了一歲多學走路的時候，腳步不是很穩，跟媽媽在二樓，走到樓梯旁時，一不小心摔到樓下，媽媽嚇了一跳，趕緊把我抱起來看看哪裡受傷，結果我竟然哭一哭就沒事了。還有五歲時，媽媽在燒開水，當她不注意時，我用手把茶壺拉倒，整壺熱水把我的大半身都燙傷了，差一點沒命。所以媽媽說我的命很硬，是「天公仔子」（臺語，意指幸運兒）出世。

認真肯學　從電工跨行當代書

太平小學畢業後，我考上省立臺中二中初中部（今臺中市立臺中第二高級中等學校），接著考上私立的僑泰高級工（業）商（業）職業學校（今私

1.此時的臺中市為省轄市，二〇一〇年十二月二十五日與臺中縣合併，升格為直轄市。

2.我國國民之基本教育採學區分發入學，在五十七學年度以前僅含國小六年教育……為提高全民教育水準，適應國家建設需要，乃於五七學年度起，將國民教育延伸為九年，初中三年改為國中三年，連同國小六年，合稱九年國民教育。資料來源：教育部統計處，《中華民國教育統計（一〇九年版）》（臺北市：教育部，二〇二〇年），頁二二七。

3.鐵牛車，用耕耘車拼裝的小貨車。資料來源：教育部重編國語辭典修訂本，https://reurl.cc/95rebV（二〇二〇年十二月二十一日檢索）。

立僑泰高級中學）電工科。畢業後本來要報考兩年一次的全國電匠考試，但報考資格必須是一九五五年八月三十一日前出生，而我出生是九月一日，沒辦法參加。

只差一天，就要再等兩年，那我就必須去當兵了，所以決定先到臺北應徵水電工，後來又回臺中到舅舅的精密工業公司上班，也去姊姊經營的餐廳廚房幫忙，直到收到兵單通知。

想想，我的命真的很硬。在舅舅的公司上班時，有一回騎機車到外洽公，回程路上，輪子壓到石頭，機車摔到路旁，人跌進田裡；當時政府還沒有實施騎乘機車要戴安全帽的規定，我的頭先著地，還好土是軟的，所以人沒事。性命能留下來，表示還有很多事需要我去做，因此我非常珍惜生命。

一九七六年四月在空軍虎尾訓練中心[4]入伍，結訓後又分發到空軍通信電子學校（今為空軍航空技術學院）受訓，之後又陸續在臺北市與金門縣烏坵當過兵，直到一九七九年退伍，前後當兵三年。

退伍回來休息三天，在妹妹的朋友介紹下，我到一家位於忠明南路的電子公司擔任技術人員兼業務。我很認真又肯學習，業績好，與客人應對從未出差錯，獲得經理肯定，又得到總經理賞識，所以一路升遷到業務主任，認識同部門的陳俐伶小姐，兩人開始交往。

一九八〇年結婚，之後兩個兒子相繼出生，夫妻決定離開電子公司自行創業。我們買賣、維修日本進口的任天堂遊戲機，也經營電子代工協力工廠。直到電子代工景氣沒落，就改到補習班學習代書與房地產買賣課程，結業後經營代書事務所，專門為客戶仲介房地產買賣及辦理過戶。

---

4. 空軍虎尾訓練中心，應為「空軍新兵訓練中心」。一九三六年日本政府為支援中國戰區而建立虎尾海軍飛機場，一九五〇年國民政府改為空軍官校學生的初級飛行訓練中心，一九五六年初級訓練任務移到高雄岡山，並將此地變更為空軍新兵訓練中心，一九九一年並編為空軍防砲警衛幹部教育訓練班，二〇〇四年配合「國軍軍事組織及兵力調整規劃案」，廢止基地任務，土地劃為高鐵特區。資料來源：〈關於眷村〉，建國眷村網站，https://reurl.cc/k04Xzd（二〇二〇年十二月二十八日檢索）。

小冊子牽起慈濟緣

一九九〇年，徐秀琴（慈濟志工）到家裡來跟我媽媽收功德款，我看到她手上拿著一本咖啡色本子。我好奇地問：「妳在募款嗎？」她說：「是啊！你媽媽繳的是慈濟功德款。」我就說：「那我也一起繳。」

徐秀琴聽到我說要加入會員，馬上從手提包裡拿出一本《證嚴法師的慈濟世界》[5]給我，跟我介紹上人克苦、克勤的精神，和創立慈濟的經過。我才知道原來媽媽只繳善款，對慈濟不清楚，也不曾跟我們聊起。因此，我每個月繳交二仟元，從此成為慈濟的會員。

徐秀琴告訴我，慈濟在星期三晚上固定有共修，如果我參加，就可以接引她先生洪旺，洪旺是屬於忠厚老實型，她覺得至親比較難度，希望我們能互相帶動。

記得我第一次參加共修的時候，當時的臺中分會（今民權聯絡處）正在改建[6]，佛堂暫時設在對面的「民權寶座」大廈，其中的一、二樓及地下室屬於慈濟所有。那天晚上我們有三十幾人一起拜經，空間不大，有些人還站到門外。拜完經，中區慈誠大隊長李朝森[7]請第一次參加的人起來自我介

5.《證嚴法師的慈濟世界》為第一本有系統介紹慈濟緣起及證嚴上人的小冊，作者為佛教界著名作家陳慧劍居士。一九八二年，居士親赴花蓮採訪證嚴上人，寫成兩萬字的簡傳，於《天華雜誌》連載三期，輯錄成《證嚴法師的慈濟世界》小冊。許多民眾即是透過他感性、深刻的文筆，認識慈濟，居士對慈濟志業的貢獻功不可沒。資料來源：〈《證嚴法師的慈濟世界》作者　陳慧劍居士往生〉，慈濟數位典藏資源網，https://reurl.cc/oxdrM（二〇二〇年十二月二十八日檢索）。

6.慈濟臺中分會於一九八六年二月十日至二〇一三年八月三十一日設址在臺中市民權路三一四巷二號，其間因應會務發展需要進行改建，一九九〇年九月分會工作人員移至臨時分會，即對面的寶座大廈一、二樓處理會務，志工活動也暫在此地舉行，直至一九九二年十月三十一日新會所落成。二〇一三年九月一日，分會遷至文心南路臺中靜思堂，民權路舊址於二〇一八年五月二十四日更名為「慈濟民權聯絡處」。資料來源：慈濟年譜資料庫。

7.李朝森（一九四五—二〇一七年），臺中大甲人，法號濟穎，委員號七〇五。一九八六年走入慈濟，曾擔任第一任慈濟中區慈誠隊長，參與道格、賀伯颱風救災及泰北三年扶困計畫等。資料來源：魏玉縣、張麗雲，〈永遠的大隊長 護法金剛齊送行〉，慈濟全球社區網（二〇一七年二月十八日），https://reurl.cc/e8qaCL（二〇二〇年十二月二十八日檢索）。

紹；我簡單提到自己的姓名、年齡、住家，自己經營代書事務所，時間很自由。從那時候開始，我算正式加入慈誠隊。

十月，我和太太報名參加慈濟列車[8]到花蓮參訪。第一次坐慈濟列車，本來是資深志工帶我們，李朝森師兄反而將三角旗拿給我。旗子印有第幾小組，下面寫著「佛教慈濟基金會」，當時我才三十幾歲，李師兄大概看我年輕，所以將旗子交給我，要我將同一小組的人帶好。

參加慈濟列車，最讓我難忘的是那一盒素食便當，以前雖然吃過素食，但沒吃過那麼大的素食便當，又不能不吃完。因為平常在家習慣吃葷食，整車的人都吃完了，只剩我捧著便當一口一口地塞，我是最後一個吃完的人。

決定加入慈濟，我告訴自己一定要嘗試著吃，別人可以為什麼我不行，吃著吃著就習慣了。慈濟對我的影響很大，才能在短時間改掉三十幾年的葷食，到現在，我已經吃素將近三十年，連五辛[9]（蔥、蒜、韭、薤、興渠）都沒吃。

不挑事做　助念知無常

我的意念很堅定，只要想做的事情一定堅持到底。還沒有進慈濟以前，有一次看到一本有關抽菸會傷害身體的書，書中提到有抽菸的肺是灰灰霧霧的，很可怕，我嚇了一跳，就跟太太說，從明天開始，要把菸、檳榔跟酒都戒掉。太太還半信半疑，我真的做給她看。

在一九七〇年代，男人會抽菸、喝酒、嚼檳榔是很普遍的事。因為被書中的文字點醒後，我當下就改了。要改掉這些習慣，對有些人來說確實很不容易，用盡所有辦法也改不過來。我進慈濟以後才發現，慈濟人是沒有這些

8.「慈濟列車」一詞源於一九八九年九月十七日，當時為慶祝慈濟護專開學典禮及慈院開業三周年，與會貴賓、委員、會員二萬餘人；為紓解人潮，慈濟特向臺灣鐵路局提出專案申請，加開火車班次，由於整列火車僅搭乘慈濟人，因此又被稱之「慈濟列車」。資料來源：慈濟年譜資料庫。

9.五辛，《楞嚴經》中記載，世間有五種辛菜熟食容易使人引發淫意，生吃容易使人易生瞋怒。因此，在兩千多年前，佛陀就禁止修行者吃五辛等有刺激性氣味的蔬菜。資料來源：〈不食五辛　靜心少欲〉，慈濟全球資訊網，https://reurl.cc/OqqnMq（二〇二〇年十二月二十八日檢索）。

上圖／加入慈濟後，劉榮欽（右）跟著李朝森（中）、張瑞年（左）承擔慈誠勤務，勇於付出。（圖片／劉榮欽提供）

下圖／一九九四年一月十九日，證嚴上人為劉榮欽授證，其慈濟委員號為三二〇一號。（圖片／劉榮欽提供）

習慣的。現在我如果跟有抽菸、喝酒的人在一起，多少都會聞到他們身上的異味，可見自己以前也有。

我加入慈濟之後一直以慈濟事為優先，日子過得比自己做事業更忙，還忙得很高興，連過去不好的生活習性都改變很多。所以進慈濟才三個月，還沒受證就承擔慈誠隊副分隊長兼小隊長。因為當時大中區男眾志工不到一百人，因此大隊長李朝森師兄、王萬發師兄（負責聯絡助念事宜）知道我的時間很有彈性，一定會找我做事。

舉凡告別式、助念、交通指揮、做環保、訪視等勤務，我每一樣都會參加，還曾經在一天之內，為三、四位往生者助念。當時助念要看往生者往生的時間，即使三更半夜也去。助念讓我體會到人生無常，尤其曾聽長輩們說過：「棺材是裝死人，不是裝老人。」因此我發願，有生之年要多行善助人。

鼓勵設點　推動中市環保

一九九〇年八月二十三日，吳尊賢社會公益講座在新民商工舉辦，上人受邀演講時，呼籲人人用鼓掌的雙手做環保。我沒有去聽演講，但是聽師兄師姊們回來的分享，我們家就開始將可以回收的物品，直接拿給拾荒者。

後來的某天晚上，二十多位志工到組長林美蘭家開組會，我們一起討論「如何將志工組織起來做環保」。美蘭師姊鼓勵大家自動在家裡設環保點，才能帶動周遭更多人來做資源回收。現場只有我、謝秉欣、王萬發、曾益冰、洪旺，五人舉手願意在家裡設點，還願意到各環保點回收資源。

我住的是四樓透天厝的店面，前後臨路，前面是忠明路，路寬有三十米，一樓店面作為代書事務所的辦公室；後面可以設點，在後門做分類，一樓後半段的空間也可以用來擺放資源回收物。我之前做生意買的一噸半小貨車，可以幫忙載資源回收，剛好派上用場。

舉手的五位師兄當中，我和謝秉欣有貨車，王萬發、曾益冰和洪旺就是隨車幫忙。一九九一年底，我家設環保點，一方面可以對左鄰右舍宣導環保，我就可以固定每星期六下午一點半開著小貨車到各點去載。所以慈濟在臺中市最早有組織地做環保，就是由我們二十幾個人開會後組織起來的，也做路線規劃，車子到點回收。

我對會員宣導，有的會員認同後，也陸續設點。星期六下午我先從家裡開始載，再去謝秉欣家會合，兩部車一路沿著忠明路、漢口路，經忠明八街到成都路，再往北到仁愛國小，隨後往一心市場到五權路。最後送去回收場賣錢，全部所得再繳回臺中分會財務組。

早期分類很簡單，只有五金和紙箱、書刊、報紙等紙類，以及寶特瓶等塑膠類。謝秉欣的貨車有裝帆布，專門載紙類，才不會被風吹雨淋；我的貨車專門載鐵鋁罐、五金、塑膠，還有廢棄的電風

早期劉榮欽、謝秉欣各自開貨車到住家附近載回收物，再邀集志工到環保點做分類。圖為一九九五年十月二日，志工們在劉榮欽家後門，為了安全起見，在兩車中間克難做環保。（攝影／劉榮欽）

扇、電視機、電冰箱、腳踏車等等，為了安全，我自費在車斗加裝鐵欄杆。

無私做環保　帶動鄰里響應

一九九二年我受證慈誠，接著和我太太報名委員見習。雖然一起見習，大都是她成就我，畢竟我們跟父母住在一起，還有事務所的工作要忙。這一年我帶會眾坐慈濟列車到花蓮參訪，就有十一次。若我去帶列車時，星期六載回收只能由家人配合師兄搬運家裡的回收物到車上。

媽媽知道我做慈濟又要事務所很忙，她捨不得，早上不去運動，每天幫忙做分類，在家裡設環保點一方面可以讓不知道慈濟的人能來了解環保，一方面希望接引更多人進來慈濟。剛開始回收量不多，我和媽媽半小時左右就做好了。兩三個月後，鄰居拿來的回收物持續增加，若沒有每天整理就沒空間了。

周圍的鄰居好朋友，聽到我們家在做環保，將賣回收的錢捐給慈濟幫助人，紛紛響應。跟我媽媽同年齡，兩人親如姊妹的張雪正阿姨，住在臺中市北區忠明路空軍醫院（今為國軍臺中總醫院中清院區）後面的「空醫新村」一眷村，兒子是空軍上校，生活不愁吃不愁穿，但是她很勤勞，平時在撿字紙（撿破爛）賣錢。張阿姨聽到我媽媽在幫忙分類的事，就說不賣了，都要給慈濟，兩人就各自做環保當運動。

張阿姨每天撿資源的時間，仍然跟運動的時間一樣，五點左右就推著推車出門，因為很多人都主動將回收物留給她，

劉榮欽的母親劉楊秀鳳（後排右五），與張雪正（後排右六）、李愛子（後排右七）等人參加全臺環保志工花蓮尋根之旅，並合影留念。（圖片／劉榮欽提供）

環保志工劉楊秀鳳，一九九一年兒子劉榮欽在家後門成立慈濟環保點之後，她就將環保分類當成每天固定的工作。（攝影／劉榮欽）

有時候一天要出去好幾趟，所以每星期她的社區量都堆得像小山一樣高，比我們家的還多。眷村裡剛好有一塊空地，全是她用來堆放回收資源，每次兩臺貨車幾乎都裝得滿滿的。

原來有糖尿病的張阿姨，越做精神越好，不只是慈濟會員，也受證環保志工。眷村都更後，張阿姨一家人搬到五權路跟大雅路（今為中清路一段）交接的光大社區，環保工作仍然不間斷，直到她八十二歲體力不如前，才停止到外面撿回收，在九十六歲時畫下圓滿的人生句點。

一人做環保 全家動起來

我們家的點，原來是我和媽媽在分類，後來全家一起動起來，我才會說，一個人忙全家跟著忙，俗語說，「一個人沒辦法吃盡天下米」的道理一樣。所以我常說，家裡設環保點，不可能一個人做，像父母、太太、大兒子都會一起幫忙。

當隔壁大樓的回收量很多時，大兒子劉冠辰很孝順，從國中開始只要聽到阿嬤說膝蓋很痛時，他就會找媽媽幫忙阿嬤，三個人用推車去將回收物載回來，有時要載好幾趟。大兒子讀大學住在外面，放假回來，一樣也會跟阿嬤做分類，有時環保車來，主動幫忙搬運。他從彰師大技職教育碩士畢業後，現在在彰師附工當資訊科老師。

小兒子劉冠良，國立中正大學化學暨生物化學碩士班畢業，目前在國家衛生研究院就職。兩個兒子都已經成家立業，小兒子也有自己的孩子，能看

劉榮欽大兒子劉冠辰（左一），從國中開始幫忙環保分類，到高中、大學都一樣，只要人在家裡，看到需要馬上自動自發。（攝影／劉榮欽）

到他們家庭幸福美滿，讓我們做父母親的很安慰，而且能很放心地全心全力投入志業。

環保資源的量不只我們家的變多，慈濟各回收點也越來越多，而且範圍也越廣。環保車從兩輛增加到三輛，第三輛是由經營水電的林大壹用自己的五點二噸的大型貨車來載。他這臺貨車除了水電用途，還在稻子收割期間，載割稻機具幫農民收割當副業，所以這臺貨車是一車多用。為了推動環保，大家出車、出力、出時間。

林大壹的回收點是在他住家潭子附近的範圍，從富強街、天祥街、三光巷到東山路，再往水景巷、軍功路、松竹路、四維國小，再到文心國小、進化北路，有時候也到臺中市區三民路一心市場去收。偶爾還會到別區支援，三十年來回收的時間不變，仍然固定每星期六下午。

因為各社區的環保點越來越多，環保志工人數也持續增加，後來回收車輛不足，我就又帶動出陳諒福、李次郎，還有黃吉祥，他們都有自己的廂型車，王萬發還曾經去大里跟朋友借車來載，我們再分出不同的路線。

中區推動環保從二十幾個人的會議開始，我們推得算相當順利，參與的人有增無減，每個月所賣的回收金額也在增加。所以《聯合報》才跟我們報導說，「一群有心人，做感心的代誌」。確實大家不為名不為利，用鼓掌的雙手，把回收分類，完全是賺歡喜的。

愛護地球的心堅持

媽媽做環保當中，還主動到我家斜對面大潤發賣場跟管理員問：「我們家有慈濟環保點，紙箱之類能回收的東西可以給我們嗎？」管理員沒有當下答應。可能管理員有去問他的主管，我媽媽隔天再去時，管理員就對她說：「可以。」大賣場的回收量很多，員工將紙箱、塑膠、瓶瓶罐罐能回收的資源放在固定地方，每天清早五點多，我媽媽推車去載，有時候量多，一天要載三、四趟，我和太太都會去幫忙搬運回來。

我們做環保的名聲已經家戶喻曉，連我家附近三棟大樓的住家和公司行號，都會直接打電話到我的事務所，表明有回收物要給慈濟，希望我們能去載。我媽媽那時雖然七十歲，但除了膝關節退化，身體很健康，再重的東西，都是一個人推著車子去載。平時會員家裡有汰舊換新的電視、冰箱時，我會在星期六跟其他師兄開車去載，直接載到回收商賣。

做環保愛護地球人人有責，我是因此才積極投入，我要幫上人做他想要做的事。說真的，心裡這樣想，如果沒有媽媽跟著我整理，人家每天拿來放，家裡後面一定亂七八糟，馬上就堆積到連走路的空間都沒有。

推動環保要更多人一起來，一九九二年我跟太太到我大姨子陳寶綿住的興邦新村去宣導。大姨子是榮眷，個性開朗，喜歡交朋友，社區的居民幾乎都認識也結很好的緣，所以我請她幫忙邀約。我們又去宣導環保資源回收再利用，之後眷村住戶都會將回收物集中在一個空地，環保車每星期六下午過去載。

剛開始很多人沒有環保意識，教他們分類都嫌麻煩，回收車去了，我們還要在現場分類，當下有居民就說：「東西給你們就很好了，哪有時間分！」聽了心裡很

劉榮欽在家後門騰出騎樓空間做回收點，回收物越來越多，只好將一樓後半空間，用來堆疊回收物品，媽媽劉楊秀鳳則是每天早上固定做分類。（攝影／劉榮欽）

難過，他們不但沒有分類，連垃圾都有。還有超商店家把箱子放在地下室，我們都要再整理搬運，佔用很多時間。有時要忙到傍晚六點多，晚餐買個麵包果腹，天氣冷，就吃一碗熱熱的湯麵，繼續把工作做好，回到家都快九點了。

現在回想，還好以前有去宣導，至少讓興邦新村的居民了解資源回收的重要。現在，眷村已經都更改建，離開的居民也不少，最讓我感動的是我的大姨子和李愛子。她們兩位原來在眷村帶動資源回收，房子改建後，很多住戶又一起搬到現在水湳的佳家福大樓，繼續做好鄰居，還將慈濟的環保理念，帶到新大樓推動。

大姨子跟李愛子買在大樓的一樓，又是隔壁鄰居，最初回收物都放在她們兩家的庭院，因為常常堆疊得滿滿的，半年後，管理委員會才騰出空間來。已經受證環保志工的李愛子，專程買了環保回收桶讓大家分類存放，住才開始將回收物集中，環保車每星期三和星期六去載兩次，到現在，兩位對保護地球的心還是始終如一。

做環保 調適太太心病

一九九二年十二月八至十一日，我和我太太第一次到花蓮慈濟醫院承擔醫院志工，因為我們還在見習委員，沒有經驗又陌生，我分配在ICU（加護病房），太太分配在癌症區。她個性內向、膽子小，看人家生病就覺得很可憐，又沒有看過癌症病人痛苦的樣子，就被一位病人痛苦的樣子嚇到，但也不敢說。那個病人躺在病床上四肢被綁著，全身不停地跳動，整張床都在抖動……

結束醫院志工行程，太太回到家，腦海裡一直有那位病人的影子，怎麼都忘不掉，常常害怕到全身發抖。去看醫生，醫生說是自律神經失調，要自己調適。她沒辦法自找調適，情況越來越嚴重。從臺中看到臺北長庚、榮總、臺大，又從臺北看回到臺中，可以說有醫生看到沒醫生。

她時常心臟砰砰跳得很厲害，很不舒服的時候會說：「劉榮欽，你帶我去看醫生！」一、兩天後又說：「劉榮欽，你帶我去看醫生！」表示前面醫生開給她的藥，對病情幫助不大。光是心臟科就看了好幾家醫院，最後給臺中一位很有名的心臟科醫師看，病情總算穩定下來。

我太太真的很可憐，在還找不到對症下藥的良方時，每天都在害怕中過日子。最嚴重的時候，連自己的生活起居都要我協助，只要我外出，就一定將她帶在身邊，甚至回收日開著環保車，也讓她坐在副駕駛座，除非萬不得已，才讓她一個人在家。

有時把她一個人留在家裡，我掛在腰圍的BB.Call（無線電呼叫器）響了，如果顯示的是家裡的電話，就知道一定又是太太身體不舒服，就馬上回家載她去看醫生。護士幫她注射點滴後，人緩和舒服了，再載她回家休息。這樣的事情經常發生，也不知該怎麼辦，只有帶她做環保、做香積，這些輕鬆的事情會讓她快樂，就不會有事。所以我們一起參加見習，我一九九四年受證委員，但她沒有受證，畢竟身體狀況還不穩定。

太太再培訓　越做越健康

上人要我跟蔡素蓮師姊一起承擔中區總務。總務很忙，所有活動都需要總務組協助。像慈濟列車每個月帶會員到花蓮參訪，都要負責把所有要給會眾的礦泉水、飲料搬上車，我一定要去火車站幫忙。會眾回來的時候，也要去收旗子、麥克風，幾乎每趟慈濟列車的去、回都要忙。

載送《慈濟月刊》的車子來了，慈濟基金會的職工陳惠美馬上連絡我，我就要聯絡男眾師兄到臺中分會（今民權聯絡處）幫忙；有花蓮靜思精舍的師父或志業體同仁要來，我都親自開車到水湳機場（今臺中水湳經貿生態園區）或臺中火車站接送。總務工作多而且瑣碎，兩年的任期到了，我不敢再續接，主要是我太太的身體狀況不穩定。

有一次，地政事務所的人員要到潭子慈濟志業園區鑑界土地。園區全是

劉榮欽的太太陳俐伶（右），長年用藥常常體力不足、精神不好，但是每星期三和星期六早上的環保日，是她投入慈濟最好的良方，身體越來越穩定。（攝影／劉榮欽）

山坡地，我不是因為做代書要去，而是承擔總務要到，才會知道慈濟的範圍到哪裡。我剛爬上到最山頂的地方，BB call響了，一看是家裡的電話，就知道一定是我太太又不舒服了，匆匆忙忙趕下山，趕緊開車回家。

每次發生同樣的狀況，我都很難過，很心疼太太受折磨。我趕緊拉她的手，按她手中大拇指下的一個穴道，她的心臟會很痛，就表示我按對位置。要一直按、一直按，按到她痛得叫出來，就好了，再扶她到房間休息，就沒關係了。

我會跟她按這個六道，是宋金進師兄教我的，我太太發生像這樣的緊急情況不少十次以上，我都用這樣按保住她的命。我太太很善良，幫我把家照顧得很好，我當然要很細心照顧她。

後來我接中區慈誠大隊的培訓幹事，承擔這功能就想到我太太因為身體不好，沒跟我一起受證，我就叫她報名。她答應參加培訓，一年十堂課，加上回花蓮尋根[10]三天兩夜，還要投入慈濟各項大小的活動，不像我見習志工時，只要參與勤務就能讓師父授證。

我們工作人員要陪伴培訓學員，我太太參加培訓我反而更放心，不擔心她一個人在家，忽然身體不舒服沒有人幫。她受證後還是跟著我每星期做環保，而且參加組隊工作，身體越做越健康，只是必須長期吃藥，比較容易疲勞。但是她的頭腦清晰，所有發生過的事情，都記得一清二楚。

10. 要做慈濟委員、慈誠，皈依證嚴上人座下，不只要參加動態工作，還要經過一年的靜態課程培訓，到年底再回到花蓮靜思精舍尋根，了解出家師父們，如何秉持證嚴上人刻苦耐勞的精神和理念。

我們全家人做環保，變得很有話題，太太的情況越好，只是不捨媽媽經常要出力搬重的東西，而且用推車拖回收資源回來，在拖、在推的時候必須出力，所以膝關節磨損得很厲害，醫生建議她要換人工膝關節。

醫生也提到，媽媽若還能忍受，最好半年後再換，有新款的人工膝關節材質問市。新材質能彎一百二十五度，換了以後，腳要蹲、要站都很方便。但是媽媽已經痛到沒辦法等，只好換了舊款式，才有九十的彎度，感覺很重，而且要彎、要蹲非常不自在。

不因爸爸往生而退轉

因為媽媽捨不得我忙，已退休的爸爸也很挺我，他專門整理紙類、紙箱的堆疊和綑綁，媽媽就負責分類。爸爸很會整理，經過他綑綁後，紙箱幾乎不曾鬆過，隨車師兄們常稱讚他：「菩薩，你真厲害，綁得很緊，很好搬！」聽到有人稱讚，老人家很高興，很有成就感，綑綁工作就變成他退休後固定的事情。

星期六下午是我們固定的環保回收日，午後兩點多，我人還在搬運回收物到車上，家裡的電話響了，陳玉琇師姊去接，後來叫我去聽。我拿起電話，對方就說：「你爸爸發生車禍，大體在殯儀館，你趕快去認屍！」

劉榮欽很遺憾爸爸做環保三年來，唯一留下的，是他所綑綁的一疊一疊紙類回收物。（攝影者／劉榮欽）

我當下傻了，不知該怎麼辦，很希望是自己聽錯了。心想，回收日中午，爸爸都會回來做環保，已經午後兩點多了，還沒見到他的人，我就感到不對勁，感覺有一股莫名的事情要發生似的。

那天是一九九五年的二月二十五日，爸爸坐公車去大雅找朋友聊天，接近中午十二點時，朋友要留他吃午飯，他一直說，要回家做環保。朋友好意騎機車載他，沒想到在半路就發生事故，爸爸傷重不治，他的朋友也受了傷。

我趕到殯儀館，禮儀社的工作人員陪我到冷凍庫認屍，真的是我爸爸！不忍心看到爸爸躺在冰冷的冰庫裡，我請他們將我爸爸的大體改放冷藏，心中五味雜陳，實在沒辦法接受。中區的師兄師姊聽到訊息，很快排班來為爸爸助念，師兄們還從臺中分會載來五十張椅子，八小時的助念期間，菩薩群聚，椅子沒有空下來過，還有人站著，直到晚上十一點，圓滿八小時。能這麼莊嚴，都是爸爸生前與人結的好緣。

爸爸的遺體暫放在殯儀館，我跟媽媽、太太三個人回家一路上以淚水相伴，情緒低到谷底，心實在很痛！明明早上都還好好的一個人，為什麼出去就變成躺著回來？

隔天，禮儀社同仁將爸爸的大體運回家裡，事務所成為他的靈堂。三、四天後，爸爸的朋友出院回家，隨後趕來家裡跟爸爸上香，心裡很自責。

我安慰他：「命是天註定的，爸爸逃不過，請不要放在心上，我們都沒有怪你！」算一算，我爸爸也做了三年多的環保，雖然很不捨，但是無常來也只能面對。

上人也常常跟我們開示，生命是自然法則，無常來時就要勇敢面對。是啊！這無常就是在考驗我，考驗我的心是不是堅定，善種子種得夠不夠深。我把眼淚擦乾，繼續做慈濟的工作。

我爸爸車禍往生的真正原因，我一直都沒說，一來是怕上人擔心我這個弟子走不出來；再來是我怕有的人會說，慈濟做得那麼認真，還會發生這種事，所以乾脆不說，免得讓人造口業。雖然想要試著縮短爸爸往生的痛苦，其實也經過一年才真正將心情調適好。不過，我對慈濟的事，還有媽媽、太太在環保這一塊，我們都沒有缺席，主要是我不想因為爸爸往生而懈怠、起退轉心，甚至還發願要為爸爸做更多。

接引新人　從我家的點開始

上人呼籲要做環保，我一直努力推動，只要有人願意做或願意聽，我會全力以赴。

陳玉綉師姊平時是幫人送羊奶，她會來做環保，是自己找來臺中分會（今民權聯絡處）表明要參與，分會值班的師姊就請她來我家做環保。她有一部六百CC的小貨車，平時用來載羊奶，其他時間用到的機會不多。她開車跟在我的車後載回收，有時遇到沒有分類的，我們還要幫忙分類，後來加入會員也幫忙募款。除了每星期六做環保，陳玉綉很願意參與更多的慈濟活動，所以我邀約她參加助念、訪視、做香積等。她也邀她的妯娌劉瑞娥參加，後來，劉瑞娥的先生，陳玉綉小叔黃伯輝也一起投入環保，參加勤務。

像陳玉綉這樣，自己找到慈濟要做環保的還有廖偉宏。廖偉宏高中畢業後沒有再讀大學，直接到臺中職訓中心學習烘培技術，遇到慈濟志工在宣導骨髓捐贈驗血建檔活動。他覺得很好奇，加上家裡離臺中分會很近，當天下課後，直接來到臺中分會，遇到林大壹師兄（慈濟志工），就介紹他到我家做環保。

我第一眼看到廖偉宏，就覺得他人很憨厚，頭腦反應似乎不是很快，但我還是將他帶在身邊做環保、跟車、搬運。他是家中獨子，白天到分會書軒幫忙，有勤務就跟我出去，加上我在旁邊提醒他，什麼事該怎麼做會更好？慢慢地，我發覺他的

二〇〇三年十二月三十一日，臺中分會舉行歲末祝福，培訓幹事劉榮欽（左），隨時帶著廖偉宏（右）參與新受證的慈誠報到，領取、名牌、領帶、志工背心。（攝影／陳鎮嘉）

反應變得越好，連助念拿引磬都學會了，也能帶回向，我自己也覺得很有成就感。

後來我建議廖偉宏報名培訓，加入慈誠隊。他很熱心，想法非常單純，像他這樣的孩子，還好有因緣進來慈濟，否則到其他地方上班，很容易被欺負。我覺得上人很偉大，以平等心對待任何人，只要願意肯付出的人，都有機會成為他的弟子。

機車棚變回收屋

有一天，我太太的親戚要開旅行社，看中我家的店面，希望我能租給他。我跟媽媽、太太商討後，將一樓出租，原來的事務所辦公室就搬到二樓。我家後面大樓的業主為住戶建機車棚，空間很大，但來停的人不多，媽媽主動去問業主，「可以挪一半空間讓我們放回收？」

業主聽說我們做環保所賣的錢全捐給慈濟幫助人，他很認同也很樂意，免費將空間提供給我們使用，原放在我家的回收物從此移到機車棚。我自己做海報寫上「慈濟資源回收點」七個字貼在旁邊，告知附近居民，有資源回收都可以拿來。鄰居看我媽媽每天在整理這些環保，有三位阿姨每星期六早上會過來跟她一起做分類，無形中帶動居民投入。直到二〇〇二年大樓業主往生，他弟弟將機車棚拆除，改畫為停車格。

這時環保回收量多到沒地方放，我拜託隔壁鄰居，也是我的會員，他經營吊車業，我請他幫忙找到廢棄的貨車廂，固定停在我家後門，供大家放回收物。二〇〇三年時因為有人檢舉，被環保局的人開車吊走。最後只好請回收量多的公司行號載到就近的環保站，左鄰右舍量比較少的，就轉給慈濟的感恩　王先生。王先生是一個孝子，母子相依為命，平時靠撿資源回收賣錢維持生活，有了我們給他的回收物，也能增加他的收入。

我家的環保點因此畫下句點，也讓媽媽稍微歇息。十二年來，她做分類、載回收，用盡所有力氣在保護地球，相信她推著推車所走過的路程，應

一九九八年，中國醫藥學院慈青社舉辦慈青聯誼，邀約劉榮欽去分享愛護地球和如何資源回收再分類。（圖片／劉榮欽提供）

該比她早上運動走的路還要長。雙腳膝蓋經過休息後，期望還有更好的因緣可以繼續付出。

進校園宣導環保

一九九七年，我主動向組隊建議到附近的健行國民小學宣導環保，並邀請活動組一起進校園。那時健行國民小學還沒有做環保，與校長接洽，希望將上人愛護地球、環保回收再利用的精神理念帶進校園，校長很贊成，還利用朝會的時間，讓近千位師生參加。

我們邀請王金福師兄到現場表演布袋戲，透過人偶戲劇宣導環保，女眾師姊再帶動手語，現場溫馨活潑。小朋友對布袋戲很感興趣，相信對環保資源回收和分類，多少有一點觀念了。

在健行國小算是大型的校園環保宣導，爾後我到學校帶動學生做分類，兩、三個月再交給陳玉綉、劉瑞娥、黃伯輝三人去帶動，因為他們住在學校旁邊，讓他們進校園帶動很方便。各班負責環保的學生，也很快熟悉如何分類，帶動兩、三年後才退出校園。

一九九八年，中國醫藥學院（今中國醫藥大學）慈青社[11]舉辦慈青聯誼，邀約我去分享如何讓年輕人重視環保。之後，孩子們就在學校推動環保，也做得很好。

11.慈青社全名為慈濟大專青年聯誼會，是由一群來自全球各大專院校學生所組成。慈青社在校內會舉辦環保志工、居家關懷、機構關懷、讀書會、慈青週、參與各項慈濟活動，讓參與慈青社的青年們有機會認識慈濟，以及更多可付出的機會。

大潤發員工 體驗環保

二〇一一年大潤發臺中忠明店有十位員工，前往慈濟淡溝環保站參訪。我聽說他們要來了解環保很高興，紀淑媛師姊請我去分享環保的緣起和如何做資源回收再分類。大家聽完分享，分組到捨得環保站和淡溝環保站，體驗如何做環保分類。

其實環保要做好也不是那麼簡單，真的就像上人說的，凡事都要用心。他們實際參與分類，就會發現還能用的東西有那麼多，就會節約用錢，只買需要的東西，才不會變成垃圾，造成浪費。也從那時候開始，大潤發員工就自己做資源回收和分類。

二〇一三年五月臺中市美德街「慈濟美德環保站」成立，我們北中市二的師兄合力蓋組合屋，才有一個遮風避雨的地方。這地方是林淑婷師姊引介一位會員的親戚趙春紅女士提供的。她知道我們需要一個地方做環保，而且越多人做環保對保護地球更有利，所以她提供土地，讓慈濟免租金使用三年。

在美德環保站還沒成立的時候，社區的環保志工、委員和慈誠，會到離家較近的捨得環保站、淡溝環保站或健行環保站做環保。美德環保站做環保的時間一樣是在每週三、六早上，當天回收、分類，當天就載去回收場賣。每次環保日大約有四十位到六十位志工做分類。開環保車的回收人員也增加很多，我因此退下來，全心陪同我太太做環保，一星期做兩

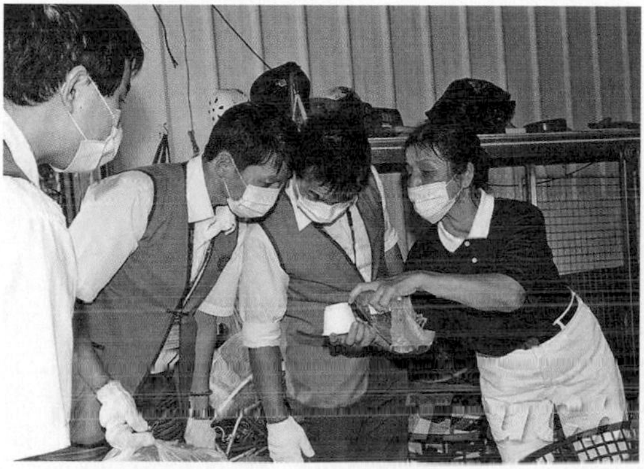

二〇一一年五月十九日，大潤發臺中忠明店員工參訪慈濟淡溝環保站，慈濟志工羅春美為他們解說如何做分類，而每一個塑膠底座都有一個數字，看清數字，才知道可不可以回收。（攝影者／陳聰銘）

天；一方面幫忙分類、搬運，或者要拆卸的物品，我隨時協助。

三年免費租約到期，我們再跟她續租三年，每個月租金二萬元，三年到期後，地主因土地另有用途而收回。從二〇一三年五月到二〇二〇年一月二十一日，經營六年十個月的慈濟美德環保站畫下美麗的句號。

因緣生　因緣滅

不只我們家的環保點結束，慈濟美德環保站也走入歷史，我媽媽劉楊秀鳳的人生也畫下完美的句點，在二〇一五年十月十六日安詳往生。

媽媽做環保十二年，雖然很辛苦，她不嫌髒亂，做得很快樂。我曾問她：「媽媽，妳做那麼久，感受一定很多，有心得可以跟我分享嗎？」她說：「這是要給慈濟的我才敢去撿，雖然很辛苦，但是我做得很歡喜。」我說：「媽媽，妳這輩子最有意義的人生，就是身體力行做環保，大家都很認同、很敬佩妳。」

其實我知道，當初她是捨不得我這個兒子，所以跟我一起做。我跟媽媽一樣，是以「一分不捨」全心投入慈濟、投入環保，三十年來為什麼我不累、不會退轉？道理很簡單，為了讓上人放心，所以「要籠少年、顧老的、招呼新人」（臺語）是我的責任也是使命。過去是這樣，現在也是這樣，未來還是一樣。

所以我才能在三十年來，至少影響一百人以上的志工做環保。這些志工有受證委員、受證慈誠、受證的環保志工，還有沒受證的，像我媽媽、爸爸、大姨子，我家鄰居，還有已往生的陳玉綉師姊。

健行環保站環保志工於二〇二〇年十一月十一日合影。（攝影／葉唐銘）

二〇二〇年，北中市二的志工正式轉到健行環保站做環保，我希望自己往後的日子，能在車水馬龍中的健行環保站，持續為愛護地球「箍少年、顧老的、招呼新人」，而且每次煮咖啡去讓大家提神，看到很多年邁足以當我爸爸媽媽的環保志工們，有他們的精神作為典範，我不敢偷懶、不敢停歇，還期望讓更多愛心人士，聞到我的咖啡香，走進環保站來為保護地球努力。

三輪車到鐵牛車　跑出大里環保路

許國連訪談紀錄

經典語錄

無悔環保路，做好事不認老，對的事，一直做就對了。

訪談：林雪花

記錄：林淑緞、吳淑女、林雪花

日期．地點：二〇二〇年四月五日大里環保站、四月三十日大里環保站、七月十五日許國連家、八月七日大里環保站

【簡歷】許國連一九五〇年出生於臺中縣大里鄉，家中父母務農，小學一畢業便去當學徒，後因為家裡農務需要才又回去從事耕作。一九九一年因收聽漢聲電臺《慈濟世界》廣播節目而認識慈濟，開始做環保，並於一九九四年受證慈誠。他一心一意耕耘環保，雖然載運回收物的車種隨著年代有別，但始終堅持做環保的善念與執著，是慈濟在大里帶動環保的先行者。

許國連與他的環保鐵牛車。（攝影／王秀吟）

一九五〇年我出生於臺中縣大里鄉仁化村（今為仁化里）。父母育有六名子女，我排行老五，上有兩個哥哥、兩個姊姊，最小的弟弟在唸國小三年級時，因為罹患腦膜炎往生了。小時候父母親務農家裡有兩甲多土地要耕作，也因此我在念國小時，下課回來都得要幫忙煮飯。以前農業社會用木材煮出來的蕃薯籤飯很好吃，因在那個年代，可以填飽肚子就算是已經很不錯了。

我自認不是讀書的料，也無法理解課業的內容，漸漸變得不愛念書，所以小學一畢業，初中[1]沒有錄取，我就很認命地去臺中從學徒學起，學習一技之長。一開始學習プレス（衝床[2]），壓製不鏽鋼的湯匙、叉子，但只做了幾年，大約十五、六歲時，因為家裡需要人手幫忙農務，我就辭掉工作。

以前同村的人都互相幫忙耕作，遇到割稻季節我也跟著人家輪作割稻、播種、除草等農事。我的個頭太小，揹稻米包和做粗活都覺得很吃力，又因為沒有經驗，米包一甩上肩，整個身體就往後跌坐下去，即便如此，還是硬著頭皮做下去。若農作空檔，就去做水泥工，有什麼工作就做什麼，只要能賺取微薄的收入貼補家用，再辛苦我都甘願。

廣播牽起慈濟緣

一九七一年，我去當兵沒幾個月，爸爸就因病往生，我跟長官請假回家奔喪。爸爸走了以後，家中生計由大哥全權擔起來，他靠耕作和賣菜勉強維持家計，我退伍後就跟著他種田，有空時還會去打打零工增加收入；後來我們分家，我在舊家附近買房子，並且把媽媽接過來一起住。

---

1. 我國國民之基本教育採學區分發入學，在五十七學年度以前僅含國小六年教育……為提高全民教育水準，適應國家建設需要，乃於五七學年度起，將國民教育延伸為九年，初中三年改為國中三年，連同國小六年，合稱九年國民教育。資料來源：教育部統計處，《中華民國教育統計（一〇九年版）》（臺北市：教育部，二〇二〇年），頁二二七。
2. 衝床，是利用壓力使金屬形變，使其衝壓成各種需要結構的機器，亦稱為衝壓機、壓力機。資料來源：維基百科，https://reurl.cc/yEarNM（二〇二一年三月十二日檢索）。

一九七五年，我太太林美貴的阿姨看我人很實在，就介紹我們認識。我自己的條件並沒有很好，但是女方也不嫌棄我長得又黑又瘦，所以相親一次就成功。隔年四月我們就結婚了，婚後三年陸續生下許碧秀、遠志、偉信三個兒女。

由於沒讀什麼書，農作季節過了，緊接著就去接零工來做。一九八五年，農曆大年初五建築工地開工時，不知道為什麼鷹架內板突然斷掉，我從很高的鷹架上跌落地面，連擺在上面的推車也都一起掉下來，還好我沒有被重物壓到身體，但是左腳還是斷掉了，連帶土水（臺語，此指泥水匠）的工作也無法繼續了。後來，我在塗城一家鑽孔加工的公司上班，差不多做了五年。一九九一年，經人介紹轉到做縫紉機的伸興工業公司去做按件計酬的工作。

我一直有收聽收音機的習慣，一九九一年，有一天我轉頻道，剛好轉到漢聲電臺正在播放《慈濟世界》[3]節目，聽到證嚴法師在講經說法，鼓勵大眾行善。連續三天，我都很仔細地聽這個節目，聽到中國大陸華東水災[4]的慘況，法師除了要發動募款救助災民，也募會員一起行善做慈濟。當下我很感動，順手拿起筆記本記下廣播中說的（慈濟）臺中分會[5]的電話號碼，我

3.《慈濟廣播》於一九八六年一月一日在民本電臺託播，僅限於北部收聽；一九九一年漢聲電臺首播慈濟節目，那是漢聲唯一的閩南語節目，也是唯一的宗教節目，全臺都可收聽得到。資料來源：陳美羿，〈回首音緣路 大愛廣播三十年〉、〈空中知音 現身行善〉，《慈濟月刊》第五八七期（二〇一五年十月二十三日出刊），頁一五、一六。

4.一九九一年五、六月分開始，中國已有十八個省、自治區、直轄市發生水災，災害最重、損失最大的是遭到洪水侵襲的安徽和江蘇兩省。據當時初步統計，安徽全省受災人口達四千八百多萬人，占全省總人口近百分之七十；江蘇全省受災人口達四千二百多萬人，占全省總人口的百分之六十二。二百萬無家可歸的災民在淮河大堤上搭起了一眼望不到頭的臨時住棚。資料來源：張恒編輯，〈一九九一年華東水災〉，鳳凰網（二〇〇八年十一月十八日），https://reurl.cc/YObMGa（二〇二〇年十一月十二日檢索）。

5.許國連聯繫的應為慈濟臺中臨時分會。慈濟臺中分會於一九八六年三月十日至二〇一三年八月三十一日設址在臺中市民權路三一四巷二號，其間因應會務發展需要進行改建，一九九〇年九月分會工作人員移至臨時分會，即對面的寶座大廈一、二樓處理會務，志工活動也暫在此地舉行，直至一九九二年十月三十一日新會所落成。二〇一三年九月一日，分會遷至文心南路臺中靜思堂，民權路舊址於二〇一八年五月二十四日更名為「慈濟民權聯絡處」。資料來源：慈濟年譜資料庫。

就直接打電話去詢問，並告訴對方想要加入慈濟會員。大概隔了一、兩天，一位名叫張次郎的師兄就來我家拜訪。他一來就問：「你要參加會員嗎？」我很肯定地說：「是啊！我想要加入會員。」

再過兩、三個月後，張次郎師兄跟我提起華東水災，災情很嚴重，問我要不要發心？我有看過電視報導的片段，這場水災造成災民連住的地方都沒有，又面臨冬天寒冷的氣候，也知道慈濟功德會真的有在做善事，我們平時省吃儉用，生活還過得去，於是沒想太多，能力所及，馬上答應捐款賑災。

之後，為了救助華東水災災民，慈濟在臺中的向上國中舉辦義賣活動[6]。我和美貴想盡點心力，就一起到現場的攤位去逛，剛好看到一幅法師在新民商工演講的莊嚴法相，照片下方還寫著「智者不求財富，但求人生歷練」，我不假思索就買了下來。一回到家，媽媽就問：「你買這個回來做什麼？」我說：「做愛心。」她接著又問：「那幅照片花多少錢？」我知道老人家很節省，美貴就善意地騙她花了五十元，老人家聽完就說：「很便宜！你們很會買。」其實那一幅攝影作品的義賣價是三千元。

那年年底，我和美貴應張次郎師兄的邀約，搭上復興號慈濟列車[7]去花蓮精舍參訪。一趟火車下來要六、七個小時，到花蓮車站已經下午三、四點了。到站後，一輛遊覽車載我們到「稻香村[8]」旅館，住在十人一房的和室，並在那裡的餐廳用餐。

隔天一早，我們通過臺九線，走過一片空地，再經過一條鐵道後，就開

6. 慈濟為籌募大陸賑災基金，一項定名為「以愛心擋嚴冬」的義賣園遊會，在中部眾慈濟委員、慈誠隊經過十六天的精心策畫下，十一月三日上午九時，在臺中市向上國中大操場隆重登場。臺中市長林柏榕亦親臨會場，捐出善款。當天下午五點收攤時，估計有數萬民眾參與盛會，所得善款達七百二十萬三千六百五十九元。資料來源：〈送愛心到大陸〉，《慈濟道侶》一四一期（一九九一年十一月十六日），第四、五版。

7. 「慈濟列車」一詞源於一九八九年九月十七日，當時為慶祝慈濟護專開學典禮及慈院開業三周年，與會貴賓、委員、會員二萬餘人；為紓解人潮，慈濟特向臺灣鐵路局提出專案申請，加開火車班次，由於整列火車僅搭乘慈濟人，因此又被稱之「慈濟列車」。資料來源：慈濟年譜資料庫。

8. 非花蓮縣吉安鄉稻香村，為靜思精舍外臺九線旁的旅社，已歇業，是早期慈濟人帶慈濟列車到花蓮參訪精舍時會投宿的旅社，舊址為花蓮縣新城鄉康樂路三九六號。

一九九一年十一月三日在向上國中義賣會上購買的證嚴上人法照，許國連視若珍寶，至今仍保存良好。（圖片／許國連提供）

始三步一拜朝山[9]到精舍大殿前，接著參訪。我看到常住師父們在菜園種菜養活自己，也做蠟燭[10]自力更生，生活克難、清苦。後來，一行人又坐車去參觀慈濟護專（今為慈濟科技大學）和慈濟醫院，相較於師父建立的醫院、護專這麼龐大的建築，而精舍卻只有一個小小的大殿，旁邊的空間都只是用鐵皮屋搭建，這一幕給我留下深刻的印象。

雖然家中經濟並不寬裕，但是全家人都願意省吃儉用來助人。那時候花蓮慈濟醫院又有新的工程在進行，張次郎師兄來募款，我們決定樂捐一張病床一萬五千元，全家包括一個女兒、二個兒子、媽媽還有我和美貴共六個人，一個人一個月一千元分期付款捐了病床。

一九九二年，我和美貴就邀約親戚和左鄰右舍的一群老菩薩，搭慈濟列車到花蓮精舍參訪和朝山。參觀精舍後，大家在觀音殿後面的鐵皮屋內聆聽

9.以一步一拜或三步一拜的方式巡禮寺院或道場。資料來源：教育部重編國語辭典修訂本，https://reurl.cc/O0o7Ay（二〇二〇年十一月十二日檢索）。

10.靜思精舍釋德安師父口述：「做的手工總共二十一種，第一項民國五十三年織毛衣，第二項種稻子，第三做水泥袋，第四做嬰兒鞋，第五織手套，第六做外銷成衣，第七項做外銷皮件背心，第八做西裝，第九木板雕刻六十四年，第十做電子六十五年，十一恢復做手套，十二做防熱手套；十三做高週波（嬰兒尿布），六十九年剛好我來，那時候外銷歐美，那時候一天做十八小時，六點多做到晚上九點，收工快九點，快安板了，收工好，就敲鐘了。做了兩年多就沒訂單了。我們都把工廠當道場，所以十三做高週波（嬰兒尿布），十四才做蠟燭，師父叫我們做蠟燭，十五做猴子爬樹（玩具）；民國七十三年到七十四年換了很多工作，猴子爬樹一個月後又沒訂單，十六做珊瑚項鍊，一個月沒訂單，十七再做塑膠花，兩個月沒訂單，十八種菊花，菊花生意不好，再學爆米香十九，二十瓶蓋內墊，二十一又做手拉坯。蓋房子、買土地、買米、買菜，就是這樣子來，點點滴滴這樣，上人跟常住師父完全自力更生。」資料來源：影片《證嚴法師菩提心要》二〇一九年四月二十七日：靜思精舍五十年（上）靜思法脈的源頭（17:38—19:08），https://reurl.cc/eEoGbj（二〇二〇年十一月十二日檢索）。

證嚴法師開示，看到法師瘦弱的身子卻要扛起天下事的身影，令人不捨。我心想，法師為了救助眾生的病苦，自己卻粗茶淡飯，刻苦克難，我更加確定這是值得投入的團體。

機車作環保先鋒

家裡撿回收是從我媽媽開始，她平常早上出去運動，都會隨手撿拾一些鋁罐、鐵罐去賣賺取自己零用錢。她很有愛心，遇到家境比較困苦的鄰居，會把這些本來要留給自己用的零用錢，拿去買棉被、食物或其它的生活物資，幫助他們度過難關。

我和美貴坐慈濟列車去參訪精舍和慈濟醫院回來後，又聽師兄、師姊說，師父在新民商工演講[11]時，鼓勵大眾用鼓掌的雙手做環保，我當下就發願要身體力行，就開始做環保了。尤其媽媽經常聽我說撿回收要捐給慈濟做善事，每次出去看到廢報紙、紙箱、塑膠等可回收的物品，她就撿得比平常更勤快。家的附近蓋了很多新房子，媽媽剛開始用雙手提著回收物，後來撿的紙箱越來越多，她就匯集在一個固定的地方，再叫我騎機車去全部載回來。

我家是透天厝，前院除了種幾棵樹，還有一些空地，正好可以收放回收物。等到東西多到擺不下，就再請余士良和張次郎師兄用貨車來載去資源回收商那裡販賣。

做環保兩、三年後，我兩個就讀國中的兒子很乖巧，學校一放暑假就到三明塑膠公司去打工。他們的課長人很好，知道我們家在做慈濟環保，就把紙箱留給我們去收。而我們都利用禮拜天小孩子放假時，全家一起出門去拆、割紙箱，再請余士良師兄用貨車來載去賣。

11. 一九九〇年八月二十三日，證嚴上人應吳尊賢文教公益基金會邀請，展開「吳尊賢社會公益講座」全省巡迴公益演講。第二場次假臺中市新民商工大禮堂舉行，演講最後，上人以「鼓掌雙手做環保」，勉眾以行動貢獻社會，為慈濟環保志業之濫觴。資料來源：慈濟年表資料庫。

二〇一〇年八月七日，許國連於舉辦活動場地，協助活動架設宣導旗幟。（攝影／王秀吟）

一九九〇年代社會民眾還沒有回收的概念，道路兩邊隨時可以撿到紙箱，尤其在大里溪河堤邊經常有附近住戶和店家傾倒垃圾，我只要騎機車出去繞一圈，沒多久就能滿載而歸。回收量越來越多時，機車擺放空間有限且難載，再加上當時房地產起飛，建商推出很多建案，工地綑綁板模拆下來的鐵絲、鐵條堆積滿地，長度過長、體積很重，根本無法用機車載，所以後來才改用三輪車去載。

做環保以後，我把不好的習氣通通都改了。一九九四年受證慈誠，我戒掉以前喝酒、吃檳榔、抽煙的壞習慣。因對生活的需求降低了，欲念也變少，所以我更捨得付出。同一年東埔寨發生嚴重水災，慈濟發動國際賑災[12]，張次郎師兄前來募款，我決定護持。那時剛好有一張定存單快要到期，美貴跟我商量：「我們也沒缺這一些錢，不用換定存單了，就把這一百萬捐出去好了。」

這件事讓媽媽知道了以後，她說：「你怎麼那麼笨，把好不容易才存到的一百萬就這樣捐出去。」美貴知道老人家生性節儉，還反過來安慰說：「沒關係啦！我們還有錢可以用。」

12. 一九九四年七至九月間，連續豪雨造成澇害，全省二十一個省中十三個省份成了水鄉澤國，二十萬人無家可歸；大澇之後又逢乾旱，造成田地乾裂，使得稻作無法收成。一九九四年九月，慈濟基金會接獲柬國政府透過「中柬文經貿協會」的求援信函後，迅速展開一連串勘災與救援行動，提供抽水機搶救秧苗，並支援重災區白米與穀種。資料來源：〈慈濟在柬埔寨〉，慈濟全球資訊網（二〇一九年八月二十八日），https://reurl.cc/W3ozKe（二〇二〇年十一月十二日檢索）。

三輪車接力載更多

為了方便載回收物，我花了一萬塊向姊夫買了一臺中古三輪車來使用，沒想到過了沒多久就被人偷走。後來我在古物商看到一臺看起來很不起眼、非常破舊的三輪車，老闆看我很中意就說要送給我，我說：「不行啊！那是你跟人家收購的，怎麼可以送給我？」最後，我請他幫忙送去修理，再付給他四百元修理費。

我的工作是論件計酬，所以時間上比較自由，每天下午三點下班後就急著去載回收，甚至沒回家換裝就踩著三輪車在大街小巷穿梭了。（慈濟志工）劉玉珠的先生經營鐵材零件加工，有一次我到他們工廠收廢棄鐵材，他還取笑我怎麼穿著白襯衫在做回收。

漸漸的，回收物實在堆積得太快了，我家庭院也不夠堆放了。於是，我就跟間隔兩戶的一塊空地的地主，也就是瑞城國小何文卿校長商量出借給我們。何校長欣然同意，無條件提供給慈濟使用，有了這塊空地，做環保更方便了。

人在做，天在看，人也在看。三輪車側邊綁著慈濟環保標誌的布條，載回收五、六年後，有很多人都認識我；尤其是看到我們夫妻日夜做環保而深受感動，更多的是肯定慈濟在做善事，因此街坊鄰居口耳相傳，也紛紛加入了做環保的行列，於是我家這個環保點就這樣開始運作了。

平常日都是我們夫妻和三個小孩幫忙

由於回收物堆積得自家庭院也不敷使用，許國連向附近的空地地主商借土地，促成這個慈濟環保點開始運作。（攝影者／王秀吟）

分類，後來幫忙分類的志工愈來愈多，就固定每個禮拜六舉辦一次大環保日，除了左右鄰居之外，包含隔壁村里塗城、內新，連距離十幾公里外的霧峰鄉（今為霧峰區），都有人跑來做；還有很多不知道從哪裡打聽來的善心人士，他們認同慈濟環保是在做善事，自己就來了。這樣全部加一加，最多的時候大概有四、五十個人。

為了感謝大家願意一起來努力做環保的善心，我們都會免費提供點心。美貴每個禮拜煮的東西都不一樣，有時候煮芋頭粥；有時候煮麵條，全部都是素食，煮成很大的一鍋，因為人多大家一起吃，感覺就很好吃。

一路走來，我不只改變了自己的壞習慣，也為身邊的人帶來好的影響。當初我跟著美貴坐慈濟列車去花蓮參訪精舍，離開時美貴請購了幾卷錄音帶回家，後來其中兩卷讓環保志工阿胡嬸帶回家，給她的女婿林政賢和女兒楊碧惠聽。

沒想到，過了一陣子阿胡嬸很高興地跟我們說：「我家那隻牛聽了錄音帶之後，整個人都改變了，他以前很不乖……」原來是林政賢除了脾氣不好，經常對人罵髒話，也會打老婆和小孩，但是反覆聽過錄音帶，志工的真實故事感動了他，讓他醒悟，而且還和太太一起發心，要跟著我們做環保。

楊碧惠早上在市場擺攤經營童裝生意，收攤後散落地上的回收物很多，她就從這裡做起；晚上他們還會去夜市回收攤商丟棄的包裝塑膠袋，再通通送往我們這裡來分類。甚至越做越投入，一九九六年在大里新仁路的住家門前設點，請附近住家將回收物集中在這裡，固定每週三開始整理，再由林政賢負責載運。

我回收的路線範圍涵蓋大里溪兩側，包括十九甲[13]、內新、塗城一帶的大街小巷，我將各據點回收物收集回來分類，再請賴國珍師兄來載塑膠袋、塑膠瓶等，其餘的由我直接載去古物商販售。

13. 為臺中市大里區內的舊地名，即今新仁里與立仁里、立德里。資料來源：臺中市大里區公所網站，https://reurl.cc/NroX6Q（二〇二一年二月二十四日檢索）。

由於回收的路線範圍愈來愈廣，腳踩的三輪車實在太累人了，也載不完所有的東西。甚至有時載運量太重時，車子的一邊輪子還會翹起來，特別是在爬坡地段會上不去，必須由美貴在後面幫忙推車，實在很危險。

想想覺得這也不是辦法，於是又動腦筋想買一部貨車，但是必須先去考駕照才能駕駛。我天生很容易緊張，路考沒考過，只好打消買車的念頭。後來聽說中國衣車（公司）有一輛機車要淘汰，我趕緊去把它買下來，再裝上三輪車，花了上萬元，這樣載回收物就比較輕鬆了。

鐵牛車再添動能

每一次騎著這輛引擎三輪車出去外頭繞一圈，就能載滿滿的一大車紙類及回收鐵條。但因為出車頻繁、載運的量大，車子常常掉鍊，還經常故障。二〇〇〇年左右，有一次霧峰的梁世建師兄來大里，看到我騎著引擎三輪車在外面跑，載的量有限，又常常故障，就說要幫我想辦法。

隔了一段時間後，這輛車真的跑不動了，梁世建說他找了一臺比較好用的車要給我，讓我比較輕鬆些，也可以載比較多的東西。結果，他出錢幫我組了一臺鐵牛車[14]，大約花了十五萬元。當時霧峰的志工正在蓋環保站[15]，我就將十五萬車款回捐，護持他們的環保站工程。

有了鐵牛車的助力，回收點逐漸擴大到大里工業區，再延伸到太平德隆路和一江橋周邊的工廠，同時包括大里竹仔坑山腳巷、淨德寺、西湖社區、大里鄉公所[16]、仁愛醫院、霧峰桐林的一些住家等等，方圓十公里內總共有

14. 鐵牛車，用耕耘車拼裝的小貨車。資料來源：教育部重編國語辭典修訂本，https://reurl.cc/DgpZOj（二〇二一年二月二十三日檢索）。

15. 霧峰環保站，位於臺中市霧峰區萬豐里，由慈濟志工徐樹蘭師兄與同修秀戀師姊發心將土地無償提供給慈濟基金會，作為資源回收站，於二〇〇二年五月十八日啟用。

16. 大里鄉公所在當時應該已升格為「大里市公所」。大里鄉於一九九三年十一月升格為「大里市」；二〇一〇年十二月二十五日隨著臺中縣市合併，大里市改制為「大里區」。二〇二一年，區公所為配合第十五期市地重劃，拆遷在即，自二月二日起改在臺中市纖維工藝博物館（大里區勝利二路一號三樓）為民服務。臺中市大里區公所網站，https://reurl.cc/YOoLZo（二〇二一年四月一日檢索）。

上圖／大里環保站雜草叢生，二〇一六年四月十日，許國連師兄手拿著除草機，整理周邊環境。（攝影／林聰穎）

下圖／二〇一二年九月二十四日，許國連師兄和太太林美貴師姊，在大里環保站分享做環保的經驗。（攝影／王秀吟）

一百多個環保據點都是我回收的範圍。

更奇妙的是，還有一些學校，我都不清楚他們怎麼會知道我們有在做回收？如修平科技大學購買很多新的電腦，拆封時留下非常多的文書、紙箱，一次可以載滿一整車。朝陽科技大學也特意把包裝電腦的紙板留下來，通知我們去載。為了鼓勵社區居民做環保，我們隨傳隨到，幾乎每天都在載回收。

無私帶出善循環

雖然慈濟的環保點非常多，但是發心容易要做長久並不容易，我也常說，上人非常注重「環保」，既然要參加慈濟，我們能夠做就盡量做。無奈過程中也不是所有人都認同，有親戚會笑說：「吃自己的飯，做別人的事，怎麼那麼笨，一定是吃到別人給的符水……」也曾聽過鄰居一些閒言閒語：「是不是賣一賣都收到自己的口袋裡？」

聽到這些，我通常都只是笑笑帶過，因為我相信日久見人心，問心無愧就好。找到機會我也會主動跟他們解釋，賣的錢如果不是整數，我們都是自己貼錢再拿去分會繳，怎麼會佔為己有！後來，看見更多志工來投入，他們也漸漸認同我們是真正為這個地球在做環保，陸續加入成為會員。

載回收的同時，我會把慈濟蓋醫院和援建九二一地震倒塌的學校，救助貧苦的善行到處宣傳，得到大家的認同，所以只要有回收的物品，就會通知我們去載。一通電話打來，我們就馬上去載回來分類。

二〇〇四年敏督利颱風[17]侵臺，七月二日雨來得又急又大，我用來堆放回收物的空地地勢高，大雨把分類好的回收物，沖向旁邊地勢較低窪的巷道。隔天就是我們禮拜六的環保日，大家捨不得愛心付諸流水，二話不說，馬上穿起雨衣，在大雨中搶救回收物。

還有一年，碰到除夕，工廠、住家忙著大掃除，清理出來的東西實在太多，請求載回收的電話響個不停，遠至太平的一江橋、東平路，近到大里的竹子坑、塗城、內新，只要一通電話打來，不管多遠，我們都出門去載。偏偏鐵牛車走得慢，我和美貴來來回回出去載了好幾趟，兒子、女兒就留在家整理分類。我們全家做到很晚，美貴也忙到沒有時間煮飯，當然那一年的除夕夜就沒有年夜飯可吃，也就沒有圍爐了。

在十九甲社區只要看到我這臺三輪車在大街小巷跑，大家都認得，包括大樓騎樓、住家等有二、三十個環保點，尤其是立仁橋頭菜攤的回收點，三輪車每次去都能滿載。做環保得到大家的認同，很多人因此成為我的會員，最多時高達五百多戶。

江金連師兄和太太在十九甲立仁路邊經營一家麵攤，也是慈濟環保的回收點，我一個星期去載一次。有一天，鐵牛車在半路上拋錨了，其實也不是故障，而是我自己沒用心，沒注意到油箱沒有油了還繼續跑，只好用寶特瓶去買汽油加進去，車子才能發動。

江金連不捨地說：「哪有兩個人每天從早到晚到處收，你們這麼努力在

17. 二〇〇四年敏督利颱風形成後偏西移動，六月三十日轉北朝臺灣東部移動，於七月一日二十二時四十分左右在花蓮市南方約二十公里處登陸，次日上午由淡水河口附近出海。受颱風外圍環流及二日至四日颱風北上期間引進的強烈西南氣流影響，東部、中南部地區連日豪雨造成嚴重災情，多處道路坍方，並引發中部山區嚴重土石流，稱做「七二水災」。此次颱風及七二水災共計造成三十三人死亡、十二人失蹤，僅農林漁牧損失就高達八十九億元以上。資料來源：二〇〇四敏督利颱風，全球災害事件簿網站，https://reurl.cc/pgRVKa（二〇二一年二月二十四日檢索）。

二〇〇四年十二月十八日，許國連師兄在大里歲末祝福的環保攤位上，向志工解釋回收物分類項目與做法。（攝影／陳科吉）

做，維修費還要自己出……」於是，他發心要支付車子的維修費，就這樣長達兩年時間的護持。又因為江金連是臺中市照相協會的會員，所以江太太就請我們夫妻鼓勵他加入慈濟人文真善美志工，也因為這樣的因緣，他運用自己的專長來承擔攝影志工，二〇〇九年因而受證慈誠，這也算是我們做環保外的另一種收穫。

不只維修費有善心人護持，連一江橋岸邊德隆機械工廠的老闆娘，也要幫我們支付汽油錢。她說：「我看你們做到這樣，油錢由我來支付。」她請我加油之後把發票拿給她，她再付錢給我。這樣牽起的善因緣，後來老闆娘也成為慈濟的會員。

還有，立仁一路的聯勝汽車維修廠老闆，也同樣因感動而護持機油錢，點點滴滴的愛心，都是支持我們夫妻不斷向前行的動力。

一朝無常來考驗

我想，「人之初，性本善」，大家都有這一念善心，也都知道慈濟做那麼多好事，才會聯想到我們，而只要能力做得到就盡量去做。來做環保的人越來越多，堆放的回收物也越來越多，原本的空地實在容納不下。二〇〇六年，林士杰師兄提供一塊土地，給慈濟做大里環保站[18]，有了更大的場地

18.大里環保站，位於臺中市大里區仁愛路，土地由林士杰師兄無償提供，為了落實慈濟的環保理念，園區所有設施、建物、走道……等設施，都取自九二一大地震後援建大愛屋的拆卸建材，於二〇〇六年啟用。資料來源：林淑緞，〈清淨輕安居　護心護大地〉，慈濟全球資訊網，https://reurl.cc/e9dnEQ（二〇二一年二月二十四日檢索）。

讓大家做環保，我家的這個點才結束運作。

二〇一〇年的一個晚上，在大里環保站，我站在兩米高的環保車上接收林正宗師兄搬給我的紙箱，因為想要多載一些，疊得太高了，身體也彎得太出去，突然整個人重心不穩，我從車上直接往下衝，摔落到地上。

當下，在場志工馬上送我到醫院，頭上被縫了兩針，因有輕微的出血，又被送去臺中慈濟醫院住院五、六天。雖然意識清楚，但還是沒有辦法坐起來，一坐起來就暈眩。醫生診斷有輕微的腦出血，但他告訴我身體會自行吸收掉。

身體的折磨並沒有讓我怨天尤人，想開一點是消業障，我心裡慶幸是重業輕報；但深深自責沒聽進上人的交代，「跟環保車時，務必要戴上安全帽，以防有任何的閃失。」才會傷得這麼嚴重。

回家休息了一段時間，頭部的傷勢持續治療兩年，又因右腳腳背破皮，我沒注意還下田耕作，傷口被泥土及細菌感染引發筋膜炎。結果在治療時因注射太多抗生素，傷到腦部的第八對神經，就是管平衡跟聽覺的神經，導致我行走時身體無法平衡，不只靜止時頭會暈眩，連走路都會暈，像喝醉酒一樣晃來晃去。

後來，持續去腦神經科就醫，經過一年多後才恢復正常，但還是留下

二〇一五年十一月二十一日，許國連在大里環保站佛堂，對著來自馬來西亞的慈濟志工侃侃陳述做環保回收的初衷與法喜，並分享自己的受傷經驗，提醒大家要牢記上人的叮嚀，進行環保作業時一定要戴安全帽。（攝影／林聰穎）

頭、腳不平衡，有一邊耳朵聽不太清楚的後遺症。雖然行動受到一些限制，但我還是心心念念想做環保，絲毫沒有受到影響。

回收的紙類，以前價格好的時候，一公斤可以賣到五塊錢，現在也只賣到八毛錢[19]，但我不會因為辛苦回收卻賣到低價而喪氣，只想著有收回來就是資源，沒有收回來就是垃圾，因為我知道這是關係到地球永續的重要課題。

上人說過，做好事要不認老。我從一念善開始做環保，現在年紀漸漸大了，體力也大不如前，但就算是腳步放慢，我依然量力而為，沒辦法開環保車，我也會到環保站去分類回收的物資，不論多老，只要手腳能動，我都堅定走在這條始終無悔的環保路上，也很慶幸能以做環保來保持清淨心，度過身體的磨難，換取無量的心靈財富。

19.二〇一八年中國啟動禁廢令，導致廢棄物在全球流竄，逾一百萬噸廢紙與廢塑湧入台灣，當時《蘋果新聞網》走訪各地回收場，發現國內回收價雪崩式下跌，回收體系趨近崩潰。……我們長期追蹤新北市回收價格，二〇一七年廢紙回收價為每公斤四點五元，至去年底僅剩一點一元。走訪全台，更發現這不是個案。在基隆，咬牙苦撐的邴姓回收業者說，去年過年後廢紙回收價從每公斤二元，再下跌至一元；甚至有小型回收商說，價格已跌到每公斤零點八元。資料來源：〈【洋廢料風暴三】回收業倒閉潮　拾荒滿車換一枚銅板〉，蘋果新聞網（二〇二〇年一月十五日），https://reurl.cc/Ak17RK（二〇二一年二月二十四日檢索）。

懺悔得清淨　心靈環保度更生人

——柯國壽訪談紀錄

經典語錄

發心容易，恆持難，有佛法就有辦法。最怕不受教，不改變；只要願意改變，念頭轉了，一切就跟著轉。

訪談：張麗雲

記錄：張麗雲、林秀貞、楊家妤、陳香如

日期・地點：二〇一九年十二月二十六日、二〇二〇年八月五日、二〇二〇年九月十六日臺中慈濟醫院

一九九五年柯國壽與李定娥委員受證合照。（圖片／柯國壽提供）

【簡歷】柯國壽一九五八年生於臺中縣大甲鎮，一九八一年與李定娥結婚，婚後要扛起家計與事業的壓力，讓他開始對妻子拳打腳踢，直到一九九一年接觸慈濟的環保活動，經志工以佛法引導，才逐漸改變自己的脾性。一九九五年夫妻同時受證，同年他開始雇用更生人，並帶他們投入環保、校園反毒宣導等活動，協助他們重新融入社會。

我在一九五八年（民國四十七年）出生，是土生土長的臺中大甲人。家裡務農，有一個哥哥、一個姊姊，再來是我和一個妹妹。哥哥大我五歲，因為是大兒子，必須幫忙家裡種田。妹妹小學畢業後去紡紗工廠當女工，沒有繼續讀國中；她有先天性心臟病，在我十七歲時病發往生，為此我傷心難過了許久。

小時候，我都欺負妹妹，爸爸吩咐我們到田裡拔草，我比較調皮，都放妹妹一個人拔草，我自己跑出去玩、去釣魚，玩到日夜不分，晚上才回家。不聽話就被爸爸教訓，那時候被打到心裡很難過，我就說：「我以後不要孝順你，你這樣打我。」

其實，我知道爸爸為了這個家很辛苦賺錢，有時候會離開家裡一段時間出外去打零工，比如說當電力公司的粗工，等到農務忙或稻子收割時再回家。我們家住在大甲溪旁，以前溪邊在開墾時，爸爸還會帶便當去擔石頭，那時沒有所謂的挖土機、推土機，完全靠人力來擔石頭。

兄弟不愛讀書　學做黑手創業

爸爸受的是日本教育，小時候的成績很好，表現很優秀，老師選他去日本當空軍技術人員，去學習修理飛機，可是阿嬤不讓他去，要不然他很想學工業方面的技術。他跟我們兄弟說，年輕時他騎腳踏車跟著媽祖婆的進香團去進香，曾在彰化過夜，彰化的衝床[1]工廠最多，晚上去逛街，都可聽到乒乒乒乒的聲音。

我和哥哥都不愛讀書，也很不會讀書，一九七一年我讀大甲國中時，最怕的就是背英語。我這鄉下孩子，中文都說不「輪轉」（臺語，流利之意）了，英文字母、單字更不可能唸得清楚。老師上課都用抽背的，被抽到時，講到：「This is my……」已經在緊張了，老師又問：「my什麼？」我回答

1.衝床，是利用壓力使金屬形變，使其衝壓成各種需要結構的機器，亦稱為衝壓機、壓力機。資料來源：維基百科，https://reurl.cc/vEarNM（二〇二二年三月十二日檢索）。

不來，他就踹下去了，很恐怖。

哥哥讀到國小畢業就到臺北三重去學操作車床[2]，等於是童工，要燒開水給一大群人洗澡，也要踩三輪車去載貨。哥哥是鄉下孩子，從來沒有離開過家，又在臺北那麼遠，只有大年節才能回家；他難得回來，晚上睡覺時和我蓋同一件棉被，他說他待不住了，想回大甲，所以就裝病。爸爸知道後，氣得把他打到流鼻血，再載他去火車站，買好車票，叫他一定要回去。結果爸爸回來後，自己躲在牛棚裡哭……其實爸爸是為哥哥好，也還好有他，不然我們兄弟這一輩子都沒有一技之長。

爸爸恨鐵不成鋼，打哥哥的那一幕讓我很震撼，哥哥一去就不敢回來了，學了三年四個月都沒有領到工錢，後來就去當兵。那時候我也不懂什麼是車床，只聽過人家說沒有斷一隻手，不能成為師傅。十六歲我國中畢業後，爸爸跟我說：「給你兩條路，一條是種田，另外一條路是去學功夫！」臺中後火車站當年都是黑手區[3]，我選擇去那裡當學徒，學做黑手。

哥哥退伍回來後，爸爸賣了一分地，拿六萬塊給我們當本錢，還買了兩臺高速車床，兄弟一人一臺做事業起家。我們在臺中後火車站附近的大智路邊，跟人家分租一間差不多五、六坪的土角厝當廠房，兩個人合夥，一起幫人家加工零件。

退伍後成婚

大概一年多後，一九七七年我去當了三年通訊兵，一九八〇年四月退

2.車床，是工具機的一種，將工件固定在主軸上高速旋轉，以進給運動中的刀具加工。資料來源：維基百科，https://reurl.cc/83VogR（二〇二一年三月十二日檢索）。

3.日治時期的臺中市在工廠數約有百餘家，主要是集中在火車站後面，在現在的東、南區，其中又以東區工廠數最多。其中一原因在於中區在日治時期便已經規劃成商業區與住宅區，而當時的南區、東區僅有靠近火車站的區域有進行相關都市規劃，而在沒有進行都市規劃的南區、東區郊區，又以農田或閒置地最多，因此成了設立工廠的首選。資料來源：寫作中區，〈黑手技藝-淺談臺中東區黑手仔堀社區〉，文化部臺灣社區通網站（二〇一九年十二月十二日），https://reurl.cc/V3EbrR（二〇二一年三月十二日檢索）。

柯國壽與李定娥結婚照。（圖片／柯國壽提供）

伍，回來繼續跟哥哥一起做零件加工。後來表姊介紹同住在大甲但不同村的阿娥（李定娥）給我認識，當時阿娥在紡織廠做針車（縫紉機），她信一貫道，本來打算不結婚，因為爸爸媽媽要她結婚，她想說如果結婚，有因緣的話也可以度家人，就聽爸爸的話跟我交往。

一九八一年十月二十五日光復節放假[4]，我第一次約阿娥去谷關玩，哥哥知道我要去約會，一大早就把我們合買的福特全壘打五門轎車的水箱加滿，讓我開出去約會。一路上車子都沒有任何問題，回家時開到豐勢路，道路兩旁都是木棉樹，我們沿路欣賞風景，突然間引擎蓋一直冒煙，一看儀錶板，溫度太高了。

我跟阿娥說：「不好意思，車子有狀況，我必須停到路邊處理。」我打開引擎蓋，熱呼呼的，仔細一看，水箱怎麼沒有蓋蓋子？幸好蓋子還留在引擎室裡。我有機械概念，知道不能馬上用冷水冷卻，就請阿娥等一下，我要去找水來加，等溫度降下來，才能繼續開。

走了六、七步遠，正想要去附近的商店要水，轉頭卻看到阿娥跳下去路邊的水溝。她穿得漂漂亮亮的，就這樣跳下兩、三尺深的水溝，這樣的舉動

4.甲午戰敗，滿清政府與日本簽定《馬關條約》（一八九五年），將臺灣全島與附屬島嶼、澎湖群島、遼東半島割讓給日本。二戰期間，一九四五年八月初，美軍在日本廣島、長崎各投下一枚原子彈，迫使日軍投降；十月二十五日，在臺北公會堂（現今的中山堂）舉行中國戰區臺灣省的受降典禮，受日本統治的臺灣與澎湖，終於回歸中華民國。為紀念此一歷史性的日子，臺灣行政長官公署在一九四六年八月頒布命令，正式訂定十月二十五日為「臺灣光復節」。二〇〇〇年十二月三十日，因應週休二日制的實施，政府將臺灣光復節改為不放假的節日。資料來源：劉新圓、曾慧青、盧宸緯、龔繼衛，〈正視臺灣「光復節」的意義〉，財團法人國家政策研究基金會網站（二〇一七年十月二十七日），https://reurl.cc/vg9Zra（二〇二二年三月十二日檢索）。

讓我很震撼，我那時候心裡就想，這個女孩子是有心要跟我的，有共患難的精神，可以娶！不然有的女孩會坐在車裡等，甚至會想：「怎麼第一次帶我出去玩就這麼漏氣？」

對阿娥的第一印象一直藏在我心底，我並沒有跟她說。但從交往開始，我們就覺得彼此個性很合，比如出去約會，我帶她去大甲溪旁看星星，被蚊子叮，她不會埋怨，或只是去吃碗陽春麵，她也不會嫌我窮。她媽媽也很疼我，覺得我們很合得來，一九八一年十二月二十九日就讓我們結婚了。

突來噩夢　兄嫂吵分家

婚後，我們沒有錢去度蜜月，過完一九八二年新曆年假，我就將阿娥帶到工廠，她開始與大嫂輪流煮飯；煮了一個月後，阿娥就因為懷孕害喜，沒辦法一直做事。

沒想到，婚後第三個月，大哥大嫂突然說要分家。工廠的帳都是他們在管，我入伍前、退伍後加起來大概做了三年都沒領什麼薪水，那時候我覺得創業維艱，而且吃住都在工廠，不需要什麼花費，生活很輕鬆，不用煩惱持家的事，當然也不會有儲蓄。

他們說要分家，對我來說太突然了，兄弟的感情怎能輕易說放就放？但是我能體會哥哥的心情，相信他也是石磨仔心（臺語，左右為難之意），很不得已才提出要分家。

事情鬧到大甲老家去，爸爸請舅舅出面協調，我沒有提出任何主張，一切依照長輩的分配，差不多兩個半小時就將家產分了。我們共住的房子歸兄嫂，合買的車子給我，所以我馬上要面臨車子的負擔和家裡的一切開銷。可是我沒有任何積蓄，也不需要開那部車，但這部車是我娶老婆的喜車，有紀念性，我捨不得賣掉，就將車開回大甲，還好堂伯有空屋借我放，不收租金；放了五、六年，稅金照繳，最後放到電瓶都壞了。

分家後，我先是租上角厝當工廠兼住家，當時阿娥的肚子一天天地大，還要幫忙工作，工廠沒有訂單時，她就接一些加工，如黏鞋底，黏好後敲一敲才會牢固。整天就聽到她在敲，很辛苦，有時候一天連五十塊都賺不到。

記得有一天下午，一個榮民伯伯騎著腳踏車到我們工廠前一直喊：「臭豆腐喔！又香又脆的臭豆腐！」工作到下午肚子都會餓，我就去買了一份，真的很好吃。想到阿娥還在裡面做加工，又去買一份回來給她吃。她很不高興地說：「我一天敲敲打打，賺不到幾塊錢，一下子就被你花掉了！」的確，一份臭豆腐三十元，買兩盤就用掉六十元了。

客戶裡面，青年齒輪機械廠的吳董對我們很好，他看我們租的地方貨車很難進出，粗重的東西都要靠手搬，就說要出錢讓我們換一個交通比較方便的地方。我和阿娥商量，一直到生老二（一九八四年）後，才在大智路尾端的勞工公園那一帶，靠近旱溪的地方，租了一間透天厝。

怒打妻子　宣洩壓力

阿娥剛懷大女兒的時候是冬天，天氣很冷，她要回娘家的話，我捨不得開車，都是用摩托車載她，再拿紙箱給她遮風，或讓她在外套內塞報紙禦寒。

要產檢時，我沒有錢帶阿娥去醫院婦產科檢查，等到要生產了，也只是帶她去衛生所，讓助產士幫她接生。助產士雖然有牌照，也接生過好多個了，但是阿娥陣痛很久，當時我們不知道害怕，只想到去衛生所比較省錢，這是我對阿娥最大的虧欠。

阿娥產後，丈母娘對我說：「國壽，你這樣子不行，我看了真的很害怕！生產是一件很大的事情，怎麼可以叫衛生所的助產士接生！」他們沒有責怪我，只是這樣提醒我，我才覺察到真的非常危險，這是拚生命的大事，萬一怎麼樣了，我要如何對他們交代？又如何對得起阿娥？阿娥很省，家裡沒有錢，有時連買菜的錢也要向朋友借，她自己又捨不得吃，大女兒出生都營養不良。

兄弟分家，突然間，我兩手空空要面對一個家，我沒辦法接受，認為這都是娶了阿娥回來才會變這樣，於是把心裡頭的鬱悶、怨氣都往她上身發洩。生氣起來時，不只語言傷害，拳頭也跟著過去。當時沒有辦法善解，感覺生活、工作有好幾股很大的壓力，壓得我喘不過氣，就找她當出口。

我後來才明白阿娥也很辛苦，嫁來還未適應新環境，馬上就懷孕，還要幫忙扛起家務，甚至是承受分家後經濟的難關。我沒有替她想，只是隨著自己的習氣對她發脾氣，所以那時候阿娥都不會笑，整天都很憂愁。

當時阿娥最怕我開口，只要我一開口，她就嚇得全身發抖，不回應不行，回應了，我不喜歡聽也不行。牛脾氣一來，不管她對或錯，手就跟著打過去了，所以阿娥連晚上睡覺，心裡都很害怕。她常常說：「若不是當初真的很忙，我可能會發瘋……」有一次為我們做媒的表姊對她說：「我光做你們這一對就嚇死了，以後不敢再當媒人了！」

慈濟人都是這樣嗎？

一九八六年韋恩颱風[5]水災後，我們搬回大甲與父母同住在三合院，租堂哥的倉庫當工廠。為了買機臺，阿娥組會當會頭，以會養會，一個月差不多必須付二、三十萬的會錢。前前後後加起來，會頭當了十六年，這中間我們曾被人家倒過好多次。不過跟會對我們的經濟幫助很大，要不然銀行利息百分之十，光付利息就很恐怖，所以才用跟會的方式買機臺，一直衝事業。

以前在鄉下，左鄰右舍有婚喪喜慶，大家都會互相幫忙。一九九一年，我們鄰居娶媳婦，晚上辦婚宴，我也去幫忙。散場清理時，一般都是用堆土機將垃圾集中起來，然後載到大中溪邊去燒掉。但是那晚有一幕讓我印象深刻，我看到鄰長伯的媳婦黃素珍，她穿得漂漂亮亮來參加喜宴，卻彎腰在垃

5.韋恩颱風於一九八六年八月二十二日、二十四日、二十九日三度侵臺，為臺灣氣象史上第一次由中部登陸的颱風，造成中、南部及澎湖災情慘重，有人員傷亡、失蹤。資料來源：中央氣象局颱風資料庫，https://reurl.cc/NXxvX9（二〇二一年三月十二日檢索）。

圾堆裡翻找東西。

我很好奇，就上前問她。她告訴我，花蓮有一個師父教人家要惜福，這些垃圾裡面還有很多可回收變賣的東西，不要小看這些小錢，累積起來可以給師父做好事。

黃素珍是慈濟的會員，我聽她這樣說，就留下來幫忙撿。我邊撿邊想，賣這些不起眼的東西就能幫助師父，那還不簡單，我工廠裡堆了很多舊報紙、舊紙箱，有時風一來，吹得亂七八糟，到處都是。所以就跟她說，工廠的舊紙箱可以給他們載去賣。

回去後，我將紙箱整理好，差不多等了一個月，紙箱都被東北季風吹落兩、三次了，我撿了又撿，還是等不到人來載。我就打電話問黃素珍：「妳不是說有師兄會來載嗎？」她說因為人力少，要我再等一等。我順口說：「要不然，我工廠有一臺裕隆三噸半的貨車，我來幫忙載好了。」

聽到我要當司機，黃素珍就到我工廠幫忙整理紙箱，還跟我說后里有一個回收場，老闆了解慈濟，會給比較好的價格，后里師姊們撿的回收都拿去那裡賣，她要我也載去。衝著好價錢，我們花了兩、三個小時，整理好一臺車的舊紙箱，結果載去一秤，竟然才賣三百多元。我很洩氣，心裡就想：「以後再叫我來，我也不來了，乾脆在家裡顧機臺做工，再拿錢出來捐還比做這些好，不用那麼麻煩！」

過完地磅，我正要開車離開，一位師姊正好開著貨車進來，貨車上印有「三勝冷氣空調設備」。黃素珍說：「我們等一下再走，來幫師姊的忙。」我們幫她卸完回收物後，師姊打開副駕駛座的門，抱下來一個差不多周歲的嬰兒。我看到那一幕，心裡又是一陣震撼——連這樣也在做環保！我若早十秒離開，就錯過這個因緣了，可能我的人生就不會有慈濟了。

這位師姊是后里的志工王淑分，也是三勝冷氣空調設備的老闆娘，她抄下我的電話，說禮拜三晚上大甲有讀書會，她會介紹大甲的師兄、師姊給我認識。她就立刻打電話聯絡，接著說：「你去參加讀書會，我跟李（思齊）

師兄[6]講好了。」她連地點都跟我講，就在光明路麥迪士店面的地下室（李燦榮夫婦提供）。

這兩位做環保的師姊，一位是帶著嬰兒一起到回收場的老闆娘，一位是穿著漂漂亮亮吃喜酒，散場卻在垃圾堆中撿回收。她們讓我對慈濟這個團體感到很好奇，很想去了解真的是人人都這樣做嗎？

讀書會結緣　隨「姑婆」做環保

第一次去讀書會，共有七個人參加，由李思齊師兄引導我們讀《證嚴法師靜思語》，就是九歌出版社最早的那一本。當我們讀到「懺悔則清淨，清淨則能去除煩惱」時，李師兄說，「懺悔」是慈濟的一個大法門，誰能無過？要自己懺悔，懺悔以後不二過。他問：「你們有誰要先講？誰要分享『懺悔』？」我轉頭看了看其他人，同時在心裡嘀咕：「都還互不認識，怎麼就要懺悔了？」

那時候，人稱「姑婆」的鄭陳姍師姑最勇敢，先分享。姑婆一九二九年出生，當時已經六十三歲，我才三十四歲，她當我媽媽都超過了。她告訴我們，她已故的先生是日南國中的老師，還在世的時候被她管得很嚴，他如果去外面應酬，回家後姑婆不只會罵他，還會咬他……

聽完姑婆的分享，我感到很震撼，原來她跟我一樣，夫妻也會吵架，只不過我們角色互換，她的先生是受虐者，可是姑婆很勇敢地懺悔自己過去的不是。我想：「姑婆都有勇氣講了，我還掙扎什麼？」我小聲地告訴大家：「我也是。」大家聽了很驚訝，紛紛問：「你會打老婆？」「真的還假的？」因為我外表看起來很斯文，不像會打老婆的人。但是畢竟第一次去參加，我只有簡單帶過，並沒有講得很深。

之後，我每個禮拜都去讀書會，大約三、四次後，姑婆和我聊起慈濟的

6.李文塗，出生在臺中大甲，十三歲搬到花蓮，二十九歲親近證嚴上人，皈依後獲賜法號「思齊」，成為編號「二三二」的慈濟委員。一九七八年回到大甲，成為當地推動慈濟的第一人。

環保，是從一九九〇年八月二十三日臺中新民商工的那場吳尊賢社會公益講座開始，上人在那場演講中提出「用鼓掌的雙手做環保」，她和李思齊、吳本等大甲慈濟人都有去聽。

講座結束後，姑婆就發願要做環保，那時候大甲慈濟人的活動範圍包括臺中的大甲市區、日南、外埔、大安，還有苗栗的苑裡、通霄，最北到白沙屯。姑婆從她住的日南開始帶動環保，算是大甲區的第一位，我聽她這樣講，我覺得自己最年輕，又有貨車，就答應她去幫忙載回收。

姑婆到日南的幼獅工業區拜訪很多廠商，像永信藥品公司、國嘉製藥公司，還有到后里的正隆紙廠等等。我載著姑婆去各家公司撿紙箱、鐵類、塑膠、瓶瓶罐罐，能回收的都載。有時開車經過稻田旁的灌溉溝，姑婆看到溝裡有寶特瓶在浮動，她就會叫我停車，非下去撿不可。

日南越過大安溪橋就是大甲的市區了，我從工業區收到的回收物，都載回大甲賣給回收商。我記得紙價最差的時候，一公斤才四毛錢，老闆娘跟我說：「師兄，不要再載來了，我們沒地方可以放，價格那麼差，你們載這些紙連工錢都不夠！」我說：「不可能啦！環保一定要做的。」還是繼續載去回收場，老闆娘知道慈濟志工不是為賺錢而做環保，是為保護地球而做，也就收下了。

除了工業區，姑婆還很認真地帶動社區的會員和鄉親一起做環保。一九九二年政府獎勵回收一個寶特瓶可以退兩元[7]，讓我很感動的是，與姑婆同年齡的五位老姊妹甚至到垃圾子車裡去挖寶特瓶。一塊磚七毛錢，寶特瓶在她們心目中不只值兩塊錢，是能換三塊磚給師父蓋學校的價值。因此她們把垃圾子車當作摸彩箱，用護持師父的心認真做環保，撈不到就拿磚塊墊腳。

7.八十一年三月公告寶特瓶採押瓶費每個二元方式進行回收，鼓勵民眾回收寶特瓶，並大幅提高寶特瓶之回收量。由於回收系統已漸普及便利，加上民眾回收習慣已養成，考量寶特瓶回收後仍有其經濟價值，取消回收獎勵金不會影響到市場回收意願，逐年調降回收獎勵金。自八十六年十一月調降為一元一個、八十九年四月調降為零點五元一個，九十一年六月起全面取消寶特瓶回收獎勵金。資料來源：廖珮清等編撰，《環境保護三十一年回顧與展望》（二〇一九年八月），頁五七二。

鄰里認同鄭陳姍的環保宣導，電線桿旁空地就是大家蒐集、分類回收物的環保道場。（圖片／柯國壽提供）

子車裡面有廚餘、菜葉、果皮，雜七雜八什麼都有，蓋子一打開，臭得讓人無法忍受。可是她們為了垃圾減量，為了撿寶特瓶，都伸手進去撈。有一次，我很好奇，就禁氣（臺語，憋氣之意）去體驗看看，真的無法忍受，而她們卻可以做到這樣，令我非常敬佩。

疼惜後輩 以身作則

大甲剛開始沒有環保站，姑婆家埕邊有一塊約一百多坪的空地和她自己一百坪的倉庫，就作為環保回收的集中地。從各地撿回來的回收物先在這裡分類整理，我再載回大甲賣；比較有價值可再利用的大物件或義賣時綁粽子的器具，就放在倉庫間，日南的環保點就這樣做起來了。

我是大甲地區第一個出來載回收、做環保的男眾，貨車上掛著「慈濟環保回收」的紅布條，每個禮拜固定一、三、五載回收，有時連星期六、日都要去載。不過因為還在打拚事業，只好利用下班時間和早上未上班前的空檔。早上出發前，姑婆一定泡好一杯五百CC的牛奶，要我先喝才出去工作。假日志工比較多，她還會為大家準備點心。

我跟爸爸說我載姑婆去做環保，也告訴過他回收的地點，左右鄰居卻跟爸爸說我是不是被騙了。爸爸聽了很生氣，油錢、車子自己出，還被人家這樣講，就叫我不要做了，但我沒有聽他的，還是繼續去載回收。結果他騎摩托車偷偷跟蹤我到姑婆的回收場，我就順勢介紹姑婆給他認識。

爸爸親眼看到姑婆像媽媽一樣呵護著志工，怕大家冷、怕大家熱，還自掏腰包買吃的、喝的給志工，從此他不再反對，還拿自家菜園種的菜給姑婆煮，有時還會塞五百元叫我拿給姑婆買麵。爸爸就是這一點好，只要他覺得

大甲第一個環保點就位在日南國中旁，由「姑婆」鄭陳姍設立。（圖片／柯國壽提供）

是好事，絕不會阻止我們做。

姑婆常常以上人的法為別人排解內心的苦悶，因為她年長，又身為師母，所以在當年鄉下的大甲地區是很受尊重的，但她彎下身段撿回收，帶五個阿婆推著推車出去做環保，遇到人就說環保的德，受到大甲慈濟人的尊重，尊稱她「姑婆」。有人問她：「姑婆，妳又不欠這些，老師留給妳兩棟房子，還有芭樂園、農地；妳們是不是有領薪水，才會做得那麼認真？」姑婆說：「不是啦！我不是撿給我自己，花蓮有一個師父要蓋醫院、蓋學校，我們幫忙做點善事。」

表面上我在載回收，其實是姑婆以身作則，做給我們看。有時我會跟她說：「怎麼辦？昨天又發脾氣了！」她就會問我原因，然後像媽媽一樣分析道理給我聽，勸我身為男子漢，應該多體諒老婆。

我除了去幼獅工業區，也到外埔張碧蓮師姊的環保點和大安載回收。張碧蓮是黃素珍的幕後[8]，堆到一定的數量就會打電話給我，我再安排時間去載。兩邊載下來，姑婆的環保點回收量最多，所以我都利用下班後邀工廠一位師傅跟我去，一來比較有伴，二來也可以幫忙搬。

有一天我剛到，姑婆就遞給我電話：「阿娥在找你！」我拿起電話，口氣很不好地說：「做什麼啦！才剛要來載而已，就打電話來做什麼！」阿娥說有一位沒有事先約的客戶，來工廠等著拿貨。我沒好氣地說：「他又沒事先約，讓他等一下，我載完就回去。」就掛她電話了。我覺得既然要做事，就把事情做好才會回去。

8. 幕後委員，慈濟委員勸募會員後，會員認同慈濟理念，協助委員招收會員，稱幕後。

姑婆看我臉色很不好，關心地問什麼事？我說：「不要管他，他又沒約，讓他等一個小時，我回去再拿貨給他。」姑婆說：「這樣不好喔，咱們做環保是長長久久的，今天沒載明天再來載沒關係，客戶只有一個，你要趕快回去。」雖然我已經搬一些回收物到車上了，但是姑婆不讓我繼續載，要我趕回工廠處理公事要緊。

當我開車經過大安溪橋回大甲路上，迎面看到美麗的夕陽映照在海面上，景色很美，又想到姑婆慈悲的叮嚀，內心感到很溫暖。姑婆如慈母，很謙卑，很慈悲，照顧晚輩的心，讓我感動得眼淚都快流下來了。如果不是因為姑婆那分溫暖和愛，我恐怕不敢走進慈濟門，因為門檻太高了，光聽到「慈濟十戒」腳都軟了。

習氣反反覆覆 紙包不住火

我做環保六個月後，大約一九九二年七月，還打過阿娥一次，而且是最嚴重的一次。阿娥哭著跑回娘家，岳父、岳母就知道她又被打了，岳父跟她說：「這門親事是我答應的，這孩子表面上看起來很乖，為什麼會這麼壞？如果他再這個樣子，家裡不缺妳一雙筷子！」後來阿娥去醫院檢查，被診斷出有輕微的腦震盪。

我常常反反覆覆，壓不住牛脾氣，數不清寫過多少次保證書給岳父，還寫「君子動口不動手」貼在家裡每個醒目的地方，如放在床頭，可是還是壓不住情緒。我在外面表現都很好，打老婆這件事，很多師兄師姊並不知道。我記得第一次坐慈濟列車[9]回精舍，朝山後唱〈迴向文〉時，淚流滿面，深深覺得自己罪業深重，非常懺悔。當李朝森師兄[10]帶慈濟列車時，我又回去

9.慈濟列車一詞是因一九八八年九月十七日，慶祝慈濟護專開學典禮及慈院開業二周年，貴賓、委員、會員二萬餘人參加；為紓解人潮，慈濟特向臺灣鐵路局提出專案申請，加開火車班次，由於整列火車僅搭乘慈濟人，因此又被稱之「慈濟列車」。資料來源：慈濟年譜資料庫。

10.李朝森，中區慈濟志工，已於二〇一七年一月十日因病往生，曾在一九九〇—一九九四年擔任第一屆中區慈誠大隊長。

很多趟，可是阿娥都不肯跟去。

不過我有個心願，看到吳爸爸（吳本）和吳媽媽一起到聯絡處值班，雙雙對對做慈濟，我很羨慕，也很希望阿娥能跟我一起做慈濟。有一次，公司舉辦旅遊，我帶員工坐慈濟列車回去精舍，但阿娥沒有一起去。后里區志工王淑芬師姊覺得很奇怪，回來後假裝拿照片要給我工廠的師傅，其實是想來了解為什麼阿娥沒有跟去。當時她還不知道我會打老婆，但終究是紙包不住火……

那天阿娥正在廚房煮午餐，王淑芬去找她，一直向她讚美我：「妳好好喔！嫁這麼好的老公……」她越說，阿娥越火、越傷心，氣得全身直發抖，把事情全說了出來。王淑芬聽了很震驚，沒想到我這個人外表看起來是好好先生，竟然這麼可怕！她很緊張，離開後立刻去找李居士（李思齊），請他來陪伴我。

法親耐心引導　偕妻同培訓

李居士用佛法引導我，邀我去參加共修，但是我都用工作忙當藉口，其實就是不想受任何人約束。再來，我開工廠，抽菸、檳榔、喝酒，尤其冒泡的那一罐——最青的啤酒，與客戶或師傅打交道、加班才有得喝，實際上自己也愛喝。冰箱裡一定要保持兩箱，不然阿娥會被我打。尤其工作、打電腦時一定要叼根菸才有靈感。我有抽菸、嚼檳榔的壞習慣，阿娥不喜歡，但我還是不改，因為我覺得家裡我最大。

一九九三年姑婆受證了，委員號「三二六八」。吳本爸爸對我說：「人家姑婆都受證了，你還不趕快來培訓，還在猶豫什麼？」我說：「吳爸爸，我還不行啦！沒有守好戒律。」吳爸爸說：「做得那麼投入，夠資格了。」我老實告訴他我還會偷喝酒。他問我如何偷喝？我不敢回答。他安慰我：「沒關係啦！美國人都把啤酒當作飲料，你就把它當作飲料，反正趕快寫報名表啦！」吳爸爸開個方便法門給我。

我在想，如果阿娥不跟我一起出來做慈濟，只有自己往前衝有什麼意義？我在讀書會認真懺悔，還發願要改掉壞脾氣，請《渡》的錄音帶回家，阿娥根本不理。其實她邊做帳邊帶孩子邊聽，只是沒有讓我知道。有一次聽到貧戶住在到處有蟑螂、老鼠的環境裡，她不相信真的有人這麼可憐？當時剛好一位師姊來邀她去幫一個阿婆打掃，基於好奇心，阿娥就跟著去，去看了，感到很震驚。

阿娥曾聽一貫道的師父講過因果循環，打掃回來後她想：「如果現在不趕快種福田，夫妻還生活在掙扎的環境中，這一世不就白費了嗎？」後來她才答應跟我一起培訓。

一九九三年，活動組志工林美蘭安排我在臺中分會（現民權聯絡處）委員聯誼會上分享，上臺之前她一直叮嚀我：「分享時千萬不要說『駛』（音sai，與臺語『屎』同音）車啊！」上臺後一緊張，她交代的話我全忘了，連續講了五次「駛（音sai）車」。接著，上人升座開示，林美蘭要我親手拿五百元給上人。上人一坐下來就說：「你們知道他為什麼拿五百元來嗎？因為他說了不該說的話；我們要淨心，連言語都要淨化，那個字不文雅！」

會後，李居士帶我和阿娥去夾層[11]見上人。阿娥一身花衣服，一看到上人就跪下來大哭，我也跟著跪下來。上人很慈悲，本來坐著，就站起來牽她的手：「妳在哭什麼？」阿娥說：「感恩上人救了我先生！」上人說：「噢，這是妳先生喔？好，好，起來！」上人把阿娥扶起來，祝福她：「不會啦！他現在不會對妳怎樣了，以後不會再打妳了。」上人好像跟我授記[12]一樣，我以後再也不敢打她了。

往後如果有類似家庭糾紛的個案，師兄、師姊都會給我們機會去分享

11. 舊臺中分會（民權路）一樓通往二樓佛堂樓梯的後面，設有上人的寮房，寮房外有上人行腳至臺中時，會客或師徒溫馨座談的地方，慈濟志工慣稱它為「夾層」。
12. 授記，佛教語。梵語的意譯。謂佛對菩薩或發心修行的人給予將來證果、成佛的預記。資料來源：漢典，https://reurl.cc/q1ze7L（二〇二一年三月十二日檢索）。

與輔導。有一次和羅明憲（慈濟志工）去訪視，我對男眾分享我的故事，阿娥對著女眾說她的遭遇，結果她哭得比案家還慘。羅明憲牽起我的手走到外面，對著我說：「師兄啊！傷痕很重喔！你要特別用心補償啊！」

領受懺悔法門　做他人生命貴人

參加慈濟四年都在做環保，出車、出錢又出力，但是我知道阿娥還在觀望，認為像我這種人怎麼可能改得過來？

確實，我本來只想做個快樂志工，但可能是在慈濟裡受到潛移默化，總覺得有種力量驅使著自己，我自問：「我的人生到底是要彩色變黑白？還是黑白變彩色？」還好後來阿娥答應跟我一起培訓、受證。

一九九五年受證後，我還是有發過脾氣，有一次在工廠大發雷霆，還好忍下來，沒有對阿娥動手。自知還有調整的空間，也知道阿娥對我還沒有信心，我立刻離開工廠，心裡在想，我這樣是火燒功德林。回到家裡的庭院點起香，對著花蓮的方向跪下，向師父懺悔：「我又發脾氣了，我真的很懺悔！」

李思齊師兄是我生命中的貴人，他時常給我機會上臺分享，就是讓我去懺悔、去療傷。他說：「上人教我們的第一大法門，就是『懺悔法門』，在菩薩面前懺悔，菩薩會給我們信心、毅力和勇氣，以後想犯也不敢犯了，尤其敢在三個人以上的面前說出自己的過錯，菩薩會祝福我們的。」

柯國壽改掉家暴習氣後，經常和太太李定娥同臺分享夫妻相處之道。（圖片／柯國壽提供）

漏氣求進步，越懺悔越有信心去除習氣，因為有好多人在見證，不是上臺講一套，下來做的又是另一套，自性佛就沒有辦法展現出來。懺悔法門很妙，我受用後，就一直自我懺悔，也叫人家一定要時時懺悔，所以我發好願，如果有機會也要當別人生命中的貴人。

陪伴更生人做環保 進校園反毒

我除了邀約工廠員工和鄉親一起做環保，也開始陪伴更生人。我在自己的工廠安插一、兩個位置，讓更生人有工作機會，假日再帶他們去做環保。為了接引他們進來慈濟，彰化的莊清文師兄要成立祥獅隊，我就帶兩、三個更生人去參加，讓他們多方面參加慈濟的活動，將空閒時間填滿。

阿娥看我這樣陪伴更生人，她心裡會怕，爸爸也擔心安全問題，曾經說我：「你以為你是上帝公或地頭蛇嗎？專門收一些牛鬼蛇神！」意思是我把一些不良分子都收進工廠。其實，十到十五個工人當中我才安插一個更生人而已，因為有的更生人是水泥工或綁鐵工，不用來我們這邊上班。

陪伴三、四個更生人後，后里的王淑芬師姊引薦另一位更生人徐坤賢給我，希望我帶他做環保。王淑芬家做冷凍櫃生意，客戶徐雪玉的家裡開麵包店，一九九三年，王淑芬和先生陳居田曾帶徐雪玉夫妻，去參加彰化八卦山的首場骨髓幹細胞驗血活動[13]，回來後很法喜。因此，徐雪玉便拜託王淑芬找慈濟的師兄陪伴即將假釋的弟弟徐坤賢，王淑芬就想到了我。

我陪徐媽媽去看守所探視徐坤賢，他假釋出來後，我讓他在工廠當司機載貨，假日再帶他去做環保。有一次在車上聽徐坤賢聊起他入獄的原因，才知道他是殺人犯。人家說我「憨膽」，我只是沒有想太多，因為背後有李居士在陪伴，才敢接下這個任務。

多一個人在工廠工作，我還負擔得起。徐坤賢是老大哥，下面還有叫做「紅面」和「黑面」的小弟。「黑面」就是做鐵工的，整天都在外面，被太陽曬得臉都黑黑的；「紅面」就是愛喝酒，即使沒喝酒臉也是紅的，他們假

13.一九九三年十月二十四日，慈濟第一場骨髓捐贈驗血活動在彰化八卦山展開，共有八百四十位志願捐贈者，所有檢體由華航專機送往美國UCLA醫學中心檢驗。資料來源：慈濟年譜資料庫。

日也會來做環保。徐坤賢想重新做人，所以我帶他走入校園，如去大安國中的戒菸班分享生命教育。我對同學講我的壞脾氣，他說他們吸毒的來時路。環保站有這些年輕人跟車、上下回收物，發揮很大的力量，姑婆也陪我一起疼他們。徐坤賢曾經說過：「想學平凡，實在不簡單！」

後來，一些開跑車的小弟弟來找徐坤賢，我就知道情況不妙了。這些小弟一來就對他說：「你白天在這裡上班沒有關係，晚上和我們出去就好，你不用講話就有錢拿了！」他們開討債公司，徐坤賢去那裡坐著，臉裝得兇兇的就有錢拿，沒多久又淪陷了。

好不容易陪伴徐坤賢三、四年，當我的司機、當我公司的總務機動，已經可以成為我的左右手、很正常在過日子了，正在慶幸他有法度，結果又進去（監獄）了。進去後，因為身體不好，不久生病就走了。徐坤賢學壞，他的兩、三個親弟弟也跟著不學好，徐媽媽真的很辛苦，好在有我們的陪伴，已經變得很乖都有工作，不再吸毒了。

紅面、黑面也成家立業，但度不進來慈誠隊，因為他們有喝酒、抽菸、嚼檳榔的習氣，很難改得過來。娶老婆後也很孝順父母，我和阿娥、李居士、王淑芬用團隊的力量，去他們家搓湯圓，辦小型晚會、聯誼會等等，如果有園遊會，就鼓勵他們的父母也來參加。比如徐坤賢的媽媽很會做油飯和素食，我們就邀她來做環保，並做素食跟志工分享。反正就是沒事情也要找事情，讓他們不脫離慈濟人，才不會又走回頭路，所以他的兩個兄弟到現在都還很感恩我。

二〇〇〇年八月，花蓮慈濟大學附屬中小學創校開學，柯國壽（後排左四）參加大中區祥獅隊，回花蓮慶賀，團隊與證嚴上人合影留念。（圖片／柯國壽提供）

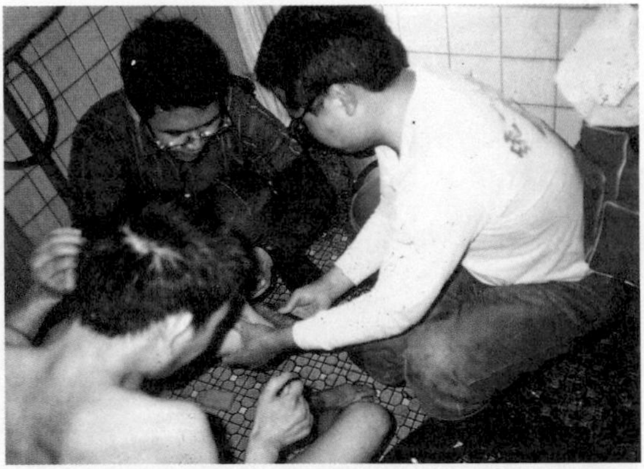

更生人徐坤賢（白衣）參與慈濟訪視工作，為照顧戶沐浴。（圖片／柯國壽提供）

以前沒有學佛，總認為可憐人必有可惡之處，發不出慈悲心。進入慈濟後，有上人的法，懂得以同理心感同身受。反觀如果我沒有參加慈濟是不是換我被別人關懷呢？如果我的婚姻失敗又離婚，家庭也不會美滿，所以我就奉勸他們一定要懺悔。

教聯會（慈濟教師聯誼會）李昌美老師的團隊長期在關懷戒治所、看守所的同學，從二〇〇九年開始，她邀我去跟同學分享。我用真誠的心跟他們互動，鼓勵他們要真誠懺悔。每次去，我一定會唱〈媽媽請你也保重〉這首歌，因為我知道母子連心，母愛是天經地義的事，唯有親情可以融化他們的心。慈母心就像上人的心一樣時時給我們機會，唯有懺悔做好事，才能回到正向的人生軌道。

媽祖好子弟　帶動掃街蔭子孫

有姑婆和李居士的帶動，大甲的慈濟人都很注重環保，希望能有更多男眾來投入，所以只要有機會我就邀約。有一次，會員陳玉美來大甲聯絡處參加讀書會，在聊天時，她希望我們能鼓勵先生易進得也能投入慈濟，我和幾位師兄就去拜訪，邀他出來做環保。一九九五年，易進得和我就在大甲市區一起載回收。

我們在環保車上夾一個鐵喇叭，呼籲鄉親將可回收的物資留下來，讓我們去載，大甲街上的環保就這樣慢慢被我們帶動起來。一開始，只要有人提供場地，我們就拆回收的彈簧床的彈簧來當作圍牆。大甲市區的第一個環保站是一位師姊提供的，設在育英路路旁，沒過多久又搬到經國路的順天國小附近，也是人家提供的場地；兩、三年後再搬到橫圳庄，最後搬回大甲聯絡

二〇一〇年大甲媽祖出巡，慈濟志工宣導垃圾不落地。（攝影／鄭運金）

處。現在大甲聯絡處在蓋靜思堂，就到大安（區）福興村一位師兄提供的場地設點，雖然環保點一直搬遷，但回收工作都沒有停止。

易進得師兄在大甲街上做豆腐生意，我們都稱他「豆腐兄」。一九九七年（大甲）媽祖遶境時，鎮公所主任祕書號召二、三十位志工跟在轎後掃街。但是，隔年祕書的媽媽往生，以當地的風俗來說，家裡有喪事就不能跟著去遶境。一九九八年我承擔大甲第七中隊副隊長，易進得建議由我們來接手。於是，我就號召一群師兄、師姊和鄉親來掃街[14]。媽祖起駕遶境留下滿地的垃圾，大甲的慈濟志工負責清掃蔣公路和順天路的老街，尤其順天路是馬祖遶境必經路線，從那時候我們一直持續到二〇一九年[15]。

九二一入東勢救災 帶動掃街做環保

九二一地震時（一九九九年），東勢是重災區，災後街道滿目瘡痍。大甲慈濟人進到東勢災區幫忙煮熱食、送熱食，也帶動當地志工和鄉親一起掃街、做環保，主要是先讓街道整潔，讓災後的鄉親有信心，感覺我們與他們同在。

一開始，每個禮拜天早上，大甲出動二、三輛車去壯壯場面，帶動他

14.慈濟志工自一九九八年起發動掃街活動，十多年來「起而行」的帶動社區環保團體，不僅是社區內的居民主動參與，許多鄰近社區的環保志工、信眾，也紛紛加入掃街行列。資料來源：廖佩珊、李沅庭、鄭伊涵撰文，〈大甲媽祖遶境 志工環保逾十年〉（二〇一一年四月十二日），慈濟全球資訊網，https://reurl.cc/yeEViy（二〇二〇年十二月三日檢索）。

15.二〇二〇年因COVID-19疫情，掃街的活動停辦。

們掃街。當時東勢的李前英（慈濟志工）就像大甲姑婆的角色，都是單槍匹馬地做環保。我跟她說：「你們若有地，我們就幫你們成立環保站。」二〇〇〇年，他們就在張東昇（慈濟志工）家族的四合院旁搭棚子，就是東勢第一個定點環保站。

再來，我們一個禮拜一次去陪伴東勢志工共修，每次最少有一、兩輛車的人，鄉親也來了三、四十個，很熱鬧，共修從晚上七點半到九點半，整整超過一年。組合屋拆掉後，東勢租屋成立共修點，我們才真正退出。

大甲除了易進得之外，我也邀做水泥工的莊屋和鄰居做西工（鐵工）的林信佶一起來投入。莊屋跟我說他姪子莊堯舜脾氣暴躁，請我度他出來做環保。他阿姨和姨丈還說：「這個脾氣那麼大，交給柯國壽才有辦法。」

莊堯舜成為我的會員後，我每個月去他家收功德金時，老婆如果有說有笑，代表家裡太平無風浪；如果臉臭臭的，就是莊堯舜又發脾氣了。太太就會說：「他是你徒弟，怎麼都沒教好？」我說，「要改習氣沒那麼簡單，師父說，『杯子若缺角，轉個角度看起來也是圓的。』妳要看他的長處，他也很會賺錢，賺錢都給妳顧著啊！」

二〇〇一年三月，有一天莊堯舜突然打電話要跟我調頭寸，我覺得有點奇怪，放下工作，馬上去他工廠，一聽之下才知道，他陸陸續續已經被詐騙集團騙走一千兩百多萬了，但是還執迷不悟，四處張羅借錢。我點醒他，陪他去警察局報案。他被騙那麼多錢，很不甘願，回家途中，我牽著他的手先安他的心。他爸爸從田裡回來，我說：「阿舜，跪下！」要他向爸爸懺悔，我陪著他跪。

我一路陪伴莊堯舜出來做慈濟，帶他做環保，姨丈莊屋也在做環保，就挪出幾個環保點給他去載。兩年後他受證了，從協力隊長做起，二〇二〇年已經是大甲的和氣隊長了。

忍字頭上一把刀 歷時練懺功夫

上人說我們做的雖是有形的環保，其實是心靈的環保。當初只是一念心幫忙載回收，竟然能改掉我的壞脾氣，也帶動大甲區的師兄、師姊一起做環保。每次看到這一群老菩薩在做，身為一個大男人，心怎會不跟著柔軟呢？尤其姑婆的身形、李居士，還有上人的法影響我最大，他替我向阿娥承諾，我怎能不改變呢？

做環保是一種很好的修行，出體力、訓練耐心，所以也最適合年輕人。就像我帶血氣方剛的更生人，如果只讓他們坐下來聽經聞法，可能坐不了多久就退了。年輕人來環保站有老菩薩疼，老菩薩身上都是法，都是寶，就像我當年被姑婆疼愛，享受一個大家庭的溫暖，才會這麼喜歡做環保。所以我想只要肯彎下身段、不怕累、不怕臭，一定會轉變的，更何況背後還有李居士在引導我們。

令我感到很安慰是從姑婆時代開始，我們大甲地區就將環保當作很重要的志業在推。比如每年永信製藥舉辦的永信杯排球賽、大甲國中的考場、媽祖遶境掃街等，都有大甲師兄、師姊去宣導環保。我已經卸下和氣隊長多年，專心帶醫療志工，不過因為喜歡做環保，環保是清淨法門，每個星期四依然到南大安區十幾個點去載回收。

二〇一八年大甲媽祖出巡，柯國壽與志工一起掃街。（攝影／李弘文）

人生不只事業要做得成功，更要用心營造幸福美滿的家庭。我曾經跪在上人面前說：「我想忍下去，但忍到最後還是爆發出來了，怎麼辦？」上人慈悲地開示：「那是你的功夫還不夠，要經過一次一次的磨練，要真心懺悔，到最後人家來惹你，你不會生氣，你的功夫才真正算練上手。」所以要好好下功夫修這門功課。

上人說，「對家人不能說對錯，只能說愛。」這句話讓我很受用。當年兄嫂突然吵著要跟我們分家，現在回想起來也覺得慶幸，如果沒有分家，怎麼學習獨立和吃苦？人生難免有逆境，感恩姑婆帶領我做環保，如果沒有做環保，沒有身體力行，就無法體會上人的法，也改不了火爆脾氣。

當年初踏入慈濟時，張碧珠組長曾對我說過一句話，「發心容易恆心難，要認真，要堅持喔！」我一直將她的話牢記在心裡。有佛法就有辦法，最怕的是不受教，不想改變，只要肯接受改變，變則通，心念轉，一切就跟著轉，這就是人在運命。

感恩有上人的法，讓我們夫妻懂得珍惜彼此，珍惜這個家，更期望我的孩子能接棒，世世代代以慈濟傳家。

動手動腦的環保實踐家

——林淑嬌訪談紀錄

經典語錄

承擔，才能成就福田

訪談： 張美齡

記錄： 張美齡、楊家妤

日期・地點： 二〇二〇年七月二日、八月五日、九月三日、十月二十八日臺中靜思堂；九月二十一日電訪、十月二十九至三十一日LINE文字採訪。

【簡歷】林淑嬌一九五五年出生於南投埔里農家，受父母影響，有著「好天著積雨來糧」的觀念，學習各種事物。認識慈濟後，希望成為證嚴上人的弟子，不但認真負起慈濟委員要具備合群、端正的思想、菩薩的毅力三項條件，還落實在生活中。一九九七年受證慈濟委員，承擔小組長、環保組及手語老師，二〇〇八年承擔環保合心幹事。

二〇一八年九月九日，林淑嬌在埔里聯絡處進行環保宣導。（攝影／潘常光）

一九五五年（民國四十四年）四月二十日，我出生在南投縣埔里鎮廣成里，家在現在的中臺禪寺附近。我是田庄囝仔（臺語，意為農家子弟）。廣成里又稱為「水蛙窟」（臺語，意為青蛙窩），是因為以前有很多水蛙而得名。家裡有兩個姊姊、一個哥哥、一個弟弟，我排行老四。父母親都是務農，種稻米、甘蔗；如果稻子收成後又種蘿蔔、番薯、高麗菜和芥菜，也種洋菇增加收入。受父母親影響，我從小就有「好天著積雨來糧」（臺語）[1]的觀念，學習醃製各種農作物的手藝，把吃不完的青菜也曬成乾，像高麗菜乾、蘿蔔乾等，多餘的還能分給親戚鄰居。

從小勤勞　撿回收換零食

我七歲時，媽媽教我用木材煮大鍋飯，幾杯米用幾杯水，煮到快熟的時候，取出木材滅掉大火，剩下小火慢慢烘，讓它自然收水。接下來燒熱水，讓爸爸、媽媽、姊姊、哥哥們工作回來可以洗澡。還要餵雞和鴨，摘菜清洗備料，媽媽農忙回來，就可以馬上煮菜。讀小學時每天下課回來，就是做這些事。

家裡也種洋菇增加收入。我們堆稻草發酵成肥料後，掘成一畦一畦，排成一層一層地種植洋菇菌種。清晨五點，我們隨著父母採收洋菇，削除洋菇頭、吹掉表面的雜質，再載到市場販賣。以前的生活真的很辛苦，都要幫忙許多家務，所以我從小就很勤勞。

從學校走回家大約要半小時，大概從小學三年級開始，放學就沿路撿樹枝回家生火用，看到了若不撿就覺得可惜。小時候沒有零食吃，我們會撿鐵罐、鐵釘、電線、書、報紙等集中起來，如果古物商（臺語，指回收商）來的時候，就可以變賣，有了零用錢就拿去買麥芽糖、糖果和冰棒來吃，一大群玩伴大家就分一分享用。

1.好天著積雨來糧（Hó-thinn,à tsik hōo-lâi-niû.），意思是勸人要趁天氣好的時候準備糧食，才不會在太氣轉壞時，沒有糧食可吃。

放假時，我就要幫鄰居剝甘蔗葉、摘葡萄賺取微薄工錢貼補家用。還要曬稻子、打穀，就像米篩一樣，留下實心的稻子，篩去空心的稻穀。現在回想起來，就像在慈濟裡，若法能入心就是堅實的種子。

高職畢業學護理

比我大七歲、五歲及三歲的姊姊及哥哥，小學畢業後就沒再升學。我很幸運，姊姊們都要我去讀書，因此我小學畢業繼續升學，就讀埔里初農[2]家政科。

我每天必須很早出門，要騎一個半小時的腳踏車才到學校。上學途中，會經過簡單用三、四根竹筒綁在一起所搭建的竹筒橋，還要扛著腳踏車過橋。如果遇到下雨或是冬天，竹筒橋面結霜會滑滑的，曾經就有同學扛著腳踏車過橋時滑落到橋下去，我們趕快過橋再合力將他拉起來。有時候遇到騎腳踏車落鍊（臺語）就要下車自己來修理。那時候讀書環境很辛苦，不像現在那麼輕鬆，都有爸爸、媽媽接送。所以我們比較懂得珍惜，有書可讀就感到高興，有東西吃也覺得非常開心。

有個記憶一直在我心裡，我十一歲時，有一天剛好在廚房煮飯，看到二十幾歲已經是木工師傅的大哥，在庭院跟堂哥講話講很久，後來堂哥說要去山上工作就離開了。大哥經過廚房跟我打招呼，叫我「妹仔」，也說我的名字，我隨口問：「哥哥，你要做什麼？」他說要到後面。我想他去後面只是一下子，沒想到他卻拿了一瓶農藥去洋菇寮喝。他進到屋子就跪在阿嬤面前說：「阿嬤，我很不孝，我要先走了。」我趕快跑去房子前面喊「救人！救命！來救我哥哥……」我一直哭，一直喊「救命！」可是這裡沒有人，那裡也沒有人，大哥就這樣往生了。

2.南投縣立埔里初級農業職業學校於民國四十二年九月成立，招收國小畢業生。幾經升格改制之後，現為國立埔里高級工業職業學校。資料來源：〈校史沿革〉，國立埔里高工網站，https://reurl.cc/kLroYn（二〇二〇年九月二十八日檢索）。

林淑嬌初農畢業後，到臺中縣豐原邱外科當看護婦，學習護理工作。（圖片／林淑嬌提供）

「怎麼會這樣就走了！」媽媽痛不欲生。我曾聽大哥說他胃不好，也沒有談過戀愛，現在想起來，他有可能是憂鬱症。媽媽受到這個打擊很難過，放不下也不甘心，那種痛苦是我們無法體會的。媽媽難過到身體很不好，但是她還是很堅強，只是平常需靠著打針、吃藥來維持體力，幫忙父親維持這個家庭。每次想到這一段我都會哭。

看到媽媽身體那麼不好，我心裡想，如果學護理就可以幫媽媽打針；或是媽媽身體不舒服打電話給我，就可以請醫師開藥，再拿藥回家給媽媽吃；有時是拿營養針回家幫媽媽打。所以我從初農畢業後，就到豐原邱外科當看護婦[3]，就是現在的護士，在那邊工作也學習護理。

我學到很熟練，還會縫合傷口，打針也是一針到位。常常一整天，我的工作就是打針、抽血。其實，那時候也蠻辛苦的，要做很多粗活，如洗毛巾、洗ガーゼ（日文，指紗布繃帶）、手術衣等等。院長是受日本教育的，很節儉，我也不會覺得有什麼不妥，因為我從小惜福慣了。

我認為工作就是要忠於老闆，要做到讓院長非常信任我，他也比較肯教我，而我也很認真做。我在診所都是不惜手腳，不會計較，例如分給我的工作，我完成後就會幫其他人做第二項，甚至第三項。有新來的夥伴，我會帶在身邊教她怎麼做，她做不好我會趕快幫她，以免她被罵。看到上了年紀的先生娘（臺語，指醫師的太太）在煮飯，我會主動幫忙，飯後也會幫忙收

3.日治時期稱護士為看護婦，一八九七年臺北醫院設醫學講習所，是臺灣公設近代醫學教育之始，並設立「看護婦養成所」，則為公立護士教育的開始。早期錄取人員以日籍女性為主，臺籍女性的比例僅有六分之一。資料來源：中研院臺灣史研究所檔案館 https://reurl.cc/DZ4OGN（二〇二〇年九月二十八日檢索）。

拾，讓她能早點休息。說實在的，我的付出，院長夫妻都看在眼裡，不只過年紅包比其他人多，過年前，還會帶我去做一套新衣服。

我很認真、很努力，是希望讓別人看見，讓他們感覺到我值得信任與疼惜；另一方面，也是希望能得到加薪，拿回去給媽媽，幫忙減輕家裡的負擔。

後來我覺得到那麼遠的豐原學護理，也不是長久之計，加上感覺到身體很疲勞，因為晚上十點睡覺，有時候半夜送來車禍病患，就會把我們叫醒，所以常半夜需要起來。有時候凌晨一、二點，清晨三、四點，或是急診半夜都要起來。

好人好事表揚大會　認識慈濟

三、四年後，我辭掉看護工作，到臺中大坑大姊的瓦斯行幫忙，有時回到埔里老家，認識了哥哥軍中的同袍，住在臺中縣大肚鄉（今臺中市大肚區）頂街村的萬焜輝。他們退伍後，同在一家公司工作，常常來我家。我媽媽和哥哥看他很乖也是農家子弟，也有機械專長，鼓勵我們交往，一年多後（一九七七年）我們結婚了。

婚後，先生在臺中縣太平鄉（今臺中市太平區）永豐路開工廠，我跟二姊在太平開金飾店兼做髮廊，請來師傅教我們。後來姊姊因為幫人作保，房子被查封，我們姊妹只好到太平中山路的國軍八〇三總醫院附近租房子，繼續開金飾店和髮廊。

林淑嬌婚後，全家到南投縣溪頭度假，與兩個女兒合影。（圖片／林淑嬌提供）

有一次金飾店被搶，我們都嚇死了。從那次以後，每天都是心驚膽跳，有人拿金子來換，我們都很注意看他們有沒有搞什麼花樣，不敢睡午覺或打盹，怕萬一有人打破玻璃一手抓走黃金，損失就慘重了。後來只好收掉金飾店，二姊搬到大里，我到太平坪林社區租房子，繼續開髮廊店。

一九八九年我還在開金飾店兼做髮廊的時候，七月二十八日中視轉播好人好事代表表揚大會，看到花蓮的證嚴法師接受李登輝總統頒獎。我看到一位慈悲的師父說他在花蓮蓋醫院救人，還需要龐大資金。怎麼有那麼慈悲的師父？我很喜歡他。但是慈濟是怎樣的團體？師父住在花蓮什麼地方？我都不知道，只是聽到師父說的話就相信，也默許了這位師父。心想，我如果能做他的徒弟，該有多好？就寫下劃撥帳號開始捐款，當時還沒接觸佛教。

記得小時候，有乞丐來到我家乞討，阿嬤及媽媽都會給他們東西；結婚後看到報紙，還是電視報導需要救濟，我也會寫下地址寄錢過去。自從看到師父蓋醫院需要資金後，我開始劃撥款項到慈濟，隔天就在店裡開始邀約客人，一百元、兩百元都可以，寫下姓名、地址一起劃撥到花蓮。

慈濟刊物　解除夫妻冷戰

一九八九年開始收到《慈濟道侶》，才知道幫助別人也要有慈悲與智慧。以往只知道要幫助人，也不知是真是假，匯出去的錢，不知會不會被拿去做一些不好的事情。透過刊物知道慈濟非常有誠信，師父所做的都是在救濟別人，陸續又收到《慈濟月刊》。

我先生有時候會晚一點回來，或是打牌、抽菸，我提醒他，他就不高興。我們兩個人都很內向，如果碰到不愉快的事情，他都不講話，叫他也不回應，軟、硬都行不通，冷戰一段時間後，我會去找很多書來看，希望能讓心靈解脫。

就這樣過了兩、三年，常為了彼此不愉快就跟他冷戰。直到我看過禪宗和尚渡女過河的公案，老和尚揹著姑娘渡河後即放下，而小和尚卻耿耿於懷兩、三個月。我看了這個故事忽然如醍醐灌頂，全身非常輕鬆，為何要為小事跟先生過不去？就是開不了口。

看到《慈濟道侶》的內容，我就想，菩薩不就是要救苦救難嗎？我心裡難過、鬱悶時，也會去媽祖廟拜拜。晚上睡覺前就念：「觀世音菩薩，您不是會聞聲救苦嗎？我現在心情很不好。」結果當天晚上就夢到一對夫妻在草堆吵架，吵得很厲害、打得很嚴重。我跑過去勸阻：「太太、先生不要這樣啦！什麼話好好說，人家說『冤可解不可結』，夫妻要和好。」醒過來時很訝異，我怎麼會去跟人家說「冤可解不可結」？坐起來想想，這是在說我嗎？我是不是該放下，不要再和先生冷戰了。

尤其看到師父說過，對你越不好的人，你越要感恩他，因為他在幫助你修行。還有一句是，「愛你的朋友不稀奇，愛你的敵人才偉大。」有那麼簡單嗎？我能做到嗎？先生為何都不諒解，也不會感恩？我深刻反省，先生回來之後，我在房間裡雙腳跪下，跟他說：「這幾年我們雖然吵吵鬧鬧，但是感恩你幫助我修行。」他說：「妳是怎麼了？」他覺得我頭殼壞掉了，兩人相擁相惜。

還好遇到上人的法，讓我放下身段。現在先生不打牌了，只是還會抽菸。他雖然還沒走入慈濟，卻沒有阻擋我走慈濟路，我要去開會、去哪裡辦事情，他會載我去，因此我常常感恩他。

變賣回收物　護持建醫院

開始劃撥到慈濟後，我就想到小時候撿廢品賣錢的事情，可以再多出一個方法獲得資金，幫師父蓋醫院、做善事。就到垃圾車旁問人家：「這些紙、報紙和紙箱、鐵罐、鋁罐能給我嗎？」漸漸地也向客人、鄰居開口，把不要的廢品拿到我店裡來，堆放在牆邊變賣，一起做好事。

大約過了半年後，一九九〇年初，來店裡的客人是溫春蘆師姊的幕後，問我要不要加入慈濟？我回答她說，我已經加入了，都直接劃撥到專戶。她邀我一起當溫春蘆師姊的幕後，將平時劃撥的十幾個善款都轉交給她，成為幕後勸募委員。之後，慈濟有活動，她與溫春蘆會邀請我，我會盡量跟客人討論到店裡的時間去做慈濟，曾參加過大陸華東水患賑災義賣、尼泊爾賑災募款。

有一次撿了很多要賣，古物商卻說：「不要買。」我當時真是煩惱，只好說：「不然，便宜賣給你。」後來我家成了一個環保點，一做就是十幾年。那時是我先生幫忙載去賣，整輛車塞得滿滿的，有時候賣一百多元、二百多元或是三百多元。

我先生很認真、也很認同慈濟，一九九三年初，師父在臺中分會（今民權聯絡處）二樓點燈祝福，我們夫妻都去了。一到那裡，感覺好寧靜、很舒服。我只在電視看過師父，一直期盼師父趕快出來，那一次真的如願見到師父了。

我看到坐在第一排的人，可以讓師父直接點亮蠟燭，我心裡想：「怎麼那麼好！如果能讓師父點到，他會扶著你的手，好像怕你被燒到一樣。」那種感覺一定很好。但是我們並沒有坐在第一排，隔年再去參加歲末點燈時，還是沒機會坐到第一排去，只是坐在中間列的排頭。沒想到師父那次的點燈是從中間開始，好感動喔，我只是心裡這樣想，師父好像就有聽到！

承擔是最好的成長

我在做環保及募款的時候，有人告訴我，你做得這麼認真，師父在花蓮那麼遠，沒有皈依就好像說三寶不承認，要皈依才有效。我認為沒關係，反正我的心就在師父那邊，不管有沒有皈依我的心就在那邊，有也好沒有也沒關係，反正我的心就是認定花蓮那位師父就對了。

一九九三年歲末點燈後，我開始認真參與慈濟，環保也做得很好，更積極請到店裡做頭髮的顧客，把家裡可以回收的東西拿到我家，或邀她們一起來做分類。雖然我還沒受證成為委員，我也會去開會，那時候是第七組（舊編制），組長是林玉雲，溫春蘆是副組長。我那時比較內向，開會時都不敢起來講話，也不太敢自我介紹。

受證之前我在月刊看過師父說，慈濟委員要具備三項條件，第一是合群，以善為寶、以和為貴；第二是思想要端正，要學佛的行儀；第三要具有菩薩的毅力。佛法在人生中修養，菩薩毅力在表現慈悯眾生，所以要擔當責任，付出不求回報，具有成人之美、包容之德，不要把精神消耗在人我是非之中。

上人還說，不但要把這三項條件變成一件披風，還要變成戰袍。我一直記在心裡，且每天都複誦一次來警惕自己，並落實在日常生活中。

一九九五年開始我參加為期兩年的委員培訓，一九九六年七月底，賀伯颱風來襲，中部很多地區淹水、坍方，因為那時候我們還沒落實社區，都還跑到很遠的地方幫忙。賀伯颱風後，上人不希望臺中的人跑到苗栗，南投的人跑來到臺中，彰化的人跑到嘉義，大家這樣奔波勞碌，決定慈濟人要落實社區。

年底到花蓮尋根的前一天晚上，我作了一個夢，就在以前的臺中分會二樓。上人在歲末點燈開示後走下臺階，走到第二排第二位我坐的位子旁伸出手來就說：「淑嬌，妳來！」我就說：「好！」把手給上人牽著。上人另一手摸我的手背說：「淑嬌啊淑嬌，我們現在要落實社區，妳不能常跟著溫春蘆，要自我成長。」我就這樣醒了過來，坐在床沿想來想去，該如何自我成長？後來就想到「承擔」。

隔天回花蓮尋根，到靜思精舍時，感覺心情好寧靜，好像到了世外桃源。我遇到我的資深師姊溫春蘆，迫不及待地告訴她我前一晚的夢境。她告訴我：「師父是要借妳的嘴巴來跟大家講話，所以我們要聽師父的話，要落實社區，不能說不要，師父的見解一定是對的。」那時候大家真的都不太想落實社區，因為要重新互相認識很麻煩。

我們在精舍參觀了菜園和工作坊，看到師父們做蠟燭、爆米花。德安師父正在爆米花，「迸」！香味都散發出來，感覺師父們很不簡單，都很認真、很辛勞地打拚工作，在生活中落實「一日不做，一日不食」的精神，不像我們只是坐著念佛。

一九九七年初我受證後，就落實社區，鄒秋芳師姊擔任臺中第一組（東區、太平）的組長。她知道我家有個環保點，要我承擔環保組，在社區要推動環保。那時我不知道環保組要怎麼做，就答應了。

社區愛灑、環保宣導開場及結束都需要手語帶動，慈濟歌曲的內容都很好，加上手語帶動更有加分的效果。很多人看到手語很喜歡，感覺很漂亮，就進來慈濟學手語。鄒秋芳又說：「社區必須要有手語老師，妳能不能來當手語老師？」我說：「好，沒問題。」她又說：「妳應該可以來做小組長，好不好？」我也說：「好，沒問題。」一口氣答應了三項，我的膽子夠大吧！

受證時，上人說：「佛心為己心，師志為己志」，上人要做的，我承擔起來用心做就對了。承擔就是要邀大家一起來做，不怕辛苦，腳步踏穩，一步一腳印地向前走，其實承擔，受惠的還是自己。

社區宣導　強記環保知識

在推動環保方面，因為我本來就在家做環保，已經很習慣。一九九七年第一次到社區講環保的時候，組長、隊長、文宣組和我，在事前已主動去找村長，跟他說我們現在要「用鼓掌的雙手做環保」，為了我們自己和社區的環境，以後如果有機會我們也可以合作掃地。接著說：「我們來這裡講環保好嗎？如果好

林淑嬌（左）收集可回收的日用空罐瓶等懸掛在看板上，到各社區機關、學校介紹生活中可回收的資源。（圖片／林淑嬌提供）

二〇〇六年三月二十二日，臺中市東峰托兒所師生一百二十一人到訪慈濟長安環保站，林淑嬌為他們講解資源回收再利用的重要。（攝影／羅鳳琴）

的話，就請您來幫忙邀請村民。」我們約定了日期，訂好流程後再跟村長溝通。

剛開始宣導環保的時候，是在新平社區活動中心的籃球場，後來也到大樓住戶開會的活動中心，不然就在廟口宣導。記得當時把麥克風拿在手上時，腦袋是空白的。因為那時候我什麼都還不會，就去問關懷環保組的黃元杰[4]師兄，他對環保很投入，會上網找很多資料給我們。

我一個歐巴桑，怎麼會知道環保知識？會知道環保回收能救幾棵樹的資料，都是去找來的，我是硬背起來的！為了要讓慈濟的環保觀念很快能夠推展出去，也為了要做慈濟，就不斷地自我訓練。

我一開始就說環保的重要性，例如一棵二十年的樹，才能夠製造五十公斤的紙；我們如果回收五十公斤的紙，等於救了一棵樹。一個人有一顆心，萬個人就是一片林。我又將能回收的物品——寶特瓶、鐵罐、鋁罐、紙、電線、電池擺在桌子上，還做了雙面看板，開始跟大家說環保。

因為要推環保，我們又去學校接洽。第一所是太平的中華國小，他們聽了認為還不錯，就說：「來啊！」文宣組記錄下來，我們就開始寫流程，說好日期後再去送流程。我們在社區就是這樣推動起來的，後來也常去政府機關宣導。

4.黃元杰，臺中靜思堂總務處同仁。一九九三年因為求助慈濟人法律問題，為了報答慈濟人的熱心幫助，開始做環保。第一次做回收留了很多汗，感到通體舒暢全身筋絡大開，發現做環保讓身體放鬆。第二次參加資源回收，感覺人生很踏實，戒除了近二十年的菸酒癮。資料來源：〈事必躬親 建立環保運作模式——黃元杰訪談紀錄〉，「莫忘那一年——環境保護」慈濟口述歷史網站，https://pse.is/3pwvl9（二〇二〇年九月二十八日檢索）。

社區帶動手語　不落人後

二〇〇一年社區分為三組，我承擔其中一組的組長。九二一地震後，慈濟援建太平國中就是由我負責關懷，要承擔香積、生活茶水，又要鋪連鎖磚、掃沙、植樹木、種草皮。

有一天上人來太平國中，張明貴師兄向上人報告：「淑嬌師姊是承擔太平國中的窗口，香積、生活茶水，還教工地朋友手語……」上人馬上問，「一天需要提供多少人用餐？」我立即回答：「少的時候差不多三十人，多的時候大概三百人。如果鋪連鎖磚、掃沙、植草皮，人力就需要多一點，會來很多人，否則人會少一些。」如果沒有真正投入，上人一問，我一定沒辦法回答。

上人又問，「教工地朋友手語，妳都教些什麼？」我就說：「〈感謝天感謝地〉、〈阿爸牽水牛〉、〈大家來做環保〉，還有〈許一個希望未來〉。」上人怎麼跟我說呢？「好！等一下比一下〈許一個希望未來〉。」

我說：「上人，沒有卡帶呢！」他說：「沒關係，清唱。」怎麼清唱？聽到上人講「清唱」，我就全忘了，就跟著上人一直走。走了一個早上也沒有聽上人說要比手語，以為不必比了。

走到太平國中會議室外面的表演舞臺時，三面都有階梯可以讓人坐下來。上人就說：「來！大家在這邊休息。」又轉頭對我說：「妳跟經理、廠長、組長，還有妳教的那些人，你們上去比〈許一個希望未來〉，妳站那邊。」上人叫我站在他的前面，大家就這樣清唱。不曾在上人面前比手語，我嚇得發抖，但心裡也很高興。

一起上臺的經理也很高興，他說，能夠比給上人看很難得。他一直在做慈濟工程，現在也在幫忙建東大園區的會所。

林淑嬌（右）在社區推動環保時，鄰居羅杜妹（中）主動加入環保志工行列。（圖片／林淑嬌提供）

邀約環保設點回收

二〇〇三年，我承擔互愛組長及環保組，所以一直持續推環保。家裡是環保點，又常去參加開會，所以我協商黃美雲師姊來承擔互愛環保幹事，但是我的環保工作仍然持續，手語也沒有休息。最後，我真的忙不過來，只好把手語傳承給其他人。

我們到社區推環保後，請會眾將回收物，送到就近的環保點，或是詢問他們，哪裡可以來成立一個環保點？漸漸地有很多人響應，包括受證的慈濟委員、慈誠或是護持慈濟的會員，進來做環保志工後都說：「我們家有一個角落，也可以做一個點。」就這樣大約成立了六十個環保點，大多維持一、二十年，有的到目前還有，也就是維持二十七、八年之久。

那時候我們也落實到社區會眾家裡進行溫馨座談，分享慈濟的人物故事。安排到誰家時，那個人就邀約左鄰右舍過來，開始去他家收環保，大家都很認真，落實里仁為美的社區。

廚餘化成「黑金」

二〇〇〇年，黃元杰師兄到慈濟臺中分會擔任總務組員，負責環保業務。他常代表慈濟基金會去臺中市政府環保局參加活動。二〇〇六年時，他聽到有人說，慈濟只收有錢的環保回收物，沒有錢的不收，像菜葉、水果皮可以做堆肥，慈濟都不要。他的內心非常的掙扎。同年九月，他就召集環保功能幹事商討，開始要將廚餘做成堆肥。

那一年我承擔和氣環保幹事兼和氣副組長，所以也參加了那場環保幹事會議。黃元杰說，臺中要開始做廚餘堆肥，必須要有人來承擔。廚餘屋如果做下去，每天中午煮完飯後就要接著做廚餘堆肥。我想，反正慈濟事就一定要有人承擔，才能成就這塊福田，我就接了。

二〇〇七年一月底（春節後）正式啟建廚餘屋，在三月初完成。廚餘屋的外觀就像一般的鐵皮屋，只有四根柱子，四周以簡易的石棉板圍起來，內部又以角鋼鎖成一層一層，再架上木板，作為放置堆肥桶的層架。

四月一日，「中區環保菜葉果皮堆肥處理」正式啟動，我開始承擔臺中慈濟志業園區的「廚餘回收屋」堆肥窗口之一，每天都得去。包括興建中的臺中慈濟醫院第二院區，備完中餐後的廢棄菜葉、蔬果皮、根莖等，以及餐後的廚餘，都會送到廚餘屋來處理，廚餘屋最多高達一百多桶的堆肥量。當時我已搬家到太平樹孝路，美髮店也收起來了，廚餘堆肥由中午開始，做了兩、三個小時就結束，傍晚就回家了。

實務堆肥見證收成

當時每個和氣區輪流，每天會有五位志工來處理廚餘，我要先教他們步驟。各地方送來的蔬果皮，要先切成寸菜[5]的長度，而且不能太粗，如果是硬一點的根莖就要切細些，兩瓢的菌種與一瓢的粗糠混合均勻備用。桶子最下面先鋪一層混合好的粗糠菌種，再倒入切割過的疏果皮與菜葉，再加入混合好的粗糠菌種。也就是一層粗糠菌種，一層蔬果根皮，一層接著一層就像三明治一樣，最上一層是粗糠菌種，之後封桶。封桶如同蓋棉被，棉被蓋上後就開始發酵了。

不可思議喔！發酵分解是由上層開始發熱，逐漸到下層，這樣一直分解。我們發現，蔬果材料若是切得很細，就能很快分解成有機肥料。放了一

5.「菜不過寸」，即是切菜時要控制菜段長度在一寸以內，除了方便食用外，另有一個意涵做人要有「分寸」。切菜的當下需專心、用心，才能切出好成果，切菜時不能有砧板聲音，洗碗盤也不能碰撞聲音。

二〇〇八年一月二十九日，林淑嬌（右）與劉品君（左）在「廚餘回收屋」，示範廚餘堆肥製造方式。（攝影／鄧和男）

個月之後，看堆肥物下沉的狀況，大約四至七日收集液肥水，並且每個星期進行攪拌，差不多兩個月的時間，堆肥就算完成了。半乾狀態就可以開始施肥使用，用它種出來的菜非常漂亮。

如果取水果皮，如橘子、柳丁、檸檬、鳳梨等，有機肥的味道特別香；如果堆肥當時不小心摻入種子，如南瓜籽、絲瓜籽或是比較熟的玉米、龍眼籽、荔枝籽或是地瓜莖，結果整桶長出地瓜葉、橘子、柳丁、檸檬、南瓜……如果倒到園區的空地上，則長成南瓜、苦瓜、絲瓜……我們一知道是絲瓜或是長豆，就會用鐵絲搭棚子讓它們攀爬，之後收成了，大家還吃得很高興。

臺中慈濟醫院第一期工程在進行時，上人曾來過廚餘回收屋。我向上人報告，廚餘有一百多桶，也問上人：「覺得有味道嗎？」他說，還是有一點味道，不過還算好。上人事後還請職工甘萬成拿堆肥和液肥水回精舍，據說上人要在開示中說明。

隔幾天後，上人在大愛電視《人間菩提》中，說起臺中慈濟志業園區的廚餘回收屋，是慈濟志業體第一座廚餘屋。之後就有很多人打電話來要參訪，包括國外回來的志工都會來。二〇〇八年暑假前後很忙，一星期有很多團體來參觀，臺中市環保局與環保大隊也來參觀廚餘堆肥要怎麼做。

經驗勝過精細研究

二〇〇八年六月十日，勤益科技大學陳坤盛校長，帶領整輛遊覽車約三十人來參訪，聽說都是所長、教授級的。不簡單，做慈濟做到讓那些教授、校長帶學院的所長們來參觀。我們分享廚餘的作法，他們也聽得很高興，直誇慈濟真的是臥虎藏龍。

陳坤盛校長問我：「一桶廚餘，可以流出多少液肥水？」我實在沒辦法回答。只能舉例，如果水果皮比較多，這一桶的液肥水一定比較多；如果都是一些比較乾的東西，流出的液肥水可能比較少，所以沒辦法精確說出一桶會製造多少液肥水。

也有所長問我，如何估算有機肥的用量？我回答他：「所長，我們都是目測的。」他們又接著問：「要如何目測？」目測就是直覺，我們覺得這一畦用的不夠，就多倒一些下去。他們問的問題，我都不會，因為我們不是算那些數據，只知道這些有機肥混這些土是剛好，就這樣而已，我們的菜都種得非常漂亮。

我還分享，如果把洗堆肥桶的水全部倒在蔬菜上，它一定死給你看！為什麼？因為未腐熟的堆肥往往會產生高溫，並且會有氨氣、硫化氫、沼氣、乙烯等有害的氣體，會傷害作物的根部，引起爛根或莖葉枯黃的現象。甚至在發酵過程中也會耗氮，造成土壤中缺肥的現象，反而種什麼植物都種不好。所以，會有專門洗桶子的地方，收集稀釋的液肥水，不致讓水到處亂灑。

就像師父說的，我們無論做什麼事都要按部就班，清楚明白道理與步驟，不可以亂來。所以我說，我們不是科學家，也不是哲學家、更不是物理學家，如果要我們去算這一桶能夠用在幾分地，我們不懂

二〇〇八年六月十日，勤益科技大學校長陳坤盛（右一）帶隊參訪臺中慈濟志業園區的廚餘回收屋。林淑嬌（左一）與他們分享製作酵素的經驗。（攝影／曾東勝）

臺中靜思堂地下二樓的堆肥區，每天備餐的志工將廢棄的蔬果皮、葉切碎後進行堆肥，林淑嬌則不定期到現場檢視與攪拌。（攝影／張美齡）

也不會，只知道找方法做到，因為我們是實踐家。

結果，他們聽得很高興，我也很高興，想不到做慈濟做到有教授來請教。

所以上人說，大家都在慈濟做中學，學中覺。我雖然沒有很高的學歷，沒有很深厚的學問，但是我們在做中體會，就可以分享。

慈濟推廚餘堆肥，也帶動垃圾減量，尤其這些是有機肥、液肥水可以用來通廁所、洗流理檯，還可以澆花，是對土地有益的「黑金」，也可以賣錢。臺中慈濟醫院二期工程時，常會有遊覽車載會眾來參訪，我們裝好一瓶瓶的液肥水販賣推廣，六百CC寶特瓶裝賣二十元、鮮奶塑膠瓶裝約一千八百

CC賣五十元、五千CC寶特瓶裝賣一百元，賣的錢用來護持大愛臺。只要盡量承擔就有錢可捐，還能讓垃圾減量，何樂而不為？

二〇一一年一月三十一日開始，廚餘屋移到現在的臺中靜思堂地下二樓的堆肥區。我在廚餘堆肥領域裡，體會出，吃多少買多少煮多少，養成惜福愛物的觀念，也更加落實環保。

臺灣燈會宣導環保

二〇〇八年初，我接下環保合心幹事，當時還是慈濟大中區，範圍包括苗栗、南投、臺中、清水、彰化等。

那年的元宵節，臺中市政府舉辦燈會，慈濟在燈會宣導資源回收及垃圾分類。將近一個月的燈會期間，事前和各社區協調排班，輪流到燈會現場做環保宣導。我告訴大家，燈會期間會有很多人來，在賞燈的時候，會眾丟垃圾時，我們去站在回收桶前宣導環保，而不是去撿垃圾。

譬如有吃剩下的食物和沒喝完的飲料，拿來丟時，我們會跟他們說：「要惜福，請把它吃完。」他們也許會說：「喝不下。」我們就說：「喝不下，可以拿去澆花，澆完之後洗乾淨再回收。」

我們的目的就是宣導，有很多賞燈的人，不是不願意做，而是不知道該怎麼做，就會亂丟。我們會說：「不行！你剛剛丟錯了。」都是這樣講，大家都在現場教學。

剛開始幾年，我們宣導結束，全部載回環保站，隔天再做分類，結果變得很臭。後來二〇一〇年臺灣燈會時，我們就改變方式，事前與市府環保局協商，慈濟純粹現場宣導，環保回收的資源讓環保局回收。結束後，我們會幫忙綁起封口，集中放在一個點，由環保局派人員載走。

世界花博實作環保

二〇一八年十一月三日臺中世界花卉博覽會開展，臺中市政府在外埔園區提供給慈濟一個展區，我們在那裡設置了「大愛環保科技人文館」（簡稱「大愛館」），展示地球所面臨的危機，宣導地球只有一個，愛護地球是所有公民應盡的責任。

籌備小組開會時，我強烈建議要有個人的實踐部分，建議環保站平常的資源回收分類與資源回收物DIY項目，要在花博大愛館讓會眾實作。

我們將環保資源可以回收的「瓶、瓶、罐、罐、紙、電、一、三、五、七」環保十指口訣[6]中，所指可回收物陳列，在館內讓參觀會眾實做。請各社區的環保志工事先將寶特瓶、塑膠瓶、鐵罐、鋁罐、塑膠袋、芭樂套袋等洗乾淨裝藍，輪值志工為會眾說明後，帶動他們實際分類。有些會眾說：「連老菩薩都這麼愛地球，在現場做資源分類，我們要學習他們的做法。」

6.環保十指口訣，是慈濟志工陳哲霖發想的回收物分類速記方法，瓶（塑膠瓶）、瓶（玻璃瓶）、罐（鋁罐）、罐（鐵罐）、紙（紙類）、電（電池）、一（衣服）、三（3C）、五（五金）、七（其他）。資料來源：侯宜君，〈做環保有妙法　十指口訣不能少〉，慈濟全球社區網（二〇一七年九月九日），https://reurl.cc/yeYaMa（二〇二〇年九月二十八日檢索）。

臺中世界花卉博覽會期間，二〇一八年十一月十日林淑嬌（左二）在「大愛環保科技人文館」資源回收區，向來訪民眾介紹生活中的常見的回收物分類。（攝影／洪素琴）

那段時間，我幾乎每天都會到外埔燈區的「大愛館」。我還沒到之前，有些師姊會緊張地說，「淑嬌師姊怎麼還沒來？」一看到我就說：「師姊，我們有救了！」因為有的人不知如何帶動會眾做分類。

我到現場為她們惡補，告訴她們：「這些PE白、PE花、PP白、PP花，目前是有回收的塑膠。另外一堆是PVC塑膠類，目前是不回收的，像裝置冷凍食品、沾到油污的塑膠盒或袋，一概不回收。只要是清潔、乾淨的塑膠袋才回收。」我又說：「很簡單，免煩惱！」為她們打氣。

除此之外，也看到志工被分配到「省電一度讚」單元，不敢靠過去，遠遠地站著。我想：「那個位置為什麼沒有人？」原來他不知道怎麼導覽。我說：「來，很簡單，我教你。看到有人靠近，可以說：『省電一度讚，省電又減碳！』。」打開話匣子，先問候大家：「請問先生、小姐、太太、阿桑……」接著問：「有想要家裡的電省一點嗎？」大家一定都想，再邀請他們自己唸海報上的文字。自己唸的會比較容易記住，最後提醒大家，省電就是省錢。

DIY發現許多創作專才

我自從一九九七年受證後，常常到社區、機關、學校環保宣導，事前必須充分準備資料，因此許多環保觀念，尤其省電、省水的做法，漸漸在我的生活中落實，家人也會受到我的影響。所以平常我會留意，不使用電或手機不充電時要拔插頭，人離燈熄，如果別人沒關我就會隨手關燈，我晚上睡覺也沒開燈，也能省電。

洗滌蔬果的水，我通常用來洗抹布、拖地、沖馬桶、澆花，或是沖洗較油的鍋子，再以清潔劑清洗鍋子，這樣可以省下很多水。

有句話說：「凡事豫則立，不豫則廢。」所以在花博開始前，我邀集各社區對DIY有興趣、有專長的志工化腐朽為神奇，成為當區的種子，在花博期間到大愛館帶動參訪會眾製作玩偶或裝飾品。

有的運用回收打包帶製作金魚、螞蟻、蚱蜢等小動物和各式各樣的置物籃；有的取寶特瓶與洗衣精罐，製作蓮花燈、塑膠花等；有的回收一千八百西西的寶特瓶，變身為燈飾；有的取礦泉水瓶底部，製作成精美吊飾；也有取寶特瓶，加上簡約的吊飾，製做為燈籠；取塑膠袋，製做環保康乃馨、蓮花；吸管製作啄木鳥、天鵝；回收紙經過巧思摺成五彩繽紛的紙雕天鵝……還有許多創作，無法一一介紹。

在花博展出半年期間（二〇一八年十一月三日至二〇一九年四月二十日），大愛館每天熱鬧滾滾，DIY區更獲得很多會眾的喜愛。

進入慈濟三十一年來，我一直把「慈濟四神湯」——知足、感恩、善解、包容放在心上，很容易忘記不愉快的事情。每年的環保志工受證時，我總是感恩他們願意承擔責任，不放棄守護大地。看到他們歡喜的笑容，心中總是升起，希望他們更精進，且進一步受證委員、慈誠，一起承擔如來家業。每當我受邀環保講座時，總是希望大家能把環保落實在日常生活中，共同惜福愛物、少欲知足，讓大地生生不息。

二〇一二年二月二十九日慈濟志工應邀到臺中市太平區華盛頓中學環保宣導，林淑嬌（中）對學生說明回收的寶特瓶經過清洗、粉碎切細與加熱熔融，就能再重新抽絲、織成毛毯，並讓學生親自感受毛毯的觸感。（攝影／李嘉斌）

罹癌後自我祝福 宣導千場再千場

邱淑姿訪談紀錄

經典語錄

苦難是化了妝的祝福，遇逆境時，應心生感激，把它當成成長契機。

訪談：賴秀緞

記錄：賴秀緞

日期・地點：二〇二〇年二月二十一日賴秀緞家、三月七日LINE、四月二十八日LINE、四月三十日電訪、五月五日LINE、七月八日賴秀緞家、七月三十一日電訪。

二〇一七年三月十五日，邱淑姿在北屯崇德國中分享。（攝影／邱百豊）

【簡歷】一九六三年出生於彰化縣埤頭鄉的農家，一九八六年自淡江大學中文系畢業，一九九〇年甄試上教職，一九九三年成為慈濟會員，二〇〇〇年受證為教聯會老師，二〇〇一年受證為慈濟委員。二〇一二年確認罹癌後，隔年發願進入校園宣導環保一千場。二〇一七年達成第一個一千場，二〇二〇年圓滿第二個一千場。

一九六三年（民國五十二年），我出生於彰化縣埤頭鄉一個務農家族，家族大部分田地由爸爸與叔叔、伯伯們共同耕作，收入則交給祖父用來支應家族開銷；剩餘農地再分給各小家庭耕作，收成才算個人所得。所以我爸媽勤於農作，非常辛苦地養育我和其他五位兄弟姊妹。

家裡每個孩子放學回家都得幫忙農事，像拔雜草、採摘蔬菜、整理菜葉等，成為我們日常生活的一部分。稻子收成的時候，除了幫忙曬稻穀，我們和村裡的孩子一樣，還會遊走在各家田間撿拾散落的稻穗，雖然撿的不多，但是父親會笑著說：「這可以貼補家用，是我們家的私房錢。」

天性害羞 為生活執教鞭

雖然父母親是鄉下人，卻是很重視教育，盡全力給我們讀書。我國小、國中在家鄉念書，高中考上臺中女中，因為離家遠，所以在臺中市租房子住。父親偶而會說：「如果你考上師專，該有多好，免學費，免住宿費，可以省好多錢。」結果人學考上私立淡江大學中文系，還是花錢。

一般來說中文系畢業生，出社會找工作不容易，同學都有危機意識，在學時就開始準備公職考試或教師甄選。我生性害羞，站在講臺上整個人就發抖地說不出話，因此教職的工作從不是我的選項。一九八六年畢業後，很幸運地通過國家考試，考上保育員，在臺北與南投的兩地職缺中，我選擇離家比較近的南投啟智教養院（現為衛生福利部南投啟智教養院）任職。

南投教養院收容的是中、重度智能不足的小朋友，保育員的責任是照顧孩子的生活起居，協助他們自理及社會適應，還要輔導有偏差行為與情緒困擾的院童。他們動作比較慢，也有罹患小腦症長相比較特殊的孩子。我們同梯次考上的人，從沒接觸到這樣的孩子，報到第一天就全嚇得吃不下飯。

院童經常有一些狀況，讓我挫折感很大，加上我那時候真的沒有耐性，經常心急之下，火氣就直直飆升，動不動就流鼻血。過去，高中三年因為升學壓力大，我常流鼻血，上大學後就沒有過，應該是沒壓力開心了，沒想到來教養院又復發了。

任職一年十個月後，我找到新的職缺，轉到彰化縣立文化中心（現為彰化縣文化局）做辦事員，主要負責文物展覽品，也任職了一年十個月。

一九八九年左右，教育部因應國小老師的不足，開放比較多元的方式增加師資名額。這是一個機會，我白天上班，晚上則到省立臺中師範學院（現為國立臺中教育大學）進修部就讀學士後教育學分班[1]。一年後考上教職，分發到彰化縣馬興國小任教。我覺得我好幸運，班上的孩子非常乖，給了我當老師的信心與成就感。相較之下，隔壁班的孩子很調皮，班導師很傷腦筋。

說實在的我沒有教育的使命感，明明害怕當老師，最後卻是站在講臺上，執起教鞭。我單純的考量是待遇，國小老師薪資依著年資往上升，不用像其它的公務體系必須佔有職缺，或參加升等考試，薪資調整的幅度才比較多，當有這個機會就爭取轉進。

婚後衝突 接觸慈濟轉念

我先生是在南投啟智教養院時經同事介紹認識的，我們相戀多年才計畫結婚，準備在臺中市定居，所以我開始注意臺中市的國小教師甄選。一九九一年，順利考上，分發到北屯區新興國小服務，半年後結婚。

相愛容易，相處難。婚姻生活常因為價值觀不同，時時起摩擦，他上班，我也上班，回到家我煮飯、洗衣、拖地忙得團團轉，先生卻舒舒服服地坐在沙發上看報紙、看電視，等著飯菜上餐桌，視家務事為女人的工作。我無法接受，認為家是兩人共同所有，應該一起分擔。甚至我們會為了如廁後，馬桶蓋要不要掀起或放下起爭執……

1. 七十八學年度時，國小師資欠缺六千餘人。為解決此一課題，教育部乃於各師院進修部成立國民小學師資班，招收大學畢業生。此後，師範院校除了既有科系招收招生培育師之外，尚開設有學士後教育學分班，以供大學畢業有志從事教職的學生就讀。資料來源：徐聖堯、楊靜利，〈國小教師之供給量與需求量推估：民國九—二至一〇二學年度〉，《教育與社會研究》，第七期（二〇〇四年七月），頁一〇三。

二〇一八年三月十四日，臺中市北屯區東新公園夜間環保結束，邱淑姿以《慈濟月刊》和環保志工結緣分享。（攝影／簡明安）

新興國小的同事中，我和顏東盆老師比較談得來，多少會與她談起家庭生活的不愉快。顏老師不會對我說教，只是與我分享她參加慈濟教師聯誼會（簡稱：教聯會）[2]的見聞，也邀我參與教聯會及慈濟賑災義賣等活動。我因此一步步認識慈濟，並從中接觸佛法，學習對生活逆境轉念與正面思考。

一九九三年我成為慈濟會員，之後我定期收到《慈濟道侶》半月刊[3]，書上刊載的一個個小故事總是令我動容，成為我的精神食糧。我原以為這是加入會員就能固定收到的刊物，直到多年以後，我才知道是顏老師非常有心，私下訂閱與我結緣。

一九九五年一月十日，我參加上人場次歲末祝福[4]，中場休息，音樂響起〈只牽你的手〉歌曲，一聲聲「錯在哪裡？怨在哪裡？一切只是觀念而已……」傳進耳裡，這一刻觸動了我，陷入思考，原來婚姻生活痛苦源於自己的執著與觀念，應該改變態度，多看先生的優點、多一點讚美，遇事不急

2.慈濟教師聯誼會，一九九二年七月二十三日成立，由教育工作人員、行政人員，以及社教機構、學術研究機構專業人員組成，以推展慈濟精神，淨化校園、社會為宗旨。資料來源：陳美羿，〈一陣和風，一股清流——教師聯誼會的源起與成長〉，《慈濟月刊》三〇九期（一九九二年八月），頁一一六。

3.一九八六年，專門印行佛教典籍的「普門文庫」捐贈給慈濟，慈濟成立文化中心，同年九月一日創辦《慈濟道侶》半月刊。《慈濟道侶》半月刊發行十七年來，報導全球慈濟志工投入志業的大愛情懷與心地風光，為求內容更加精緻、深度，將自三月六日起併入《慈濟月刊》，從報紙型刊物轉為雜誌型態，更易於傳閱與保存。資料來源：〈《慈濟道侶》半月刊轉型啟事〉，《慈濟道侶》，第四三二、四三三期（二〇〇四年二月一日），第一版。

4.歲末祝福是慈濟人到了年底的一件大事，會從十一月中一直延續到農曆年前，每年的這個時候，慈濟人會和所有的會員們共聚一堂，互相地感恩，彼此祝福。這一段期間，證嚴上人也從東而西，由北至南全臺行腳，感恩十方大德一年來，對慈濟志業的支持。資料來源：《回眸來時路》二〇一五年二月二十一日——歲末祝福。http://yt1.piee.pw/th7ll（二〇二〇年七月十二日檢索）。

二〇二〇臺中燈會后里森林園區，慈濟展區設有靜思語的靜思智慧籤，讓人抽取賞析，邱淑姿向學童解釋抽到的靜思語。（攝影／簡明安）

著去辯解，理直氣要和，得理要饒人。

歲末祝福後，我開始在任教班級，每天寫一句「靜思語」[5]，請小朋友抄寫在聯絡簿上。如「口說好話，如口吐蓮花；口說壞話，如口吐毒蛇。」語彙淺顯易懂，再加上以故事來詮釋，引導孩子省思，推理、判斷，做價值觀的澄清。

以前我特別愛吃魚眼睛、動物的肝臟，就是不忌口。與學校孩子分享過程中，我體悟到，老師就是「活的靜思語」，要以自身的光，點亮一切的智，教小朋友要慈悲、有愛心，可是我做到了嗎？一九九六年，我決定茹素。

自己也因為日日接觸到美善的詞句，多多少少受到影響，與先生的關係不再是尖銳相對了。先生感受到我的轉變，後來接受我的邀約到花蓮參訪靜思精舍，並成為慈濟會員。如今想來，因為婚姻生活的摩擦，讓我有機會接觸慈濟、接觸佛法，而且先生也跟著有所改變。感恩先生的包容，讓我在教書之外，幾乎所有的假日都參加志工活動，經常不在家。

我們夫妻倆沒有生育兒女，每每聽到同事、親友分享兒女生活點滴，心中難免有些遺憾、失落。但接觸慈濟，我慢慢轉念：「沒有子女，少了牽掛，可以有更多的時間做志工，也可以全心全意地來愛班上的孩子。」

一九九七年暑假，慈濟在花蓮靜思堂舉辦小朋友營隊「暑期快樂健康

5.「靜思語」是證嚴上人身心實踐而體會的智慧法語；「靜思語教學」是慈濟教師聯誼會老師以「靜思語」為主幹研發出的道德教學方法。資料來源：慈濟全球資訊網https://pse.is/tt9hb（二〇二〇年七月十二日檢索）。

營」，我承擔隊輔工作一起跟著孩子們上課。有一堂課是德宣師父分享慈濟的國際醫療與慈善腳步，投影幕上一張張衣索比亞難民的照片，窮困飢荒有如人間地獄，黎民生命脆弱宛如螻蟻。這些圖像讓我的心波濤洶湧，無法平靜。營隊活動結束前，有放天燈祈願活動，我也許下心願：「一定要盡快成為慈濟委員，做更多的事，幫助貧困無助的人。」二〇〇〇年二月我在花蓮靜思堂成為第一期受證的教聯會老師[6]，接著二〇〇一年一月，我受證為慈濟委員。

推動親子班　扎根人文

一九九九年培訓教聯會老師與委員期間，土耳其在八月十七日發生大地震，慈濟發動大規模募款，幫助土國。很多人說：「土耳其和臺灣有什麼關係？臺灣都救不完了，為什麼還要救土耳其？」沒想到一個月後我們也發生九二一大地震。賑災時期，我跟著志工一起到臺中分會（現為慈濟臺中民權聯絡處）煮熱食、搬運物資，參與訪視關懷。

當時看到北區教聯會老師為陪伴中部失去家園與校園的學童，在每個月的第三個星期天，凌晨兩、三點搭遊覽車到中部進行「震動大愛　重建『笑』園」親師成長班[7]活動，活動結束，回到臺北已經是晚上十一點了，

---

6. 二〇〇〇年二月十七日至十九日於花蓮舉行的教師培訓學佛營，為成立近十年的慈濟教師聯誼會，留下歷史性的記錄。營隊以培訓、授證與學佛為三大主題。多年來，許多用心推廣靜思語教學的教聯會老師，雖有心更進一步投入慈濟志業，但礙於工作時間，無法廣泛參與志業，而遲遲無法授證成為慈濟委員。去年起教聯會開始擬定教師培訓辦法，將慈濟教師分為會員教師、培訓教師及授證教師。一般教師在報名加入教聯會，成為「會員教師」滿一年後，只要積極在校園推廣靜思語教學，且研習卡活動記錄滿十二格，即可申請成為「培訓老師」；而培訓老師在接受一年四次培訓課程，且經各區教聯會總幹事推薦，即可經由上人授證，成為「授證老師」。資料來源：楊倩蓉，〈慈濟教師聯誼會歷史性的一刻　首批八十五位　靜思語教學教師授證〉，《慈濟道侶》，第三三八、三三九期（二〇〇〇年三月一日），第四版。

7. 九二一大地震後，慈濟的安心、安生、安身同步進行。安心計畫校園關懷在二〇〇〇年一月二十八日起，教聯會前往二十所災區學校舉辦「震動大愛，重建『笑』園」親師生成長班，透過手語、團康、戲劇、生命教育及靜思語教學活動，讓重建中的校園師生展現活力。資料來源：「慈濟九二一援助紀實」網站https://pse.is/vd959（二〇二〇年七月十二日檢索）。

這樣的付出很令人感動。

我想我已經是教聯會老師也是本地人應該站出來一起承擔。在中區教聯會幹部會議上我提出想法獲得大家認同，號召了三、四十位老師，結合志工投入以靜思語教學為主軸的「大愛擁抱親子情」[8]活動，邀約災區學生、家長、老師一起參加。

二〇〇〇年九月開始，每月第四週的星期六，我們上午先在臺中縣太平鄉太平國小（現為臺中市太平區太平國小）舉辦活動，大概有七、八十隊的親子參加，下午前往南投縣草屯鎮炎峰國小繼續，一學期後由當地志工接手承擔。二〇〇一年初，我們轉往草屯鎮僑光國小一樣辦「大愛擁抱親子情」活動，寒暑假則陪伴慈青前往南投縣國姓鄉國姓國中進行「安心計畫」活動。

我承擔北屯區教聯會窗口，帶活動同時也在想：「是不是可以在北屯區的小學成立親子班，給所有認同慈濟人文的家長與孩子參加。」雖然，在災區學校我有帶親子活動經驗，但是缺乏社區經營的實務。教聯會老師與我還是很勇敢的分頭接洽學區內的文心國小、仁愛國小、新興國小、四張犁國小、陳平國小等。

因此二〇〇一年先在仁愛國小成立兒童班，接著新興國小也先後設兒童班和親子班，最多時有二百位學童參加；同時間社區的文心國小、四張犁國小也跟進成立親子班，因此社區親子班最終在四張犁國小落腳，固定每個月一次，有將近二十年歷史，最後在二〇一九年結束，回歸北屯四共修處舉辦。

在九二一地震災區關懷鄉親期間，我發現慈濟的手語歌帶動，讓志工

8.中區教聯會負責的「大愛擁抱親子情」師親生成長班，活動以國小二、三、四年級師生與家長、教職員為對象，期將慈濟真善美的人文精神深植校園，進而帶動社區風氣。「大愛擁抱親子情」九月二十三日分別於太平國小及中正國小展開，活動著重親子默契的培養。資料來源：徐錫滿，〈慈濟教聯會陪伴師生與家長安心學習　重建區二十所學校成長班　九月下旬開課〉，《慈濟道侶》，第三五三期（二〇〇〇年十月一日），第一版。

與鄉親有了更多的互動，美善的歌詞也能拉近彼此的距離。因此二〇〇三年時，我在平和里、平陽里社區土地公廟的小廣場，以手語課程接引會眾加入慈濟，每週一次，每次兩小時，持續了約五、六年的時間。

剛開始前兩、三個月應該是宣傳不夠，只有四、五位會眾參加，一度讓我想打退堂鼓，還好社區師姊到處邀約，參加人數慢慢增加，最多時將近二十名會眾，這給了我極大的信心。有一年社區志工參加慈濟委員培訓，光是手語班就有六、七人。

苦難是化了妝的祝福

二〇一二年七月，我到臺中慈濟醫院做例行性健康檢查，檢查結果發現胃部有腫瘤，但看不出是惡性腫瘤。我不放心，尋求第二位慈濟醫師林忠義診察，確定是三公分腫瘤，屬於胃間質細胞惡變引起的腫瘤。他說：「兩公分以下是良性的，五公分以上絕對是惡性，兩公分到五公分有可能良性，有可能惡性。」他建議做切除，我覺得聽醫師的話做切除再化驗，不管是良性或惡性，心中會比較踏實。

開刀日期訂在九月十八日下午，那天上午必須先打藥劑在腫瘤上面做記號，我僵硬地躺在胃鏡檢查室床上，不安的眼神四處飄蕩，護理師在我的口腔噴上麻藥後，輕聲對我說：「放輕鬆，等一下聽指示，在該吞的時候吞一下，胃鏡管就會進去，不要害怕。吞進去之後就不要再嚥口水，保持正常的呼吸。」

一條黑黑粗粗，含著攝影鏡頭與噴劑的管線緩緩地放入嘴巴、伸進喉嚨。我非常不舒服，連連作嘔催出淚水，感覺心臟跳動的速度，快得讓我招架不住，害怕惶恐……最後在醫師、護理師安撫鼓勵下，才成功在腫瘤位置做記號。

回到病房後，我撫著胸口，擔心如果手術時，心臟跳得太快，猝死怎麼辦？於是匆匆忙忙地立下生平第一次的遺囑，交代先生——手機及提款卡密碼、錢放在哪裡、應該通知什麼人，還要器官捐贈，以及如何繳交慈濟善款……寫清楚了，心也漸漸緩和了。

放下紙筆，我視線落在窗外一棵高大的茄苳樹上，蒼勁的老幹，冒出青春枝枒萌發著嫩葉，一旁等高的大樹卻枯萎了，生命的樂章此起彼落。此刻我許下心願：「能過得了這關，一定要努力繼續做慈濟；過不了，就快去快回……」

進手術室，我的胃被切除三分之一，術後七天七夜不能喝水、進食，身上布滿點滴管、導尿管、鼻胃管、引流管等。連續扎針，肌膚相當地痛，但最痛苦的是鼻胃管卡住喉嚨，講話好像重感冒般呼吸不順，非常難受。我深深體會佛陀講的人生八苦，病苦為最。

一週後病理報告出來，幫我開刀的吳永康醫師宣判化驗的結果是癌症，屬於惡性的腸胃道基質瘤；還好我加入慈濟多年接受佛法薰習，並不害怕死亡，明白生、老、病、死是自然法則，淡然地接受過去生所寫的劇本。

我想起前些日子曾聽一位師姊分享，她在胃癌手術後仍然繼續做志工，目前已經超過兩年了。所以我浮起一個念頭：「我有機會像師姊一樣嗎？若不行如何面對年邁的雙親？」四十九歲的我，希望生命還可以更長些，除了不讓白髮人送黑髮人外，也渴望能有多點歲月發揮生命良能。

我很喜歡靜思語，平常有抽靜思語書籤的習慣，被醫師宣布是癌症的隔天，我走到醫院裡的靜思書軒抽了張靜思語，想看看上人會跟我說什麼？竟然是：「只要能睜開眼睛，每天都是我的新生之日，都是我做人的開始。」這句話好貼切，因為對癌症病患來說，能夠睜開眼睛，能夠活著是相當不容易的事。

住院期間我還準備一些靜思語小飾品，贈送給來醫院關懷我的親友。出院前一天，在醫院當志工的吳金龍師兄與其他的師兄師姊來關懷，我分給大家靜思語小卡後，吳金龍就說：「你也抽一句，看上人要給你什麼叮嚀？」結果是：「吃苦了苦，苦盡甘來。」很幸運的是抽到吃苦了苦，而不是下半句的「享福了福，福盡悲來。」因為住院這十二天，真的是蠻辛苦，我告訴自己，上人對我真好，給我這樣的鼓勵。

住院前曾先到一些會員家收功德款，想說其餘的等出院後再來收，沒想到這一住院到二十八日才出院，已經是月底了，我心裡很著急，收功德款的時間只剩兩天，不能再耽擱。因為功德款是十方大眾護持慈濟志業，更是慈濟委員的本分事，所以出院回家當天，體力還沒有完全恢復，就趕緊出門收善款。

大病一場後，我體悟人生無常，時間像鑽石一樣寶貴。我不會因為病苦都不做事，還是如常做慈濟。相較以前，總認為時間很多，經常熬夜看影集是不一樣的。我的身體復原得不錯，手術後，如願地見到每一天的陽光，很感恩慈院的醫療團隊。

過幾天，就慢慢恢復我日常的志工活動，穿上束腹帶，到社區東新公園夜間環保點[9]做資源回收，白天得空也會到文昌環保站[10]，拆解錄音帶，將螺絲、塑膠盒、膠帶分門別類。其他志工很不捨地說：「你啊！毋顧身體。」其實我還是有斟酌，因為這不耗體力就可以做。半個月後我到慈院出坡割草，師兄師姊還是不斷地關心我，我回說：「做慈濟是我的興趣，天天穿制服，天天都幸福。」

二〇一三年三、四月間，我回花蓮靜思精舍，為慈濟經藏結集做留史的工作。德槩師父關心我的健康，也鼓勵我轉念：「罹癌是天上掉下來的禮物。」輕輕一句話點醒了我，苦難是化了妝的祝福，遇逆境時，應心生感

9.東新公園夜間環保點起因社區為孕育更多的環保志工，同時讓白天無法參與的上班族和慈濟志工也能有機會利用晚上一起來付出，二〇一二年六月六日在東新公園立的環保點。

10.一九九五年，慈濟會員黃張素琴（二〇〇五年十二月二十日受證為委員）平日就會做資源回收，經志工施貴珠鼓勵，在臺中市北屯區安順東十街自宅設立環保點。一九九七年，張素琴向對面地主林先生商借土地，將環保點遷至近兩百坪的土地上，稱作「安順回收站」。二〇〇四年底，因地主收回土地，環保回收工作遷至文昌二街，土地由里長賴國村協助借得，取名「文昌環保站」。二〇一三年五月底，地主取回土地，環保站再度遷移，搬至文昌東六街，六月九日啟用，改名為「平安環保站」；土地由榮董吳義雄先生為圓滿妻子也是慈濟志工陳怡蓉的遺願，無償借予慈濟使用。

激，把它當成成長的契機，珍惜能付出的因緣。這一年，我決定改變生涯規畫，八月申請退休離開教職，轉換跑道專心做志工，與我原先的規劃六十五歲退休，提早了十五年。

彎腰做環保 挺身說環保

生病是無人可以替代的，就連最愛自己的父母，也無法代受，因為每一個人都是獨一無二的。我開始思考罹癌的原因，除了個人生活作息影響外，環境有無相關？也關注專家對空氣和水污染等議題，這些都會影響土質、農作物，同時讓人類罹患疾病的風險跟著增加。又在電視新聞節目聽到，環境污染對健康的影響佔有四成的說法。

退休那年，我得知慈濟第七期「慈濟環境教育師資培育」研習營，將在臺中靜思堂舉辦。我想，我是老師，對別人講課再擅長不過，是不是利用這樣的機會報名培訓，推廣環保，為環境盡一分心力？

平常做環保面對成堆的垃圾、棄置物等，總是想著回收物經分類整理再回收就是資源，可是資源再製成物品，還是有污染和消耗。我又想到上人在二〇一〇年提出「清淨在源頭」——從家家戶戶做起，不讓資源落地變成垃圾，減少垃圾量提升環保品質；上人希望大家「彎腰做環保，挺身說環保」。我覺得我更應該站出來，教育下一代，從源頭做起，垃圾減量。

我決定報名參加「慈濟環境教育師資培育」研習營，課程分兩梯次，第一梯次在十月，課程結束後，我就將我想要推廣環保教育的訊息告訴我所遇到的每一位老師。第二梯次在十一月二十七日至二十九日。有一門課是學員必須上臺試說環保。為了準備教案，我收集相關資料做些微調，在我擔任大愛媽媽的文心國小及原先任教的新興國小試講，這是我最早的環保宣導，也開始請託認識的老師，詢問同年級老師，是否願意讓我進班級推廣環保。

十二月二十九日課程結束圓緣，我上臺分享前，再次思考：「我還可以做什麼？」受到環保達人陳哲霖師兄當天完成第一千一百二十四場宣導的激

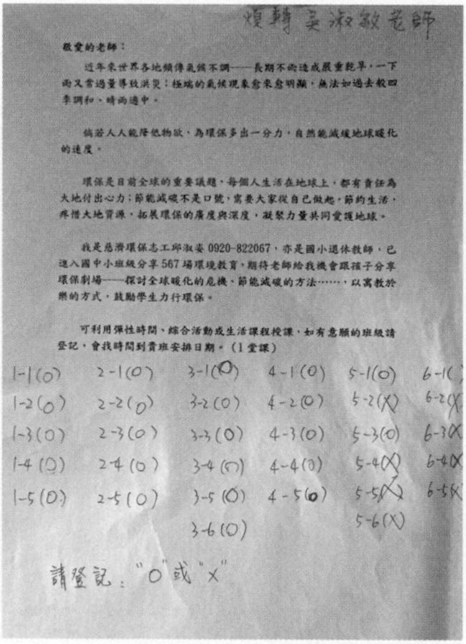

煩轉 吳淑敏老師

敬愛的老師：

近年來世界各地頻傳氣候不調——長期不雨造成嚴重乾旱，一下雨又常過量導致洪災；極端的氣候現象愈來愈明顯，無法如過去般四季調和、晴雨適中。

倘若人人能降低物慾，為環保多出一分力，自然能減緩地球暖化的速度。

環保是目前全球的重要議題，每個人生活在地球上，都有責任為大地付出心力；節能減碳不是口號，需要大家從自己做起，節約生活，疼惜大地資源，拓展環保的廣度與深度，凝聚力量共同愛護地球。

我是慈濟環保志工邱淑姿 0920-822067，亦是國小退休教師，已進入國中小班級分享 567 場環境教育，期待老師給我機會跟孩子分享環保劇場——探討全球暖化的危機、節能減碳的方法……，以寓教於樂的方式，鼓勵學生力行環保。

可利用彈性時間、綜合活動或生活課程授課，如有意願的班級請登記，會找時間到貴班安排日期。（1 堂課）

1-1(O)	2-1(O)	3-1(O)	4-1(O)	5-1(O)	6-1(
1-2(O)	2-2(O)	3-2(O)	4-2(O)	5-2(X)	6-2(X
1-3(O)	2-3(O)	3-3(O)	4-3(O)	5-3(O)	6-3(X
1-4(O)	2-4(O)	3-4(O)	4-4(O)	5-4(X)	6-4(X
1-5(O)	2-5(O)	3-5(O)	4-5(O)	5-5(X)	6-5(X
		3-6(O)		5-6(X)	

請登記："O"或"X"

邱淑姿設計的環境教育校園分享登記單暨推薦書，有班級接受，也有班級拒絕，但都不影響邱淑姿推廣環境教育的熱情。（攝影／簡明安）

勵，一秒中靈光乍現，在眾人前立願：「這輩子要進入校園推廣環保，分享一千場。」

我擬了一張入校園說環保的自我「推薦書」，內容是有關氣候變遷、全球暖化、該如何面對與應運，及班級老師同意讓我分享的意願，做勾選等。大概我是退休老師，有教學經驗，大部分的老師都願意讓我入班分享。

隔兩天（十二月三十一日），我進入東光國小四年四班推廣環保，這是我發願後的第一場，因為我的會員是東光國小教師，之前就請她詢問過，沒想到發願後很快就能行動。

最重要的突破應該是文心國小衛生組長透過施龍文老師（慈濟志工、教聯會老師）得知我做環境教育推廣，而學校老師也需要這部分的進修時數，因此衛生組長安排我在週三下午老師進修時間，向校長、主任、老師宣導環保。這一場我受到校方的肯定，也打開知名度。文心國小全校有六十個班級，一千五百位學生，是推廣環保的大福田。我在文心國大約進入四、五十個班級做宣導，自己也因此建立了更大的信心與勇氣。

其實參加教聯會多年，又經過九二一大地震後有在社區學校帶親子班活動，認識比較多的老師，也藉機接引他們加入教聯會，有這樣的因緣，我在請託時多了一些管道，且請他們為我詢問其他學校班級的老師，給我機會入班分享。如陳平國小、四維國小、東光國小、四張犁國小等。

當然也不是每個老師在第一時間回應，但是我不曾放棄，主動出擊，每學期利用午休息時間徵詢老師，若這學期不能，下學期再問，不放棄任何機會，當然也是盡心隨緣。

每次進校園說環保的時間、學校、班級、主題等訊息，邱淑姿都會記錄在她的環境教育推廣紀錄筆記本。圖為二〇一三年、二〇一四年的本子。（攝影／簡明安）

雖然說發願一千場，可是我興致勃勃的講了一百場後，心裡開始猶豫：「一千場是多遙遠的目標，而且同樣的話要講一千次！」「有沒有足夠生命長度完成？」我想是堅定的信仰支持我，依靠它，離塵垢除煩惱。影響我最大應該是《法華經》第十品〈法師品〉中的「大慈悲為室，柔和忍辱衣，諸法空為座。」

「大慈悲為室」就是把天下人當成我們的父母或是子女，擴大愛心，這樣的大慈悲心，做任何事情，動力更大，推廣環保之外，也可人間菩薩大招生，廣募會員。第二「柔和忍辱衣」，到校園推廣環保，除寒暑假外，經常一天要跑四、五場，講多了喉嚨不舒服，腿會酸，甚至遇到小朋友開玩笑叫我奶奶，乍聽時不甚歡喜，但再想想，就是孩子嘛！

另外一個是「諸法空為座」，我曾對學全校老師分享，或到大愛感恩科技公司宣導環保，這些人對環保議題多少有了解，也比較具有專業知識，我會緊張、有壓力。曾經一天最多連趕六、七場，聽眾從五、六百人到一、二十人都有，只要有需要，即使對象只有一個，也不嫌少，推廣一位算一位。盡心推廣，污染還是存在啊！但不要輕忽點滴的力量，盡力做，對最後的結果，不要過於執著煩惱。

生死無常　活著不是理所當然

每天到不同的學校說環保，可能是曾經在鬼門關前走一遭，孩子們下課後的嘻鬧聲，對我來說都格外動聽，校園的一草一木，盛開的花朵，一切都充滿了活力，是那麼地美好；我慶幸自己還可以朝著願力目標前行。

可是為我開刀的吳永康醫師，卻在二〇一四年八月因為主動脈剝離昏倒在開刀房的更衣室而驟逝。生命的無常，給了我相當大的棒喝。此後總是提醒自己：「生命如轉燭，無常瞬息間；活著不是理所當然，活著是奇蹟、是感恩。」珍惜能付出的因緣，如常晨鐘起薰法香，做環保及醫院志工和助念告別式等，並且也常以自身經歷鼓勵慈濟法親，把握當下認真做志工，行菩薩道。

在醫院做醫院志工，除了看到生命的無常，也見證生命的韌性。加護病房一位得到癌症的患者，心情非常沮喪、惡劣，對著我怨嘆：「沒做壞事，為什麼會得到絕症呢？」我鼓勵他說：「人吃五穀雜糧難免會生病，我當志工這麼多年也是得到癌，就勇敢地接受治療。因為痛苦是一天，快樂也是一天，我們當然選擇快樂。」他才比較釋懷，願意接受治療。

我曾經罹癌體會生病的苦，以過來人的身分做分享，具有說服力，病患容易接受，也更有勇氣面對挑戰。有時候也是病人鼓勵我，像一位患者是大腸癌末期，接受六、七次手術，化療八十八次，過程雖辛苦，但也已經度過了六、七年的歲月。

想想癌症有點恐怖，也不是太恐怖，我願如朝陽溫暖地灑落在病房每一

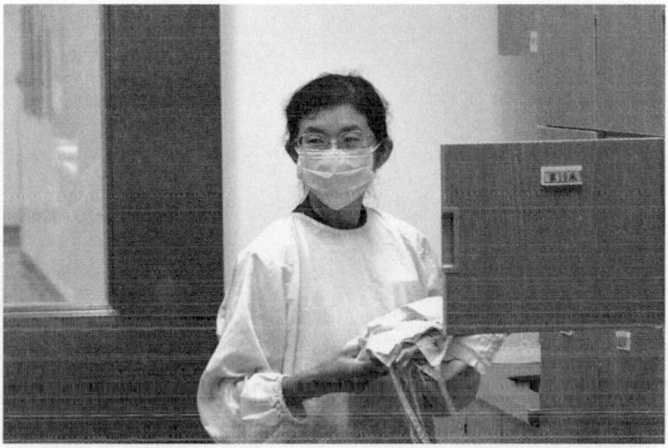

上圖／邱淑姿在臺中慈濟醫院當志工，以自己曾經罹癌、體會病苦的心情，鼓勵病人正向面對病況。（攝影／簡明安）

下圖／臺中市北屯區東新公園夜間環保點，邱淑姿專注回收分類，一雙手不僅用來教育學子，也用來呵護大地。（攝影／簡明安）

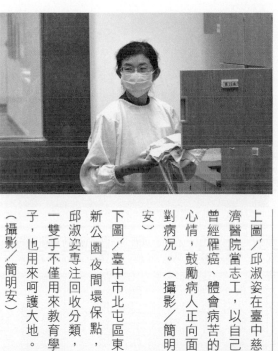

二〇一九年六月二十六日，邱淑姿讓南投縣漳和國小學童觀賞「精靈寶石」靜思劇場，並引導孩子說出心中的感想。（攝影／曾美慧）

個角落，帶給更多人信心和勇氣；手術後我體重只有四十五公斤，但踏踏實實投入志工行列，至今年（二〇二〇年）八年了，我的體重也向五十公斤挺進。

一般人認為環保議題相當嚴肅，其實有教聯會大愛引航教材五段式教學「體驗」、「講述故事」、「省思」、「靜思」及「生活實踐」，以多元方式引導，大大提升孩子的學習意願；或是親子成長班「精靈寶石」[11]的靜思劇場，每一集故事活潑有趣的點出愛與環保，小朋友滿喜歡的，接受度高。

此外，大愛新聞及《人間菩提》節目中上人的開示，都經常提到環保議題，還有宗教處的「三六五大地園丁」環保LINE群組，每天都有環保訊息新資料。我會善用科技，用手機做截圖，做成簡報教案，時時更新教材，引入時事。

再加上我在退休前就固定參與社區的環保例行工作，無論是一般資源回收分類、拆解錄音帶、塑膠袋分類或寶特瓶與瓶蓋的分類等，在我開始進行宣導時，就成為最佳的活教材，我會拍下照片做成教案跟同學分享。其實到環保站做分類，一天下來回收不到二十元，做環保意不在錢，而是維護一個清淨的地球。

講環保要身體力行，出門盡量搭公車，比較近的像到文心國小，從家裡

11.佛典兒童劇「精靈寶石」內容講述兩個孩子為了守護藍色星球──「地球」，在樹精靈的鼓勵下，踏上尋找精靈寶石的奇幻旅程。旅途中，地、水、火、風精靈，被邪眼魔王蠱惑，撩起貪婪欲望，以致世界各地災難頻繁，地球即將被毀滅。森林裡精靈女王的一顆保護地球寶石，也被魔王打碎成八塊，散佈各地，女王只搶到一塊，其他七塊必須全部找回完整才能消滅魔王，拯救地球。資料來源：慈濟基金會FB粉絲專頁(https://pse.is/vp8c（二○二○年七月十二日檢索）。

走路十幾分鐘就到，當然盡量走路。我幾乎不曾參加國內、國外旅遊，因為不旅遊也可以節能減碳，這對很多人來講是很難做到。

教學相長 環保從小做起

向小朋友談到水資源，大陸環保小志工陳佳楠是很好的教材。他爸爸是慈濟志工，他四歲（二〇一一年）時罹患了「顱咽管瘤」，接受了多次手術，而無法正常上學。但在他十一歲一次術後昏迷清醒時，他告訴爸爸要一起做慈濟，要到社區做環保宣導，後來更發願要講四千多場。內容包含水資源該如何節省，吃葷和茹素的差別等，這當中有非常多的數據要記，但對他都不是難事。他口條清晰熱情十足，童言童語很能吸引同儕的關注，珍惜水資源的概念也提升。

推廣環保，心靈環保也很重要，愛地球一定要愛自己，人人自愛，地球才平安。不愛自己，怎麼可能愛地球？我舉例以「永不放棄自己」的劉銘人生，鼓勵孩子、珍惜時間，不放棄對的事，世界將不一樣。

劉銘三歲發高燒後，就一輩子坐輪椅，卻樂觀幽默地說：「坐輪椅可以不用買鞋。」一般人想到的是坐輪椅哪有什麼好處？劉銘不去在意自己的缺點，透過努力走出殘障陰霾，成為廣播、電視的節目主持人。

二〇二〇年臺中燈會后里森林園區慈濟展區，邱淑姿於二月二十日為臺中梧棲中正國小的學生介紹寶特瓶經過回收，可再製成展場陳列的鞋子、衣服、夾克、褲子等生活用品。（攝影／邱百豊）

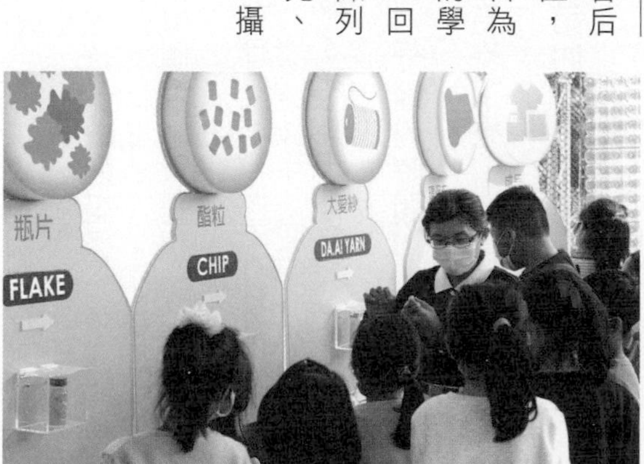

有時候這樣舉例學童可能還是不懂，我會結合體驗實作引導孩子。給孩子一張空白的紙，上面點一個黑點，象徵缺點，孩子透過畫畫，將它變成一朵花、一雙眼睛、一個時鐘等等美麗的圖畫。這個意思就是說，不管是陳佳楠還是劉銘本身都有缺點，但他不在意缺點，發揮良能到處去分享鼓勵人。

推廣環保的課程，必須讓孩子喜歡，喜歡才願意生活實踐。比如我希望他們堅持做環保，除了劉銘故事外，也會用六分鐘的時間，請孩子將靜思語小卡片疊成一個金字塔，疊的過程卡片很容易垮下來，但孩子很努力地用十五張卡片疊到第三層，用二十六張卡片疊到第四層，甚至到了第五層。利用這樣的體驗引導孩子做事有耐心，堅持到底的精神，做環保也一樣。

大愛感恩科技回收寶特瓶，研發製成的衣服、毯子等，這些都是屬於創意環保，也可以藉此鼓勵孩子，不要放棄任何一絲的創意。

我也會請孩子發想：「一張A4的紙，剪一個洞後，如何讓紙張可以穿過身體，不會斷裂？」孩子們哇哇叫：「哪穿得過！」大部分是想不出來方法，最後再給他們答案，會覺得很驚奇。其實方法很簡單就是一張紙對折後，左側剪一刀，右側再剪一刀，左右側對稱輪著剪，變成一張長條紙，就能穿過身體。

我遇到一個孩子反應非常好，他想出更簡易的方法完成。他將紙張採迴旋剪法後，再從中間剪一刀，就漂亮完成，很容易操作。甚至我以後都用他的方法來做教學。引導孩子創意，把不可能變成可能，如同單單一個人做環保，好像不大可能會改變地球，可是能集合大家的力量，至少可以減緩地球的暖化。

反饋知不足 改變宣導模式

從點滴回饋中，我看到了善的循環。有學校老師要小朋友減少廚餘量、有老師決心減低購買衣服的欲望，也有學校主任發願一天一餐蔬食，有孩子提醒安親班老師省水；還有孩子們自動表決，以後教室不再吹冷氣，因為全球氣候暖化，北極熊快要沒有家了。

小朋友也會開心跟我分享，現在出門都會帶環保杯、環保袋，媽媽也跟著改變外出會準備環保杯買咖啡喝；在家裡會請媽媽晚餐不用準備那麼多盤子，節約水資源。甚至有個阿嬤很煩惱來跟我說：「老師，我的孫女，上過你的課後要吃素、不吃肉，我擔心她營養不夠。」我向她說，有個小男孩小學一年級開始吃素，到大學時身高長到一百九十公分；另外出家的印順導師非常長壽，一百零一歲才過世，素食沒問題，醫師也說素食營養夠，人體容易吸收，要阿嬤不要煩惱。

臺中市慎齋小學一位老師，她的孩子聽完我的宣導，當天她正好要帶孩子去購物，看到孩子夢想已久的玩具，才伸手要拿，孩子竟然堅持叫媽媽不要買。事後，老師跟我分享，孩子就這麼一次力行環保，下回再看到竟然吵著要買。這件事給我一個啟示，推行環保要持續不斷而且是一而再，再而三，就如同上人對弟子開示，同樣的話一遍又一遍地講，不同的方式一次又一次，講了五十幾年繼續講，一再提醒弟子，擔心弟子不明白，因為眾生剛強難調難伏。

同一個對象講一次，一定不夠的，所以我重質也重量，跟老師借班，利用學校的彈性課程和綜合活動課的時間，一學期兩堂課推廣環保，下個學期只要老師願意，我也是同樣持續推廣環保，等於一個班級一學年有四次，兩年就有八次。

當然課程會做設計與紀錄，採漸進式分享，讓每一次教案有不同的呈現。比如

二〇一七年六月二十八日，邱淑姿在臺中市慎齋國小「環保愛地球」活動中，與兩百八十多位孩子們進行有獎徵答，互動熱烈。這是她第八百四十五場宣導。（攝影／簡明安）

二〇一八年三月十八日，臺中市北屯區國高中親子成長班，邱淑姿提醒孩子珍愛自己，不碰毒品。（攝影／簡明安）

低年級「保護小水滴」省水體驗的趣味性遊戲，簡單易懂；中年級的剪紙，像上例A4的紙穿過身體；高年級心靈環保的分享會多一些。

經過一段時日，與學童校園再相見，孩子遠遠地靠過來一句：「老師我好想你喔！」我問他怎麼想？孩子輕觸著我的手，天真地回：「就像想媽媽，一樣地想！」就笑著快步跑走。或是一句：「老師！我是妳的小粉絲。」用崇拜的眼神看著我，問說：「老師妳什麼時候要再來我們班上課？」也有靦腆地要求簽名，讓我覺得所有的辛苦都化為幸福。但是我最怕孩子問我一句話：

「老師你還記得我嗎？」我很難回答，因為上過課的孩子幾千位，不容易了記住。

當看著孩子離去的背影，心中會生起祝福：期許自己有藥師如來的願、清淨琉璃的光，讓生命史芬芳；不只推廣大地環保、身體環保與心靈環保，也期望孩子們心中能夠有善、有愛，每個人都有芬芳生命的春天，人生充滿希望。

願要大 無數無量的一千場

小時候的心願：「長大後，絕不當老師。」沒想到還是走上教師這條路，癌後選擇退休，竟也沒停下教學，擔起環保講師推廣環保。

因為有信仰的堅持，環保宣導場次從一走到一百，就在快要完成一千場的前幾個月，也就是二〇一七年八月我到臺中慈院回診，醫生告訴我胃有發炎狀況需進一步檢驗。在等待報告的一個禮拜裡，一想到高齡八十五歲的父母，心情還是焦慮難熬的，怎忍讓老人家憂心我的身體。上人曾說：「有願就有力。」我又許下「再一千場環保宣導」的願，想說多多推廣也是累積福報，也許有用。所幸檢驗結果只是一般腸胃炎，吃藥治療即可。

二〇一七年十二月十二日午後，在臺中市文心國小與二十多位小朋友分享，終於圓滿第一個「一千場環保宣導」，感恩老天爺的厚愛，讓我在四年內完成了。結束後再趕往臺中市四張犁國中，開始「再一千場」的承諾。其實我第一個一千場完成，要再從「一」開始，心中還是覺得不是那麼容易啊！但是得堅持，如常做志工，如常推廣環保。

二〇一八年七月十二日，我到花蓮慈濟醫院當醫院志工，德寋師父知道我講過一千場環保，鼓勵我：「千場的願是給自己一個目標，但最終目標是不斷的推廣，無數無量的一千場。」我就覺得師父給我這個願很好，如同《法華經》的〈化城喻品〉一樣，設定一個具體的目標，朝目標去努力，到了目標，再繼續往前。如果當初設定一萬場的話，我大概不會想去做，因為達不到，可是這個一千對我來說，是達得到的，一千場完成，再繼續下一個一千場。

「虛空有盡，我願無窮。」證嚴上人對陳佳楠的四千九百多場的環保宣導，也曾經提過無數無量，這輩子外，下輩子繼續努力，生生世世宣導；我

上圖／二〇一七年十二月十一日，邱淑姿在文心國小圓滿「一千場環保宣導」的願。（攝影／簡明安）

下圖／二〇二〇年春天，COVID-19疫情嚴峻，邱淑姿進入校園，教孩子以感恩心與天地萬物相處，一起蔬食愛地球。（攝影／簡明安）

邱淑姿不只做環境教育推廣，也彎腰做環保。圖為二〇二〇年八月三日她在松竹環保站做資源分類。（攝影／簡明安）

也願意以這樣的願力繼續努力。

二〇二〇年二月，COVID-19來勢洶洶，全臺啟動防疫措施，為減低感染群聚，教育部宣布高中以下學校延後到二月二十五日開學[12]。幾乎所有的學校為了防疫安全，取消這學期我的環境教育推廣。

疫情與環保息息相關，環境教育推廣不能停止的，這件事讓我憂心，只能在臉書、LINE族群多分享蔬食與環保的訊息。幸好我原先任教的新興國小還是敞開校門讓我入班分享，大概校方想我是退休老師仍然是學校的一員，於是三月二十六日我在新興國小圓滿第二個一千場；這次的千場速度更快了，大約花了兩年四個月的時間。另外崇德國中因為有慈濟人文社社團，也讓我進社團推廣環保，一個月一次。六月七日政府宣布解封後，才再進入文心國小、四張犁國小等宣導環保。

願為點亮世界的蠟燭

COVID-19不只影響入校園推廣的機會，平安環保站位在住宅區，也因為疫情關係暫停運作。但回收不能停，最後取得北屯另一處環保站——松竹環保站的協助，於三月五日起，將所有回收物送到那裡分類。因為車程約十五

12. 教育部說明延後開學係指「延長寒假、縮短暑假」，依據「各級學校學生學年學期假期辦法」，寒假原為一月二十一日至二月十日，暑假原為七月一日至八月二十九日，依照中央流行疫情指揮中心今日決議，因應新型冠狀病毒（COVID-19）疫情，學校若按原定二月十一日開學，恐有群聚感染的疑慮，為維護師生健康，決定將一〇八學年度第二學期延後兩週於二月二十五日開學，基於一學年上課天數為二百天之規定，因此，該學期休業式延至七月十四日辦理，一〇九學年度暑假為七月十五日至八月二十九日。資料來源：教育部全球資訊網https://pse.is/un8aj（二〇二〇年七月十二日檢索）。

分鐘，環保志工年紀偏高，我會協助安排車子接送，也邀出老菩薩再來做環保，及慈濟的第二代年輕人參加。

剛開始宣導環保比較沒有自信，認為自己的力量很微小，可是上人鼓勵弟子「合抱之樹始於毫芒」，不要輕視任何毫芒，不要輕視點點滴滴的力量，給了我很大的勇氣。

我很感恩陳哲霖師兄，「慈濟環境教育師資培育」研習營，不管是在臺灣或是在大陸舉辦，都願意找我去分享；學員在課程結束時，發心立願推廣環保，看得我十分開心。不管是發願一百場、五百場或一千場，我想點滴累積，就多一分力量。

慈濟環保教育師資培育，從二〇一一年到二〇一九年已經舉辦十三期，培育出海內外的講師有一千二百一十五位。如果每一個人講一場，就有一千兩百多場，每一場三、四十人，聽眾就有三、四萬人；每位講師一千場分享，也有三、四千萬人獲益，力量驚人。

我除了到中小學向學生推廣環保之外，也有機會向學校教師、慈濟組隊功能團體、大專院校、監獄戒治所、老人關懷據點、大愛感恩科技公司、臺電、扶輪社、社區民眾分享環保。做我所說，說我所做，呼籲大家對環保要共知、共識、共行，一起救地球，地球只有一個，唯有地球平安，人類才會平安。

臺中市松竹國小鄭淑兒老師在我的鼓勵下，從教聯會老師、慈濟委員培訓一路走過來，受證後也發現罹癌，她一樣參加

邱淑姿環保宣導的腳步也走出臺灣，前往中國大陸、泰國等國家地區推廣分享。圖為二〇一七年三月十一日她在福州與當地教師交流。（圖片／邱淑姿提供）

慈濟環保教育師資培育，並發願推廣環保。鄭淑兒充滿自信地說：「發願要大，然後就是朝著目標往前走；可能暫時沒有辦法勇猛精進，但是會朝一千場來邁進。」

聽著鄭淑兒的發願，我祝福她，就像我立願環保宣導千場再千場，是對自己最大的祝福。我期許自己像點燃的蠟燭發光發熱，也希望大家一齊來點燃燭光讓世界更光明，當然蠟燭遇到風，隨時有熄滅的可能，就是因為人生無常，所以更要把握因緣做慈濟，分分秒秒播愛於眾生，這是始我終不變的方向。

359 惜地

轉動烏日環保的女運將

簡珠香訪談紀錄

經典語錄

甘願做，歡喜受，人生的欲望不要大，善盡使用才有價值。

訪談：洪素養、楊素萍

記錄：楊素萍、吳淑妃、洪素養、陳靜玫、林素玲

日期・地點：二〇二〇年二月十六日、七月十七日臺中烏日環中環保站

【簡歷】一九五五年出生於南投草屯，一九七七年結婚，但婚姻不順，嘗盡人生苦澀。後因聽到證嚴上人開示錄音帶中一句「甘願做，歡喜受」，了解因緣果報，進而加入慈濟志工，一九九七年受證委員。一九九九年九二一大地震後，體會人生無常，國土危脆，即發心推動環保。二〇〇一年擔任烏日區環保幹事，積極拓展社區環保點，且陸續培養三十多人受證。

簡珠香開環保車進成功嶺營區，載運可回收再利用的資源。（攝影／許順興）

一九五五年（民國四十四年）我出生在南投草屯鎮雙冬[1]的農家，排行老大，有四個妹妹、一個弟弟。我們家後面看去是九九峰，田在烏溪旁邊，後面是九九峰，大雨來的時候，溪水暴漲，爸爸就會去田裡看農具有沒有被水沖走；我很怕爸爸發生意外，因為阿公就是被水沖走的。

我八歲就要做粗重的工作，因為是長女，弟弟妹妹年紀都還小，加上媽媽臥病在床，家裡的工作，都要擔起責任像割稻、除草、下田、上山砍柴、挑柴回來煮熱水、煮飯等等都得做。當時家裡窮，如果有領到美援的麵粉，阿嬤就用麵粉做饅頭給我們吃，能吃到香噴噴的饅頭是最高興的事。

讀小學時，我的成績一直很好，但是爸媽要我幫忙賺錢貼補家用，不打算讓我繼續升學。老師覺得很可惜，來家裡說服爸爸媽媽讓我升學，正好政府實施「九年國民義務教育」[2]，所以我才有機會讀書，也才會在那時選擇讀建教班[3]，以便提早進入職場工作。爸爸種植稻米、玉米、菸花等等，我放學後還要幫忙田裡的工作，曾經有好幾次跟著爸爸去巡田水，有時候做到晚上十點才休息。有一次在班上考試，我趴在桌上就睡著了。

先生嗜賭結外緣　怨嘆心茫然

一九七一年，臺灣的中小企業還沒有起步，工廠很少。我因為讀建教班，國三還沒畢業就先到桃園的建教合作電子公司——美國無線電公司（RCA）工作。我因為水土不服一直流鼻血，不到一年的時間就回來臺中了。後來透過姑姑介紹到百貨店當店員，曾到遠東百貨公司和高雄大統百貨公司

---

1. 雙冬是舊地名，範圍包括今日雙冬里、平林里、土城里東部。此地有烏溪提供灌溉水利，一年可收兩期稻作，又昔日先民稱稻穀收成為「冬」，因此這片豐收之地稱為「雙冬」。
2. 中央政府遷臺初期，義務教育僅限於國小六年。為消除升學壓力及有感於教育對國家建設之重要，自一九六八年起，推動九年國民義務教育。資料來源：〈重大教育政策發展歷程〉，中華民國教育部史全球資訊網。https://reurl.cc/WEOOW7（二〇二一年三月十五日檢索）。
3. 建教合作班，是透過學校與合作機構之間的安排，讓學生可以在學校中修習一般科目及職業專業課程，又可以到相關行業職場接受職業技能訓練，以利於就業準備的一種職業教育方案。資料來源：教育部建教合作資訊網。https://reurl.cc/14bLVG（二〇二〇年十月五日檢索）。

當專櫃人員。

在大統當專櫃人員時，有人介紹還在服兵役的田進嘉跟我認識。我們交往到他退伍且工作穩定後，一九七七年結婚。甜蜜的婚姻維持沒多久，他常常在外面賭博沒回家，也沒拿錢回來家用。我心裡非常不解，覺得很痛苦，時常怨嘆別人嫁個翁婿都那麼好，我自己嫁的怎麼會這麼壞；常常跟先生吵架，留不住他的心，不知道怎麼辦才好？

婚後，公司又請我回去遠東百貨公司上班，直到孩子出生才辭掉工作，回去臺南跟公婆住。三個孩子陸續報到，我邊照顧孩子邊料理家務。在家裡沒有先生的疼愛，婆婆又處處限制我的行動，不准我跟先生一起外出，才讓先生有機會結外緣。我過著行屍走肉的日子，心裡覺得好苦，姑姑知道後，就要我搬到臺中。

一九八四年我們搬到臺中大雅居住，我賣剉冰、車票、檳榔，同時照顧孩子。生意穩定後，雖然賺了一些錢，但先生又用甜言蜜語把我所有的錢騙去賭博賭光。我心灰意冷，對人生感到很茫然，常有輕生的念頭。

因為長期不快樂，最後悶出病來。到底是什麼病？也查不出原因，吃藥也沒用。姑姑知道我的狀況，要我誦《藥師琉璃光如來本願功德經》，我誦了幾次後，再去檢查，確診是輸卵管長了一粒如鴨蛋的瘤。手術順利後，身體恢復健康，但是煩惱還是很多，一點都不快樂，還是常常想自殺。先生如果回家，我就跟他吵著要離婚。

當時老大才讀一年級，老二、老三都還沒有上學，我沒有先生的經濟支援，一個人要養三個孩子，對生活感到很無奈。住大里的妹妹怕我想不開，幫忙租了一間房子，就在她家隔壁，要我搬過去住。一九九〇年我們才從大雅搬到大里，我如果去上班，妹妹就能幫我照顧孩子。

轉念即轉命

大里的家安頓好之後，妹妹幫我找到一家鞋廠的品管職缺。有一回我很有耐心地跟同事建議：「你們鞋面和大底上膠結合後，放入加硫箱加熱，時間要夠，不能急，這樣品質就會比較好。」工廠的劉師傅看我做事認真，下班後，他跟我說：「簡小姐，慈濟需要妳這款人。」劉師傅是慈濟人，送我一卷慈濟證嚴上人開示的錄音帶。

我聽到上人在錄音帶裡說：「你上輩子結的緣，這輩子要很甘願來還，如果沒有歡喜還，會本金加利息，永遠還不完。」我就在想，或許是上輩子欠先生的，為了這個家和三個孩子，應該要想開一點，既然劇本是自己寫的，以前和先生結不好的緣，現在應該要改變自己，才能扭轉命運。又聽到「甘願做，歡喜受」，這句話讓我覺得很踏實、很平靜，以前從來沒有過，心平靜之後我會靜下來想，就能柔性地對待先生。

上人還說：「一百元就能救貧困人。」我想，上班一個月有兩萬多元，我若省著用，賺的錢除了繳房租，供孩子讀書、生活費等等，還可以付出一點點去幫助苦難人，所以開始捐功德款。另外還積極招募會員，向同事們募善款，也回去鄉下邀約伯父、伯母、姊妹等等全都來參加，第一個月就募到二十幾個會員。募來的功德款，劉師傅介紹我交給草屯的資深慈濟志工洪浚圭，他跟劉師傅是妻舅關係。

我開始做志工是跟著志工洪浚圭學習，從訪視、募款做起，因為平常要上班，也要照顧三個孩子，放假的時候才能跟著洪師兄學習，做志工的日子感覺得很充實，就不再把心思放在先生的身上。

做志工的第二年，有一天竟然收到先生的薪水，讓我非常高興。因為平常他的錢到哪裡去，我都不知道，或許是做好事有積福，先生持續拿薪水回家，生活也漸漸正常。

一九九二年，先生到大陸上班，領了薪水後身邊只留一萬元當生活費，其餘都寄回臺灣給我。可是第二年就變了，一回來就是要錢，為了拿到錢，把家裡搞得雞飛狗跳。當時念高二的大兒子，受不了像戰場的家，放學後在外面逗留，天黑後溜進學校教室睡覺，到天亮才回來；先生住七天，孩子就七天都在學校過夜。

那時候開始，孩子書也讀不下去，原本是臺中高工（今臺中工業高級中等學校）的模範生，全校第一名的學生，每學期都拿獎學金，從第一名掉到最後一名。後來，兒子甚至罹患憂鬱症，這給我的衝擊很大，心裡很難過，是我對不起他。兒子的症狀時好時壞，但也只能就醫，多給他一些關愛，一切只能盡人事聽天命。

定居烏日　全心做志工

一九九五年我在烏日五光路買了一戶公寓，全家又從大里搬到烏日。安定下來後，我與當地慈濟人連絡上，就跟著曾廖椿與曾國雄夫妻的車去載環保（指回收物）。我們是負責跑南區的一條路線，因為當年烏日與南區是慈濟大中區第三組的負責範圍，兩地志工一起做事。

當時的環保幹事是莊秀琴，她帶領大家拓展環保回收點，漸漸地，響應的點多了，也比較有人型像中山醫學院宿舍、中興大學、長興醫院等等，回收量非常地多。在人少情況下，我找會員出來幫忙，沈雅舜、張碩洋與黃鈺雯夫妻倆是最先被我度進來做環保的志工。

一九九七年我受證慈濟委員，很感恩資深的洪淩圭師兄的接引與陪伴。受證後我開始帶慈濟列車[4]，在車上跟大家分享慈濟的竹筒歲月，啟發人人的愛心，並呼籲做環保。此外，每一年我也都會帶環保志工回花蓮精進。

一九九九年我承擔南區、烏日的環保幹事，承擔幹事後我更努力推動環保。同年九月二十一日，臺灣發生世紀大地震，上人來到臺中分會（今民權聯絡處）時，曾經對眾開示：「那麼大的災難，臺灣愛心要動起來，希望善的力量更大一些，災難就會減小……」當時聽到後，讓我更積極投入志工

4.「慈濟列車」一詞源於一九八九年九月十七日，當時為慶祝慈濟護專開學典禮及慈院開業三周年，與會貴賓、委員、會員二萬餘人；為紓解人潮，慈濟特向臺灣鐵路局提出專案申請，加開火車班次，由於整列火車僅搭乘慈濟人，因此又被稱之「慈濟列車」。資料來源：慈濟年譜資料庫。

烏日環保先驅曾國雄師兄與烏日第一輛環保車（VZ-6737）一樣資深。車子已老舊報廢，但年邁的曾國雄依舊持續做環保。（攝影／凌榮哲）

工作，除了認真做環保，到災區幫忙搬連鎖磚，還有募善款幫希望工程援建學校。

我繼續做環保也帶慈濟列車，做得自在又歡喜，所以心裡發願，只要先生在大陸的薪水能寄回來，穩定家裡的經濟，我就要全心全職做志工。可能佛菩薩聽到願望，先生按時匯部分薪水回來，讓我無後顧之憂，全心投入志工。

開車進街巷　廣播傳環保

二〇〇一年上人提出「小組關懷、多組活動」[5]的運作方式，委員編組只要超過二十人的社區就再分出新組，落實小組關懷。所以我就回到烏日深耕社區，但是我負責的回收點才六個而已，所以就有開發新據點的想法。

烏日社區最初的回收點，是由楊儒賢和陳月淑夫妻開始，他們跟隨環保幹事莊秀琴投入載回收，並在環保志工賴榮木家對面，也就是中山路旁橋下設立環保點；烏日第一位環保志工林賴金常常揹著孫子出門去撿回收，再送來這個點集中。後來在九德村張秀金、白聰敏和廖錦媛的騎樓，九德國小後方，阿密哩（今光明里）都設了回收點，加起來共有六個點。早期烏日的環保點是由楊儒賢開著自己的貨車在載回收，後來有多位環保志工集資，才買

5.為落實社區志工，建立敦親睦鄰、守望相助的理想社會，上人此次行腳教示委員及慈誠隊要「小組關懷，多組活動」，期待大組能再多分出新組，以在鄰里間普遍達到淨化人心的目標。「我們能將貧窮、苦難的眾生當成佛，對於發心要行菩薩道的伙伴，更要以平等心對待。若能專心將組內二十個人都照顧得很好，每一粒種子都能培養得很堅實，大家的精神就會凝聚。」資料來源：〈隨師行記〉，《慈濟月刊》四一六期（二〇〇一年七月），慈濟數位典藏資源網，https://reurl.cc/Kr4NAq（二〇二一年三月十五日檢索）。

了第一部環保車（VZ－6737）。

我想要推動環保，開發新據點，但是我沒有車也不敢開貨車，加上在地的志工很少，力量非常薄弱。但是想到九二一大地震時，上人曾對眾開示：「要及時地做，如果再不做就來不及了……」上人的法是讓我勇往直前的力量，我去找慈濟志工陳幼賢與她先生吳正典，他們店裡常有人在那裡喝茶，人脈較廣。我若有問題，都會去那裡請益，所以很自然又到他們家問問，希望有一部環保回收車來做環保。正巧他手邊有一輛善心人士捐的三噸半貨車，當下我要了貨車，也開啟了我的回收路。

我有小客車駕照，但是不常開，技術不好，也不曾開過貨車，真的很怕上路。我雖然很驚惶，但想到自己開車出去載回收，帶動社區做環保的力量更大，還是鼓起勇氣。吳正典師兄和大里的廖佑聖、陳雅舜師兄都教我怎麼操作車子，幾次之後，我便很大膽地開著環保車到烏日大街小巷載回收。我請開修理廠的劉板記師兄在車上裝擴音器，趁此因緣，我也邀請他和太太戴淑元師姊一起出來做環保。

我從自己的社區開始宣傳，沿著烏口五光路慢慢開，用擴音器播放〈歡迎你來做慈濟〉，讓社區鄉親知道慈濟回收車到了，然後拿著麥克風說：「我是慈濟環保回收車，你家有寶特瓶、鐵罐、鋁罐、塑膠罐，募您一分愛心、募您一分善念，大家共同來做環保。」車子停在巷口旁，鄉親就會拿寶特瓶來放，要離開時再用麥克風說：「祝福大家平安幸福！兩個禮拜後會再來。」鄉親就很高興，在這樣宣傳之下，烏日社區整個就帶

烏日社區第一顆環保種子楊儒賢，他最初是跟隨環保幹事莊秀琴投入載回收，之後帶動更多人加入環保行列。（攝影／許順興）

動起來了。

我一方面做環保，一方面持續帶慈濟列車，也在火車上宣導環保整整三年的時間。很多人回家後就跟進，在自家設回收點，然後再叫我去收。社區回收點增加擴大，我又積極接引會員出來，漸漸地環保志工就一個一個出來了。賴雪滿師姊的婆婆林月鳳，是聽我在慈濟列車上分享環保而帶出來的環保志工，她走進社區鄰里商店、住家去收，家裡就設一個據點。還有慈濟志工朱珮嬋的家前有一棵樹，也成為一個環保據點。

工廠、樹下、屋簷下　處處邀設點

老實說，我很怕駕駛三噸半的貨車，慈濟志工陳瓊英（後來改名陳秀淇）最先隨車，每次坐上我的車，就一路念「阿彌陀佛」，她會很緊張地說：「妳專心開車，不要和我講話，我在念阿彌陀佛！」因為我都邊開車邊講話，加上技術不好，橫衝直撞，只會往前不會倒車，所以只要坐上車子的人都很緊張。

回收路線分社區及公司行號兩種，通常社區兩個禮拜收一次，公司行號一個禮拜收一次。但也有例外，像臺灣主婦聯盟（生活消費合作社）在烏日是全中部地區跟南部的總經銷商，一個禮拜要收兩趟，都是兩卡車堆得滿滿的。我去工廠回收時，會順便去拜訪附近的工廠，大部分都願意讓慈濟回收。

我的個性活潑，走到哪裡都能募心募愛，就一邊做環保一邊招會員。我會問他們：「一百元就可以救臺灣困苦的人，你要參加嗎？」他們最後都成為慈濟會員。

女人當男人用的簡珠香，做環保超過二十年，至今仍抓緊方向盤繼續往前行。（攝影／許順興）

九二一大地震之後，我曾募到三百多戶會員，最多的一個月是募到約五十萬元。

我有一個構想，樹下、屋簷下、騎樓等等，都可以成為推動社區環保的回收據點，帶動鄰里人人做好環保，讓垃圾變資源，減少垃圾，讓大地變得更乾淨。所以我走入社區募大家一分愛心、一分善行，結果好多人都拿鐵罐、寶特瓶等等可回收的來車上。我家五光社區有三個回收據點，接著再開發鄰近大里，大里一個禮拜都可以載滿兩卡車，再來就是溪南路線。

當然，並不是每個地點都適合宣導環保，有的街道商家林立，車流量很多，不好臨時停車，所以我大部分找住宅區的街道做宣導。有些公司行號聽說慈濟有在收回收物，會自動打電話到臺中分會（今民權聯絡處），分會再通知我去載，只要收滿一車，馬上載到回收商賣掉。

有時在回收商那裡要排隊一兩個小時，所以我們往往從早上出門，做到晚上八點多才能回家。開車載回收雖然很辛苦，但是結了很多好緣，有一次我在七天內，在五光社區載了四卡車的量，當時環保局的工作人員看到慈濟環保車，都稱讚我們：「原來是慈濟在收，垃圾才會少那麼多。」因為我帶動回收分類觀念，無形中幫忙垃圾減量許多。

軍營設點　懇親會成環保日

烏日成功嶺的替代役執行祕書長吳清安先生，在二〇〇一年三月在大愛臺看到上人開示：「世間無常，國土危脆。臺灣位處地震帶，更應該時時刻刻提高警覺、居安思危，敬天愛地……」他看了很感動，又看到慈濟為九二一的災民蓋大愛屋，也援建毀損的學校，所以主動打電話到臺中分會（今民權聯絡處）想了解慈濟。接聽電話的志工把訊息轉給我，要我到成功嶺拜訪吳祕書長。

我邀姑姑簡秀錦、環保志工葉阿選，三人一起到成功嶺替代役營區拜訪吳祕書長。我跟他分享，上人為什麼說「驚世的災難，要有警示的覺悟」？因為那麼大的災難造成家園毀滅，走山的走山，大樓倒塌，再有錢也是零，是不是我們要從愛護大地開始做起？他聽了就說：「師姊！那邊豬寮有堆放很多回收物與垃圾，妳去看一看，以前是養豬的。」我當下跟吳祕書長說：「這些回收的垃圾我來處理。」我們三個看到豬寮很髒，還好車上都有手套，就將一大堆垃圾與回收分開清理，環境整理乾淨，吳祕書長看了之後很感動！

吳祕書長跟我說替代役新兵到的時候，請幫忙整理回收物，同時宣導可回收與不可回收，算是帶動年輕人做環保。做了一段時日之後，吳祕書長將豬寮外圍釘上木頭造型，感覺不像豬寮，非常美觀，供我們做環保回收使用。

在成功嶺有一件印象深刻的事，豬寮後面都是樹林，冬天有蛇冬眠，有一條雨傘節躲進大袋子裡，陳金盛師兄倒紙類時，蛇就從他的手臂溜到地上，捲曲著身體在地上看我們做環保，我們非常害怕，小心翼翼地搬，怕驚動到牠。但是那條蛇根本不怕我們，也沒有做出攻擊的動作，事後我們也覺得奇怪，真的不可思議。

二〇〇五年十一月十二日成功嶺懇替代役營區親會環保宣導，慈濟志工與吳清安秘書長（右）合影。（攝影／莊萬福）

有一回我到成功嶺回收，看到營區的垃圾堆得像一座小山，相當驚人，我打開一看，裡面都是可回收的東西。之後才知道那是成功嶺替代役懇親會結束後的垃圾，阿兵哥的家人們會帶很多吃的、報紙跟紙箱。當時每次懇親會大約有一萬人參加，我跟吳祕書長建議，成功嶺替代役的懇親會由我們來宣導環保。

二〇〇四年（十一月十二日）懇親會，我們動員烏日區的慈濟志工和環保志工，在懇親會時進入定點宣導分類，在營區設六個站，安置紙類、塑膠和寶特瓶等分類袋。每個小站有五位阿兵哥協助宣導如何分類，實際帶動的效果很好，這幾位阿兵哥就是我們的環保種子。每梯次的懇親會都會培養出環保種子，回營隊時再教同袍，往後環保分類都做得很好，垃圾變得很少。

後來替代役人數比較少，年輕人對環保認知比較有概念，所以就取消懇親會的環保宣導，之後維持兩個禮拜一次到營區載回收。

成立環保站　志工湧出

在大家努力擴展環保據點下，除了五光村原有的三個點，再加上成功嶺、榮泉村、溪南一帶等等據點，回收範圍持續擴展中。我們的回收量與日俱增，更需要分類仔細，除了可以賣到較好價錢外，最重要的是資源再利用，所以需要更大的固定空間來分類。吳正典知道我在找環保站，他的朋友黃鎮乾居士[6]也很護持慈濟，就發心提供烏日九德村（今九德里）中華路靠近中山路溝仔邊的一塊土地。

那塊土地有三十坪，要給我搭建鐵皮屋，可是我又沒錢，怎麼蓋？很不可思議，黃居士家裡供奉的玄天上帝當晚就託夢告訴他，說：「師姊要做好事，你要幫忙她，不然會做不起來。」黃居士就請人來搭鐵皮屋，連外面空地的通道都鋪好柏油，方便環保車出入。於是烏日九德環保站就在二〇〇一年年底開始運作，是我們第一個環保站。

6. 由黃鎮乾居士提供的土地已於二〇一二年九月歸還，志工租下九德里長春街的巷弄裡，緊鄰九德國小的一塊空地，於二〇一三年正式將九德環保站遷移至此。為了讓志工不用擔心租約到期時，環保站將再面臨搬遷問題，二〇一九年九月，人醫會醫師陳文德與環保志工黃陳淑惠之子黃雍宗合資買下土地，再無償提供慈濟使用。資料來源：〈環保廚娘 用熱食箍緊人心——黃陳淑惠訪談紀錄〉，「莫忘那一年——環境保護」慈濟口述歷史網站，https://pse.is/3pyskv（二〇二一年三月二十四日檢索）。

有了環保站，還需要有人管理和邀集志工進駐整理回收物，我找住在附近做美髮的社區志工張秀金承擔站長，她家也有設環保據點，我拜託她：妳洗頭髮有認識到的會員，可以請他們來幫忙分類。」她很負責，積極去找人。

我們一個禮拜去成功嶺載兩次的回收，都載往九德環保站，一個月差不多有八、九輛卡車，大多是廢紙和塑膠，把三十坪的地方塞得滿滿的，常常讓環保站鐵門無法關上。所以分類時，必須將回收物先搬到外面空地，但是室外太陽很大；隔壁有間小廠房，是環保志工廖素津先生的工廠，大家就跟太陽搶時間，利用工廠屋影做環保，形成有趣的畫面。

二〇〇五年有一天，林橙樂隨我的車去成功嶺載回收，回到九德環保站時，必須使力才能打開鐵門。他看見整間堆得滿滿的回收，就跟我說：師姊，這要怎麼做環保？這樣不夠大，我在烏日環中路段有一塊五百坪的地，來當作環保回收站好了。」於是林橙樂無償提供環中路八段二四一號的空地，並自掏腰包搭建鐵皮屋，二〇〇七年成立烏日環中環保教育站。雖然我沒錢，不過我有心，推動環保當中遇到很多貴人幫忙，讓烏日區有環保站，可以接引很多志工一起做好事。

二〇一三年成立新的九德環保站，有一百三十坪的空間，又有八棵樹木圍繞，非常清涼，是大家夢寐以求的道場。（攝影／凌榮哲）

九德環保站有張秀金在負責，環中環保站離溪南社區有一點點距離，又必須跨過環中路快速道路，馬路如虎口，所以對溪南地區的志工要常來整理環保，比較不方便，而年輕人都要上班，所以我們就將大回收日設在星期天的白天，星期三、五是夜間回收。其他時間大都沒人在這裡管

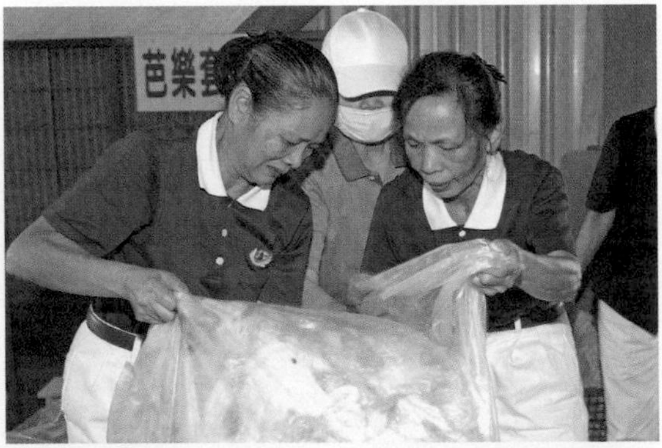

上圖／烏日九德環保站站長張秀金（左），從社區志工即擔起使命。迄今二十多年環保工作，仍始終如一精進。（攝影／許順興）

下圖／慈濟志工林橙樂不只無償提供土地讓志工做環保，自己也是投入其中做資源分類。（攝影／許順興）

理，我除了三天載回收之外，還要找時間在這裡做分類；二十四小時，除了八個小時睡覺休息外，有時候做得很累，紙箱攤開鋪在地上就睡下來休息了。

除了環保站增加，我們的志工隊伍也有成長。烏日平常日有兩臺環保車出動，司機是我和吳淑也，隨車志工有黃美玉、陳瓊英（後改名陳秀淇）；假日有三至四臺環保車一起，司機有劉板記、白聰敏、魏瑞棚和我，隨車有魏三貴、劉文德、賴品達、林勇成、戴淑元、陳麗花、郭美芳與詹元豪夫婦、黃錦丹、廖英子等多位志工。隊伍浩蕩長，大家出勞力地做，衣服濕了又乾，乾了又濕，不畏苦地彎腰搬運環保，只為這片大地的乾淨。

回收人生　活出新價值

我在烏日推動環保，從一九九九年開始，我當年有一個願，既然在成功嶺推動回收，都能將國軍官兵帶出來當大地的園丁，之後我到每個地方、社區、公司行號做回收，都要讓他們有做善事的機會。我很感恩能接引這麼多志工，其中不少是因為做環保而參加慈濟。

其實接引志工是最難的，我為了度同學王日滿，費了好幾年的時間，每一次去邀她做志工，她都說：「不用啦！我繳功德款就好了。」她經營紙箱工廠，一切順心如意時，只要假日就四處遊山玩水，不管我怎麼邀請，她總是拒絕。

第一次因緣是她突然跟我說：「同學，我的整個工廠都燒掉了，心情很不好。」我很緊張地問：「有燒到隔壁嗎？」她說：「沒有啦！」我聽到這一句話就告訴她：「還好，妳有做善事來囥，才沒燒到隔壁，如果燒到，一間工廠妳就賠不起。」

第二次的因緣是在二〇〇五年，王日滿陸續被客戶倒一千多萬，為了追債務，她一天到晚想找債務人，心裡很著急。可能情緒低迷，因此得到癌症，我就安慰她說：「心情放開，好好地醫病，這個境會讓妳很快過去，妳的身體如果好了，就進來做環保志工。」她身體恢復健康後，就打電話給我，要出來做環保，現在是環保司機。

梁卿裕跟著我做環保十多年了，我把他當成自己的弟弟對待，出門一定幫他準備餐點、茶水。之前他因有酗酒習慣，身體不太健康，我是在環中環保站認識他，他見到我就問：「師姊都有帶人去遊覽嗎？我也要去。」我覺得志工做環保很辛苦，會找時間帶大家去郊遊踏青，聯絡感情，梁卿裕就是因為想玩而進來慈濟。剛見到他時，臉色很不好，出門一直跑廁所，後來飲食改變，又戒掉喝酒習慣，再加上做環保時身體會出力流汗，有排毒效果，現在走路比較平穩，慢慢健康起來。

還有一起在臺中南區載回收的陳雅正，過去他也有喝酒的習氣，也不知道人生的意義是什麼，同樣是經由做環保生活有了目標，人生價值變得很豐富。所以在

梁卿裕（中）從做環保中，改掉喝酒習慣。圖為二〇二〇年三月二十五日，他隨車到成功嶺營區幫忙。（攝影／許順興）

環保裡，我度了很多人，不論是身體健康不佳或者人生走錯方向的人，進來後都能做得很歡喜。因為內心的垃圾清除了，他們就會懂得知足、感恩。

在每個環保站都能看到志工的笑容，讓我的內心很踏實。王日滿告訴我：「她在上班跟做環保的心情不一樣，來做環保感覺好快樂，好幸福。」梁卿裕也說：「剛來環保站無所事事，一天到晚不知道往哪裡去，現在很踏實，因為每天都在做環保。」他們因為做環保找到人生的目標，這就是來到慈濟不會退轉的原因，我看到那麼多的笑容，也跟著笑了。

一生行願　甘願歡喜

當年聽上人的錄音帶，開示「甘願做，歡喜受」，覺得是真實法。就像我嫁了一位不夠負責任的先生，難道不會怨嘆？一定會。看到別人的家庭這麼溫暖，我的家卻是這樣，內心一定會起伏。但是聽了上人的開示，才懂得這一切都有因緣，我相信因緣果報，就不會怨天尤人，甘願做，歡喜受。

發願是一個希望，是要很用心去經營，不是發願後還是在原地踏步，那只是發空願而已。就好像我發願，一定要忍辱，要忍苦，忍別人不能忍。二〇一八年先生經商失敗，回到家就得了憂鬱症，每天都盯著我，不准我出去。後來經過警察先生協調，一星期才能出來做志工兩天，這對我來說是很大的考驗。但是我轉念想，先生已經給我二十幾年的時間能自在地做慈濟，我應該要很感恩他，現在他需要我，我把大部分的時間陪他，也算是報恩。

小時候經歷過苦日子，又被先生大

二〇二〇年三月二十五日，簡珠香在成功嶺環保點搬運紙類回收物。（攝影／許順興）

風大雨般的鍛鍊，讓我原本很自傲的個性，磨得傲氣都沒了，現在就是默默地做、頭低低地做。比如他發脾氣，我就靜靜地趕快回到房間，轉念想，他是因為還沒有接觸佛法才會這樣，我還有明天的工作，不能受他影響。因為自己的改變，先生的狀況愈來愈好，不再阻礙我做志工，只要把家務做好，現在一星期出來做三、四天的志工都可以。

我從四十三歲以後就沒有上班，全心投入環保，現在回想起來，幸虧那時有及時把握。很多家庭在九二一地震後支離破碎，到現在還是一樣很艱辛；人生很無常，明天會怎麼樣？不知道。所以我把握當下，今天身體還健康，還有力氣做得到，就盡力做。另外，人生欲望不要大，有一碗飯吃的時候，也可以分一些給需要的人，因為人生終究會走到最後一口氣，能善盡使用才有價值。

391 惜地

土牛環保站的守護者

黃國忠訪談紀錄

經典語錄

環保做得好，環境才會乾淨，是我永不推卸的使命。

訪談：賴秀縀

記錄：賴秀縀、簡明安、詹雅淳、胡桓笙

日期・地點：二〇二〇年七月三日、七月二十六日東勢靜思堂；八月十九日電訪。

【簡歷】黃國忠，一九四五年出生於苗栗縣卓蘭鎮，一九五六年全家搬到臺中縣石岡鄉居住。一九八〇年成為慈濟會員，一九九七年參加培訓，並開始做環保；一九九八年在東勢大橋下設立土牛環保站，同年受證為慈誠；二〇〇三年再與太太一同受證委員。二〇一九年三月，為遵守法規，結束環保站運作，轉而加入其他慈濟環保站，繼續為守護大地盡心力。

黃國忠做環保二十多年，一心只想著讓環境更乾淨。（攝影／徐敏宸）

我一九四五年（民國三十四年）在苗栗縣卓蘭鎮出生，家裡七個兄弟姊妹，我排行第六。大哥和我相差十七歲，小我兩歲的妹妹出生隔幾天就送養他人。父親是佃農，耕地就是種稻，還要繳（地）租，生活是比較苦，我們連居住的房子都是親戚的。

佃農有田 生活漸改善

我們本來是租人家的地，因為三七五減租[1]，就有分到一部分的土地，我們家終於有自己的土地。有土地後，我爸爸本來要蓋自己的房子，材料磚塊都買了，當時我的母舅住在土牛[2]，他說：「來這邊買好啦！」結果父親就這樣賣掉分得的土地，到土牛的和盛村（現為和盛里）買了一棟日式的舊房子，我們全家就在一九五六年搬過來。我們有了自己的房子，全家就搬到土牛定居，一直到現在。

和盛村在地方上稱「上土牛」[3]，我家隔壁就是土牛派出所。我國小五年級下學期那一年就轉到東勢中山國小讀書。因為叔叔住在中山國小旁邊，就說：「來這邊讀好啦！」所以我轉學是到東勢，不是在土牛的國小。

大哥沒住在家裡，我們的新家臨大馬路，父親和二哥決定做個小生意。二哥二十一歲時小雜貨店開張，雜貨店賣糖果、餅乾、冰水來維持家裡生計。那時我正讀小學六年級，只要沒上課，我就待在店裡幫忙賣東西。家裡附近沒什麼店家，所以我們生意很好，兩、三年後父親在新社（現為臺中市新社區）買了三分多地，開墾後種植葡萄，也種過枇杷，生活就比較沒那麼

1.受訪者所說應為「耕者有其田」。一九五三年政府徵收私有耕地轉售給承租佃農的政策，是土地改革的最後階段工作。三七五減租則是一九四九年施行的農地減租政策，為土地改革的第一階段工作。資料來源：郭雲萍，〈耕者有其田〉，文化部臺灣大百科全書（二〇一〇年一月十一日修訂），https://reurl.cc/EZ4RYK（二〇二〇年九月十日檢索）。

2.此處所指應為傳統地域名稱「土牛莊」，是今日德興里、和盛里與土牛里的早期合稱。土牛里因在下方，故稱為「下土牛」，而德興里與和盛里因在上方而稱「上土牛」。資料來源：陳茂祥，《石岡鄉村史導覽手冊—德興村史》（臺中縣：石岡鄉公所，二〇〇六年），頁十二。

3.同註2。

辛苦了。

雖然不用下田，但是我自己會跑去東勢吊橋[4]那邊的河川地種菜。我喜歡種種東西，有沙地整一整就種菜了，媽媽也會幫忙，橋下大甲溪的河床沙地，就是後來土牛環保站的那個地方，那時候是用鋼纜吊起來的那種吊橋，菜園離橋墩不遠，我種的菜就拿回家裡吃。

當時沒有做河堤，經常大水沖過來，菜園就沒有了，就得從頭開始種，後來水利局把堤防做起來，河川地就分為堤外、堤內，而原本在河川地上的菜園就變成堤內菜園，大雨大水來比較不怕。

工作辛勞 忍耐練就好體力

我初中是讀新社初農，高中是讀新社高農[5]（現為臺中市立新社高級中學），因為新社初農後來有高農部，我是第二屆的，那高農畢業後先到行政院國軍退役輔導會武陵農場工作了四、五個月，之後去表哥服務的磁鐵工廠工作，那是在南臺中那一帶。

沒多久就北上去臺北，在四哥任職的青年儀器公司工作，薪水不高，只有一千兩百元。開同學會的時候，有同學在薄荷腦工廠上班，跟我說：「來我們工廠薪水比較高。」幾個月後我就去同學說的五股鄉（現為新北市五股區）薄荷腦工廠工作。那邊薪水一個月有兩千元，要輪班，所以我就去了。

4. 東勢大橋原為三墩四跨吊橋，建造於一九三三年，為東勢、卓蘭、和平三鄉鎮對外之交通聯絡要道，一九四七年於一次強烈颱風吹襲下，主索滑動致橋面傾斜車輛無法通行，遂於河床修築便道，惟每逢暴雨便道即沖毀，乃於一九五二年於上游興建過水橋。一九六一年省府為配合東西橫貫公路興建，由公路局著手改建為鋼筋混凝土橋，翌年十一月完工通車，當時省府主席周至柔以本橋聯繫東勢豐原兩地，命名為「東豐大橋」。二〇〇二年正名為「東勢大橋」。資料來源：臺中工務段，〈台三線東勢大橋提前完工通車報導〉（二〇二〇年四月），https://reurl.cc/ARRZmY（二〇二〇年九月十日檢索）。

5. 一九二五年在新社公學校附設農業補習學校，一九二九年獨立校名為「東勢街二庄組合立東勢農林國民學校」。一九三四年更名為「臺中州立東勢農林國民學校」。一九四五年又更名為「臺中州立實踐農業學校大地館」。臺灣光復後改名為「臺中縣立新社初級農業職業學校」，一九五九年創辦「高農部」，一九六一年更名為「臺中縣立新社農業學校」，現為臺中市立新社高級中學。資料來源：臺中市立新社高中網站，https://reurl.cc/WXX2ax（二〇二一年九月二十四日檢索）。

但我不知道是那麼辛苦，早上八點上班到隔天的早上八點才下班，二十四小時二個人輪流守著鍋爐，還有蒸餾塔，那個很累，是非常辛苦的工作，我那時候二十幾歲，體力是這樣養出來的。

一九七二年，因為二哥移民去巴西，小雜貨店就收掉了，家裡農地是爸爸在做，需要人手幫忙，二哥要我回家陪伴父母，也幫忙照顧農地。回來在家裡幫忙一段時間後，覺得男孩子在家裡，也沒做生意，也沒做什麼事情，也應該到外面工作，多一點收入也好。隔年，剛好有機會到豐原客運擔任加油工，就跟著油調車跑站瀉油。

那時候的油調車，不是現在這種油車，是用貨車裝十幾個油桶，先到臺中烏日加油，然後到各站的油庫瀉油，那時候有豐原站、臺中保養廠、東勢站的儲油槽等。通常一個油桶可以裝二百公斤，一趟貨車至少要載十五桶油，有時候二十幾桶，這樣幾千公斤的油，都是靠人力搬上、搬下、倒油，需要很大的勞力，滿辛苦的，我也很忍耐，回到家還幫忙父母務農。

這樣工作大約一年多之後，課長說豐原站有站務員的缺，「董事長在問你有沒有想做站務員？」我想加油工很辛苦，要搬下搬上，都是勞力，現在有這樣的機會很好，就到豐原站當站務員；在豐原站做了幾年後，又調到東勢站。

因緣早注定 攜手建家園

我擔任加油工與豐客（豐原客運）臺中保養廠修車的一位技工熟識，他邀我到他的舅舅家坐一坐，他舅舅，劉先生也在豐客任職，是開清水梧棲線的司機，說起來我們也是同事，而且都住在土牛。

說是坐一坐，其實是被相親，對像是他的女兒劉玉英，我靜靜地坐著，沒講什麼話，相親完後我們也沒有聯絡，加上過不久我爸爸車禍受傷，就沒有下文。

後來才知道，相親那天，我坐在那兒靜靜的，沒說什麼話，對方覺得沒意思，連劉先生也不滿意。不過因緣很奇妙，我太太玉英後來跟我說，在跟我相親之前，她每天都在相親，有時候一天不只一次，但是在見過我之後，就再也沒有人上門說媒了。

那次相親之後，大約過了兩個月，玉英的姑姑又提起這件事情，她媽媽也跟人探聽我的為人，說我個性是靜了點，不過是個可靠的人，所以就嫁了，我們兩人就在一九七四年結婚。

一九七五年、一九七七年兩個孩子相繼出生，玉英在梅子村的喬森鞋廠工作又要帶小孩，實在忙不過來。一九七八年她辭掉工作，在家帶小孩。為增加收入，開始在家門口擺攤賣檳榔。賣檳榔一陣子後，想說這些東西吃了不好，加上孩子也大一點，就結束檳榔攤生意。

那段時間，我二哥剛好從巴西回來探親，覺得老房子在父親名下要做處理，兄弟協商後說房子給我，我出錢買下，但是我沒錢啊！還好玉英的媽媽借我七十八萬元買房，又建議我拆舊屋蓋新屋，有店面做生意才會有錢。但是要蓋房子我也沒有錢，最後由老丈人出面向農會借錢，因為他是農會會員，用他的名義借錢，利息比較低。有了這筆錢我蓋了兩層樓的新屋，一九八三年新屋落成，為了還清債務，玉英經營起早餐店。

隨著歲月，孩子大了，有工作，也擁有一臺車。但家裡做生意，車不能放家門口。因此向表哥承租他家後面，臨大甲溪河床的高地，也就是新生地，蓋一間小鐵皮屋作車庫。這塊土地就在龍馬橋墩[6]旁，離街道不遠，我們也利用空地種些菜。其實這個地方種菜非常不合適，因為緊鄰住家，陽光被遮蔽，所以我們又往前靠近水源的河川地開墾荒地種菜；這個時候種的比較少，因為我要上班，玉英要經營早點。

6 位於臺中市東勢區東勢大橋兩端橋柱，由雕塑藝術家楊英風於一九六二年完成之「飛龍」作品，共四座。因龍身上飾有中國古典的鱗甲紋路，色澤帶著仿青銅般的綠，加以背上有馬鞍，當地人慣稱「龍馬」，亦象徵著龍馬精神。相關文字內容參見《溫度》第四十期。資料來源：國家文化記憶庫，https://reurl.cc/ARRNeZ（二〇二一年九月二十四日檢索）。

農禪親切 啟慈濟行善門

玉英以前在鞋廠工作的同事葉秀精是慈濟人，一九九一年左右，她就向玉英募款。玉英怕我會反對，默默地繳功德款也沒有告訴我；她繳了三、四個月後，一次我偶然在桌上看到收據，我才知道這事。有的人家老公會說：「你繳什麼錢！」會反對，我跟太太說這是做善事，我也贊同，所以我們就成為會員。

一九九六、九七年那時候，慈濟的慈誠[7]人很少，男眾的志工很少，葉秀精來收功德款，經常跟我提：「東勢區的師兄很少，只有五、六位，你來加入慈濟，來培訓慈誠！」就想到有一年，應該是一九九五年，我們夫妻一起搭慈濟列車去花蓮參訪，看到精舍常住師父修行又自己種菜，就有一分親切感，知道師父們不接受供養的生活方式，那個感動，那我想說做慈濟事很好，所以一九九七年我就參加慈誠培訓，那年男眾培訓慈誠就只有三位。

因為我的工作會在臺中、豐原、東勢調來調去，培訓那時候我在豐客的臺中站上班，休假的時候就跟著慈誠第五中隊的林信雄[8]、劉阿魁做環保。因為培訓的關係就認識他們，他們在豐原地區有在做環保回收。劉阿魁他家是開紙箱工廠，有貨車可以載回收，我就把車開去劉阿魁家會合，然後一起

7.慈濟早年推動四大志業者以女眾委員為主，男眾多處於幕後護持。一九八九年慈濟護專開學，男眾居士自動組織起來，配合慶祝開學二萬人大活動的秩序維護工作，稱為「保全組」。一九九〇年七月二十五日，證嚴上人寄予人人內修外行，正式命名為「慈誠隊」：外行「慈」悲喜捨，內修「誠」正信實。願以「佛心為己心，師志為己志」，付出一己之力護持志業，並願接受「慈濟十戒」革除不良嗜好者，在經過一年的見習、一年以上的培訓合格後，經幹部會議推薦，呈送志業中心審核，證嚴上人親自授證，即可成為正式慈誠隊員。資料來源：〈護法金剛—慈誠隊〉，慈濟全球資訊網（二〇〇九年二月十七日），https://reurl.cc/3577p8（二〇二一年九月二十四日檢索）。

8.一九四一年出生在豐原的林信雄，原本經營家具工廠。一九八一年一場大火燒掉兩百多坪廠房，原料、成品家具付之一炬，不得不向銀行舉債修復廠房，重新啟業。這期間，在慈濟志工賴文生接引下接觸慈濟，於一九九二年受證慈誠。一九九三年還清借貸後，決定將具汙染性的家具工廠歇業。與妻子同在一九九四年受證委員，夫妻一起做慈濟。一九九九年九二一大地震期間，他承擔第五中隊長，帶領慈誠隊投入埔里大愛　村的興建和多所學校的連鎖磚鋪設工程。資料來源：慈濟全球社區網，https://reurl.cc/1551dY（二〇二一年九月二十四日檢索）。

一九九五年劉玉英（左三）搭慈濟列車去花蓮參訪，看到精舍常住師父修行又自己種菜，就有一分親切與感動。（圖片／黃國忠提供）

出發。

當時環保車從豐原出發，開車到新社新五村、石岡土牛做資源回收。第一次跟車載回收，車子到了石岡土牛，就是我的社區，其中一個回收點是和盛里裡面，一位環保志工陳王棗的家，她平常就是推著娃娃車在街頭巷尾收回收物，會在家門口旁邊的小空地整理分類，她的鄰居也會自動拿過來，我們固定一個禮拜會去收一次。我們載的回收物，最後就在石岡的一個回收商那邊繳掉，處理後才回豐原，然後我才從豐原開車回家。

菜園環保 夫妻互補同經營

東勢吊橋離菜園不遠，望過去的橋梁是用鋼纜撐起，本來車輛可以通行，後來橋面傾斜，車子就改走橋下的過水橋。一九六二年東勢吊橋改建成水泥的東豐大橋（現東勢大橋）我在橋墩那邊有種菜。

因為培訓那年開始接觸環保，剛開始是自己家的回收，還有親戚、鄰居如果有需要，我們就去載。後來我想說是不是在社區成立環保站，讓堆放回收物的空間大一點，也可以邀一些人來幫忙。我跟玉英商量後，受證那一年（一九九八年）我們在橋下做環保回收，將在龍馬橋墩下的菜園地點改成環保站，就成為我們夫妻的第一個回收站。

剛開始利用下班時間，用手推車在社區收資源回收，然後載回到橋墩下做分類。因為這地區俗稱土牛，所以就稱它為土牛環保站。休假日，我還是會跟著林信雄師兄到各處載資源回收物。

半年後，鄰居看我拉著車辛苦，將報廢的小轎車送給我載回收物，幾個月後我還是買了一臺八百CC的中古小貨車來代替，畢竟報廢的車子不合法，開得不安心。

玉英看到我除了下班時間做環保，連月休四天的假日都跑到豐原跟車做回收，她覺得我這麼愛做，也跟著投入環保。

在九二一大地震前，土牛環保站只有我們夫妻倆在做回收。我們夫妻想要帶動社區民眾來做環保，剛開始的時候質疑的聲音也有，都說我們做回收是在賺錢；說我們賣了回收物，錢進自己口袋；也有傳言說我們不知道抽成多少……玉英會說：「我們沒那個心，不要緊，愛說就讓他們去說。」

東豐大橋在九二一大地震時垮掉，橋墩下的鐵皮屋被橋面壓著，也沒辦法做。後來大橋要拆掉重建，我和玉英商量說環保不能停，還是我們要去載的。就把環保站遷移到另一處河床；就是一九五〇年代，東勢吊橋下面那個過水橋旁邊，大橋重建的時候，我們環保站就改在那裡繼續做。

那個地方離馬路有段距離，要經過一段芒草、雜樹亂竄的路，安全有顧慮。為了帶動社區民眾做環保，四處尋找大一點的地方，沒有結果。最後還是等到二〇〇二年二月大橋重建完成，環保站遷回橋下原址繼續做。

九二一大地震後，慈濟人在社區的付出大家有目共睹，邀約鄉親來做環保終於比較容易，固定來的志工差不多有十位，每星期一的下午，會到環保站做分類，其它的日子志工有空就會來做。我比較不會招人，其實大部分的志工都是玉英邀的。

像有一位陳阿玉，七八十歲了，她住在德興村，她會跟另外二位鄰居一起從德

劉玉英因為先生黃國忠愛做環保，也跟著投入。圖為二〇一〇年四月二十六日，她在東勢大橋下土牛環保站做分類。（攝影／徐振富）

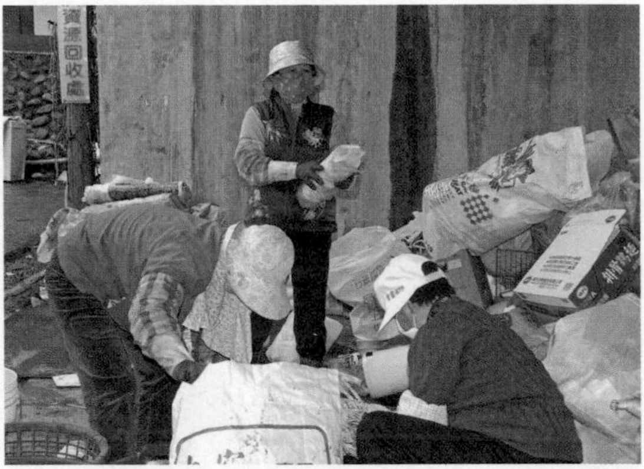

東勢大橋龍馬橋墩下的土牛環保站，志工必須忍受高噪音與塵土，但就是憨憨做，心裡頭想的是要讓環境更好些。（攝影／徐振富）

興村沿著河堤走過來做環保，她們說要來做健康的。還有在土牛國小後面那邊的，也都是玉英熟識的人，也會來做環保，因為她從小在土牛村長大，大家認識她，有人緣，人面比較廣。就這樣，我們的回收點也跟著慢慢增加，最多的時候有十個點，分布在梅子村、土牛村、德興村。

土牛環保站非常克難，橋下黃土地，大大小小的亂石不好整理，我就慢慢整地，一次整理一點，慢慢將地面整平，然後再鋪上帆布，至少不會凹凸不平、塵土飛揚。但沒想到一段時間後，因為回收物會有汙穢的液體，加上風雨過後，整個地面黏黏溼溼地，會有味道，覺得這樣不太衛生，就把帆布整個拉掉，地面改鋪上水泥，後來比較乾燥也比較清潔，環保站的環境改善。也在原先小鐵皮屋旁邊加蓋另外一間鐵皮屋，放回收物，作為環保志工休息聚會的空間，玉英會準備點心給環保志工用。

一生無量 生命找到另一出口

二〇〇二年我家師姊（玉英）和東勢、卓蘭等地的四、五位師姊一起參加慈濟委員的培訓。培訓課必須到豐原靜思堂上課，是有點距離，我就負責接送，後來想說接送也是一趟路，就和她一起參加委員的培訓課，二個人一起上課比較有伴，因為慈濟委員必須募款，我也順便幫忙募款。

培訓之前我家師姊除了開早餐店，家裡還有我的父親要照顧，總認為幫忙勸募善款，只要做幕後就好，社區如果有需要就去幫忙，也沒想過要培訓委員。九二一大地震後，東勢有幾所學校是慈濟援建的希望工程學校，我們夫妻倆有空也會到工地幫忙香積、鋪連鎖磚等。那時候中山幼兒實驗學校（二〇〇三年改制為東新國小）是唯一由慈濟的慈誠師兄來蓋的學校[9]。

慈濟在做希望工程的那段時間，上人曾經三次來中山幼兒實驗學校關心，學校蓋好落成的時候，上人的車隊剛好在東勢大橋前的紅綠燈停了下來，差不多就在我家門口。那時候玉英正要打烊收桌子，看到一位師姊從車上下來，她立刻迎上去問：「師姊，您需要什麼，要水嗎？」證嚴上人從車窗探頭說：「是我們的委員喔！」也因為這句話，從沒想過要成為慈濟委員的玉英才決定參加培訓的。

說真的環保站的地理環境實在不好，每一位付出志工的背後都有一段故事，彼此相互鼓勵成長。陳王棗的回收點，鄰居、社區會將回收物送來，其中一個環保志工，我們都稱她為「小媽媽」，人很嬌小，腳長得好像鴨母蹄（臺語，音ah-bó-tê，扁平足。）走路很慢。每天到處去收回收物，橋頭、便利商店，看到就撿，來來回回放到陳王棗那裡，她就像小螞蟻一樣的勤勞。

小媽媽嫁給榮民為妻，生了三個兒子，平常說話我們聽不太懂，如果發出像「爸爸」的聲音，我們才聽得懂，有如啞巴一樣，用「微笑」打招呼是我們共同的語言。她在社區就一直這樣收回收物，前幾年中風後，請外勞來照顧，無法再做環保了！

住在梅子村的環保志工謝盡妹，先生黃運發未培訓前已經跟著慈濟環保車來回跑，一起載回收物。二〇〇六年底完成慈誠的培訓，卻在受證前幾天，因為到砂石場打工發生意外往生。妻子謝盡妹非常傷心，有憂鬱傾向，兒子鼓勵她來做環保。她家距離環保站有四公里遠，近七十歲的謝盡妹每週

9.慈濟援建九二一希望工程臺中縣東勢中山幼兒實驗學校重建完工。此所學校由慈濟慈誠隊裡的專業人才親手打造，從開挖地基、綁鋼筋、打混凝土等動作，一一做起，但這些隊員可不是一時興起，證嚴法師在工地事務所牆上，見到兩排專業執照，包括結構技師、土木技師等，令他歡喜地表示，不知慈誠隊有那麼多人才。資料來源：臺中市都市區東新國小網站，https://reurl.cc/aNNpV9（二〇二一年九月二十四日檢索）。

黃國忠耕耘菜園，收成販賣所得如果遇到慈濟有濟賑災需要，或是歲末祝福，就全部捐出。（攝影／賴秀緞）

一下午一點半，常常是第一個到達環保站的志工，來總是靜靜地做。

另一位志工林秀省與玉英曾是喬森鞋廠同事，她國小畢業後，外出工作幫忙家計，直到結婚。婚後，先生離家不歸，在外另有家庭，她咬緊牙根到處打工，也挑起照顧公婆與三個孩子的重擔。她公公說，這個家不能沒有媳婦，所以連房子都過戶登記給林秀省；給兒子，他不甘願！

沒想到十多年後林秀省的先生身體不好，回頭了，林秀省還是接納他。家庭的不堪，讓沒讀多少書的林秀省除了到麵店工作，幾乎是封閉自己。玉英關心、鼓勵她走出來，知道她想種菜，將菜園的一部分土地分給她栽種。

林秀省平常上班比較忙，我到菜園鋤草，也順便幫她一起整理。玉英也邀她來做環保，說：「你來做，幫幫我。」沒想到林秀省一路做得歡喜，連她家旁邊的空地也成為環保點，幾年後鄰居要蓋房子才結束這個環保點。菜園、環保站成了林秀省的休息站，看得她的笑容，也加入慈濟大家庭，二〇〇七年受證為慈濟委員。

小錢行大願 點滴成福田

二〇〇四年我從豐容退休後，時間就有多出來，回收點一個個增加，回收物更多，每天都要出車，有時候一天要跑兩趟車，玉英忙完早餐生意，下午都會跟車幫忙。

退休後我們也比較有時間耕耘菜園，園裡的蔬菜收成跟著多起來，有多的就曬成菜乾，一起與新鮮蔬菜放在早餐店門前販賣，所得部分投入竹筒，

環保志工李阿錢是劉玉英的母親，看著菜園裡每顆菜長得大又漂亮，笑得好開心。（攝影／徐敏宸）

如果遇到慈濟有濟賑災需要，或是歲末祝福，就全部捐出，就是日日行善啦！因為師父起家也是這樣，三十個家庭主婦每天去菜市場買菜前，日存五毛錢開始的。我也一樣小錢一塊、兩塊、十塊的存，比較沒有什麼壓力、反而容易。

在橋下做環保，夏天還是滿涼快的，遇下雨天還有大橋淨寬三十米的橋面在上面頂著，環境算是不錯。只是附近有砂石場，兩、三分鐘就有砂石車呼嘯而過，車輪轟隆隆滾動聲，帶起塵土飛揚，也造成地面破損，環保志工必須忍受高噪音與塵土，在這樣的空間做環保，真的很堅忍，但我們就是憨憨做，一天一天做，心裡頭想的是要讓環境更好些。

就像去河川看到人家亂丟的垃圾，都會有那個習慣把它撿一撿。因為河堤那邊風很涼、水又清，一旦遇到假日，有的人會跑下去戲水，我們都有寫說，環境要衛生，不要亂丟垃圾，垃圾最好帶回去。但來玩水的人都一整袋丟在著，比如空罐一大堆，有用袋子裝的還好，有的就會跟垃圾裝在一起，我就把它翻翻翻，收一收，垃圾拿去垃圾車丟；如果我沒有做，那就越來越多。

堅持的心 來自感恩

我一直把環保回收工作當感恩，所以也不覺得勞苦。因為百年大地震造成東勢地區災情慘重，只靠東勢人力量重建是艱困的，幸好有外界的愛心一寸寸湧入修補，我們很快地站起來。

許多校舍也因地震毀損，孩子就學受到耽擱，慈濟援建東勢國中、東勢

黃國忠將東勢靜思堂周圍樹木修剪的殘枝、樹葉回收，載回菜園做堆肥。（攝影／徐振富）

國小、東新國小……許多志工遠道來協助，讓地方的孩子能在美輪美奐的校園讀書，我心中充滿感恩。所以跟劉紀勝、陳哲夫、廖昌威等人在退休後，每週到東勢國小、東新國小及機關團體資源回收，同時教導學童如何分類，以及灌輸愛物、惜物的觀念，使垃圾減量，對於瓶瓶罐罐嚴格要求沖洗乾淨後踩扁才回收。這樣一次又一次的教，最後連東新國小幼稚園的小朋友都會將垃圾與可回收資源，分門別類放桶子。

東勢靜思堂周邊種了不少樹，定期做修剪整理，殘枝落葉多達十餘袋，丟垃圾車也麻煩，為了善用資源，我會載回菜園，部分放入「落葉堆肥箱」

有效回收落葉做堆肥，有的放在果樹下堆積，地面比較不會長雜草，久了腐爛，都可以成為大地的養分，種出來的蔬果天然又健康。

永不推卸　環保做好環境會好

這二十多年來環保站，面臨噪音、塵土飛揚，我們都不曾放棄，因為每一個來來去去的志工彼此間有濃濃的情感。看著他們因為做環保走進慈濟大家庭，是喜悅；陪伴他們度過痛失親人的哀痛，是法親情；看著他們年紀大身體衰老做不動，會感傷，也祝福。

二〇一九年三月交通部公路局維修東勢大橋，油漆橋底，相關公務單位人員特別來說，橋樑下不能堆積東西，怕危險，因為有瓦斯管線什麼的，耕耘多年的環保站與我們夫妻有很深的情，遇到這樣的狀況，我們也只能尊重、接受，結束土牛環保站。

土牛環保站結束了，但社區的回收物還是會暫時放在龍馬橋墩下鐵皮屋

東勢大橋龍馬橋墩下的土牛環保站，志工必須忍受高噪音與塵土，但就是憨憨做，只希望讓環境更好些。（攝影／徐振富）

前堆放，每周鄧炳松師兄從豐原、石岡過來，也順道將回收物送到東勢環保教育站做分類。如果遇上他比較忙的時候，就由我送到環保站去。其他的環保志工除了年紀大無法到遠處做之外，其餘的一樣不停歇，有的到豐原豐洲環保站或東勢環保教育站繼續付出。

我還是一如往常，週一、週二坐上小貨車跟隨其他師兄到東勢各個定點載回收，送回泰昌環保教育站、東勢環保教育站做分類，其他社區需要隨時出車。做環保歷程，雖然辛苦足足，但環保做得好，環境才會乾淨，是我永不推卸的使命。

【附錄】

慈濟環保三十大事記

一九九〇

・**一九九〇年八月二十三日**　證嚴上人受吳尊賢公益講座邀請至臺中新民商工演講，並勉眾用鼓掌的雙手做環保，此即為慈濟推動環保之濫觴；回收物變賣所得，歸入慈善基金，幫助弱勢家庭。

一九九二

・**一九九二年三月十二日**　第二波「預約人間淨土」——環保綠化篇系列活動展開，自三月十二日植樹節起至四月二十二日世界地球日止，為期一個多月。此項活動宗旨，在落實全民綠化工作，永留子孫自然空間；推廣環保護生觀念，珍惜地球萬物資源。

・**一九九二年六月二十七日**　慈濟環保跨海紮根國外，美國紐約志工首推環保，即日起定期舉辦法拉盛掃街活動。

慈濟環保三十中區大事記

・**一九九〇年八月二十三日**　新民商工演講結束後，中區慈濟志工於返家途中即開始撿拾被棄置在路邊的可回收資源。

・**一九九〇年九月**　南屯區黎明新村慈濟志工在自家設環保點，蒐集並整理社區回收物。

一九九四

- **一九九四年**　全面推動環保餐具，籲眾隨身攜帶環保碗筷杯，一來護自身健康，二來愛惜大地資源。
- **一九九四年七月十日**　中區榮董聯誼會發起「敦親睦鄰環保運動」，志工從大型垃圾至水道汙泥做地毯式清掃，淨化臺中市容。

一九九六

- **一九九六年十月二十日**　「一九九九，大家一起來掃地」環保運動，全臺有近五萬民眾參與。這項「美麗臺灣、清淨家園」系列活動由《天下》雜誌總策畫，十七個公益單位共同主辦。慈濟是此次掃街活動中最大的聯絡中心，發起十八個縣市、四十多個活動定點集合，上萬人的全省總動員。

一九九七

- **一九九七年**　外埔區中山大地環保教育站成立。
- **一九九七年六月二十一日**　第一次舉辦的「全省環保志工尋根之旅」，共計有五百名環保志工參加。
- **一九九七年九月十七日**　慈濟臺中分會與彰化縣環保局合作，在八卦山區進行中秋淨山。

一九九九

- **一九九九年八月**　受臺中市環保局邀請，

二〇〇一

·**二〇〇一年九月十七日**　賑災兼顧環保，急難救助行動全面採用環保餐盒。

二〇〇二

·**二〇〇二年三月八日**　證嚴上人於展開行腳，因大愛臺所費人力、財力相當大，有感護臺壓力大，遂提出了新主張，並在行腳期間，問了各主管及眾人意思，是否能將環保志工善款拿來護持大愛臺，獲得全體認同。因此，慈濟環保回收變賣所得，自二〇〇二年起，由慈善基金改為護持大愛電視臺，製作更多優質淨化人心的好節目。

二〇〇三

隨垃圾車向民眾宣導垃圾強制分類。

·**二〇〇一年二月**　北區錦志環保教育站成立。

·**二〇〇一年七月一日**　沙鹿區臺中港區聯絡處環保教育站成立。

·**二〇〇二年**　西屯區東大園區環保教育站成立。

·**二〇〇二年四月**　東勢區東勢聯絡處環保教育站成立。

·**二〇〇二年三月十一日**　清水區清水環保教育站成立。

·**二〇〇二年五月十八日**　霧峰區霧峰環保教育站成立。

·**二〇〇三年**

太平區長安環保教育站成立。

大雅區大雅環保教育站成立。

苗栗縣通霄鎮通霄環保教育站成立。

・**二〇〇四年八月十三日**　慈濟國際人道援助會成立，成為慈濟救援行動之後援，所開發的食衣住行之賑災用品，主要以環保再生為訴求，如慈濟環保毛毯。

・**二〇〇五年六月三日**　推廣「環保五化」：年輕化、生活化、知識化、家庭化、心靈化。

二〇〇四

二〇〇五

二〇〇六

・**二〇〇三年十一月**　南屯區文芳香環保教育站成立。

・**二〇〇四年**　苗栗縣卓蘭鎮卓蘭環保教育站成立。

・**二〇〇四年十一月**　神岡區豐洲環保教育站成立。

・**二〇〇五年十二月三十一日**　潭子區潭子環保教育站成立。

・**二〇〇六年一月**　西區向上環保教育站成立。

・**二〇〇六年三月二十八日**　自今年度起，參與大甲媽祖繞境之環境維護。

・**二〇〇六年六月十七日**　潭子區新田環保教育站成立。

・**二〇〇六年八月八日**　烏日區環中環保教育站成立。

・**二〇〇七年三月十三日** 推動「克己復禮」運動，第一階段——有禮真好，第二階段——全民減碳。

二〇〇七

二〇〇八

二〇〇九

・**二〇〇六年九月九日** 大里區大里二環保教育站成立。

・**二〇〇六年九月二十三日** 苗栗縣苑裡鎮苑裡環保教育站成立。

・**二〇〇七年** 后里區中和環保教育站成立。

・**二〇〇七年四月一日** 臺中志業園區實施廚餘堆肥。

・**二〇〇七年五月六日** 首次在夏綠地公園舉辦為期二週的「與地球共生息」大型展覽。

・**二〇〇七年六月一日** 豐原區鐮村環保教育站成立。

・**二〇〇八年二月十七日** 后里區后里聯絡處環保教育站成立。

・**二〇〇八年六月二十二日** 神岡區聚福環保教育站成立。

・**二〇〇九年四月** 大里區大智環保教育站

二〇一〇

．**二〇一〇年一月**　《遠見》雜誌首次舉辦「邁向哥本哈根，尋找臺灣環境英雄」選拔活動，證嚴上人身體力行環保，並帶動既影響全球慈濟人投身環保行列，獲評為「官員及領袖類」臺灣環境英雄。

．**二〇一〇年四月十七日**　臺灣慈濟大專青年聯誼會志工大串連，發起「時代青年千萬素，減少百萬CO_2」運動，希望匯聚十萬位青年共同響應蔬食運動的力量。

．**二〇一〇年九月六日**　慈濟環保二十年，證嚴上人全臺展開「環保感恩之旅」，並鼓勵環保志工除了彎腰做環保，還要挺腰說環保，推廣「環保精質化，清淨在源頭」的觀念。

二〇一一

．**二〇一一年五月二十五日**　證嚴上人於志工早會呼籲大家惜糧，餐餐八分飽即可。二十六日藥師法會中，更提及節儉生活，

成立。

．**二〇一〇年**　北區忠太東路環保教育站成立。

．**二〇一〇年六月七日**　中區七位慈濟志工獲頒「臺中市西屯區九十九年績優環保志工獎」。

．**二〇一〇年十月一日**　臺中縣環保局為推動「垃圾減量、資源回收」，安排五十七位員工至慈濟東大園區環保站和惜福站，進行觀摩。

．**二〇一〇年十二月**　大安區大安福興環保教育站成立。

．**二〇一一年九月二十四日**　北區福音環保教育站成立。

食八分飽，餘兩分可布施，幫助苦難人，勉眾勿求口欲貪飲食，更不要浪費糧食。

· **二〇一一年九月二十四日** 開辦「慈濟環境教育師資培育研習」課程。

二〇一二

· **二〇一二年一月一日** 梧棲區梧棲環保教育站成立。

· **二〇一二年二月十九日** 白沙屯媽祖遶境回鑾日，中區志工沿途設置回收點，推動「垃圾不落地，媽祖好子弟」，另提供環保碗筷給繞境隊伍使用。

· **二〇一二年六月二日** 北屯區大德環保教育站成立。

· **二〇一二年九月二日** 南屯區春社環保教育站成立。

· **二〇一二年十月一日** 北屯區松竹環保教育站成立。

二〇一三

· **二〇一三年三月九日** 烏日區九德環保教育站成立。

· **二〇一三年十一月十一日** 首次以會議觀察員身分參加聯合國氣候變遷組織會議。

二〇一四

．二〇一三年三月二十四日　南區福興環保教育站成立。

．二〇一三年六月九日　北屯區平安環保教育站成立。

．二〇一三年八月　東區東區環保教育站成立。

．二〇一三年八月二十四日　龍井區龍井環保教育站成立。

．二〇一四年一月二十二日　中區柳川環保教育站成立。

．二〇一四年二月七日　應南投縣政府環境保護局邀請，於臺灣燈會期間向賞燈民眾宣導垃圾不落地，投入志工約一千三百人次，回收資源約九公噸。

．二〇一四年六月二十四日　南屯區臺中分會環保教育站成立。

二〇一五

．二〇一五年二月十四日　西區健行環保教育站成立。

二〇一六

- **二〇一六年一月十一日** 發起「一一一世界蔬醒日」，以「一一一—一天、一念心、一個解決方法」為概念。

二〇一七

- **二〇一七年五月** 大甲區幼獅環保教育站成立。

二〇一八

- **二〇一八年十一月三日** 「二〇一八臺中世界花卉博覽會」期間設置「大愛環保科技人文館」，宣導環保愛護大地，投入志工約一萬三千人次，參訪民眾逾十一萬人次。

二〇一九

- **二〇一九年三月八日** 啟動「雲端健康關懷系統」計畫，關懷環保志工健康。

二〇二〇

- **二〇二〇年二月八日** 「二〇二〇臺灣燈會在臺中」，於慈濟燈區動員志工約一千八百人次，為三萬三千五百多人次的參訪者，宣導環保觀念。
- **二〇二〇年七月十五日** 慈濟環保三十周年中區布展於臺中靜思堂開展。
- **二〇二〇年八月二十三日** 慈濟環保三十年。

二〇二〇年慈濟臺灣各類資源回收總重量

寶特瓶總重量	大愛感恩寶特瓶總重量	紙類總重量
2,415,334	1,895,941	44,343,870
塑膠總重量	鐵類總重量	鋁類總重量
7,660,919	8,721,888	1,038,399
廢五金總重量	舊衣物總重量	玻璃瓶總重量
1,043,797	3,309,959	10,973,417
銅類總重量	鋁箔包總重量	白鐵總重量
380,741	3,061,530	371,732
塑膠袋總重量	電池總重量	其它（註）
3,619,713	189,545	487,309

挽救大樹	回收總重量
886,877	89,514,094

【註】

一、以上數據單位為「公斤」。

二、光碟、手機、平板、電腦、日光燈管等皆屬其他類。

三、自本年度起，送至大愛感恩科技公司製成環保毛毯的寶特瓶數量，獨立計算呈現。

統計時間：2020/12/31止　資料來源：宗教處

二〇二〇年慈濟環保志工臺灣分布概況

◆ 2020年臺灣慈濟環保志工合計 90,626 人。

北部	總人數
臺北 新北 基隆 金門	37,692
澎湖	199
桃園	5,593
新竹	4,861

中部	總人數
苗栗	594
臺中	8,016
南投	1,589
彰化	4,146

東部	總人數
宜蘭	2,737
花蓮	536
臺東	498

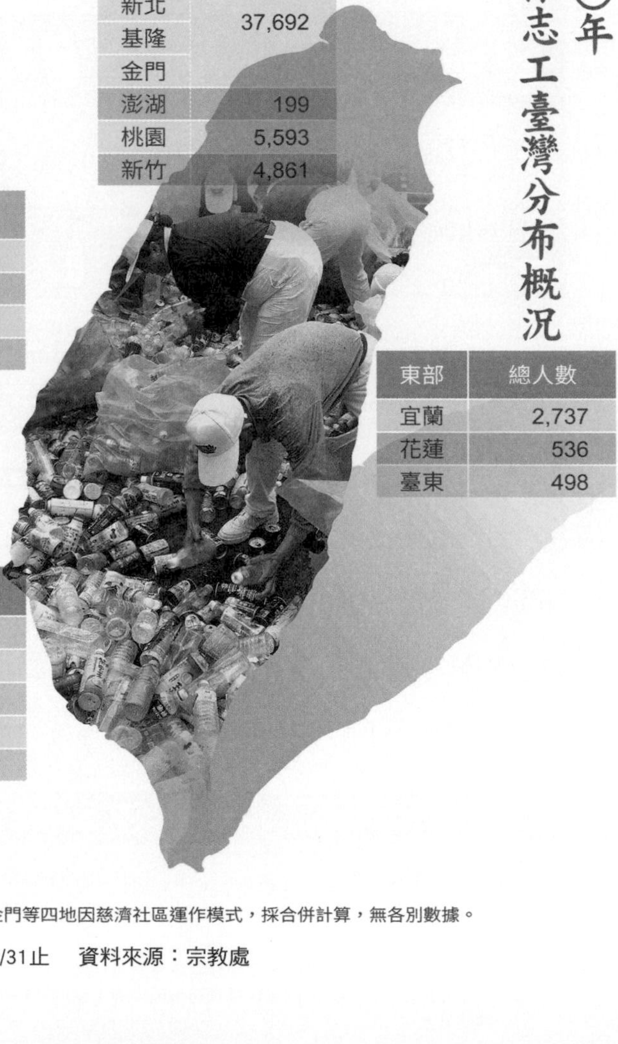

南部	總人數
雲林	963
嘉義	2,290
臺南	5,766
高雄	11,381
屏東	3,765

【註】

臺北、新北、基隆、金門等四地因慈濟社區運作模式，採合併計算，無各別數據。

統計時間：2020/12/31止　資料來源：宗教處

二〇二〇年慈濟環保據點臺灣分布概況

◆ 2020年慈濟於臺灣，設有268處環保站、6,889處社區環保點，總計7,157處。

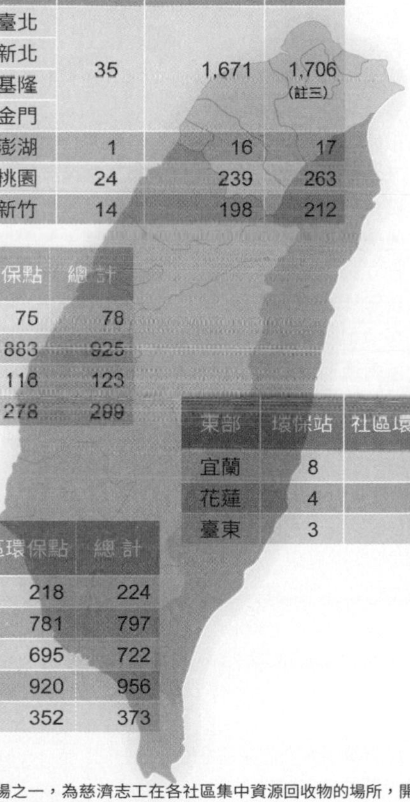

北部	環保站（註一）	社區環保點（註二）	總 計
臺北 新北 基隆 金門	35	1,671	1,706（註三）
澎湖	1	16	17
桃園	24	239	263
新竹	14	198	212

中部	環保站	社區環保點	總 計
苗栗	3	75	78
臺中	42	883	925
南投	7	116	123
彰化	21	278	299

東部	環保站	社區環保點	總 計
宜蘭	8	84	92
花蓮	4	207	211
臺東	3	156	159

南部	環保站	社區環保點	總 計
雲林	6	218	224
嘉義	16	781	797
臺南	27	695	722
高雄	36	920	956
屏東	21	352	373

【註】

一、環保站：慈濟社區道場之一，為慈濟志工在各社區集中資源回收物的場所，開放給大眾了解慈濟、了解環保，進而力行環保。

二、社區環保點：社區中認同慈濟環保理念的人，在慈濟志工的帶動下，在適當的地點，定點、定時收集資源回收物資，再送往慈濟環保站延續物命。

三、臺北、新北、基隆、金門等四地因慈濟社區運作模式，採合併計算，無各別數據。

四、因年長環保志工增加，基於身體和安全考量，無法到點服務；另，部分志工自家或社區無償提供的回收場無法持續運作。是以，本年度臺灣環保據點數量大幅下降。

統計時間：2020/12/31止　資料來源：宗教處

環境保護口述歷史系列002

惜地——中區慈濟志工環保口述歷史

慈濟基金會執行長／顏博文
策　　劃／何日生（慈濟基金會副執行長）
賴睿伶、林如萍（慈濟基金會文史處）
編 輯 群／沈昱儀、曹慧如、林如萍、吳明勳（慈濟基金會文史處）
圖表設計／陳誼蓁（慈濟基金會文史處）
志工行政協調／蔡謀誠、張翠娥
志工口述／曾益冰、張玉妹、黃翠玉、劉榮欽、許國連、柯國壽、林淑嬌、邱淑姿
簡珠香、黃國忠
口述整理／張淑宜、施金魚、林雪花、林淑懷、林淑緞、張麗雲、張美齡、賴秀緞
楊素萍、吳淑妃、洪素養
（以下皆依姓氏筆畫排列）
圖影記錄／王秀吟、李弘文、李嘉斌、林炎煌、林聰穎、邱百豊、邱昇權、施金魚
洪素琴、凌榮哲、徐振富、徐敏宸、張秋菊、張美齡、莊萬福、許順興
陳科吉、陳聰銘、陳鎮嘉、曾東勝、曾美慧、游國霖、黃世澤、黃南暘
葉唐銘、劉立仁、劉榮欽、潘常光、鄧和男、鄭運金、賴秀緞、簡宏正
簡明安、羅鳳琴
聽打記錄／吳淑女、吳淑妃、吳淑鐘、林秀貞、林素玲、林淑懷、林雪花、施金魚
柳俞君、胡桓笙、張秋菊、張美齡、張麗雲、曹美常、陳怡君、陳香如
陳靜玫、曾千瑜、游淑惠、楊家妤、楊素萍、詹雅淳、賴秀緞、簡文娜
簡明安、羅麗仙、蘇育慧
志工協力／林玉鳳、許竹宜、黎秀麗

發 行 人／王端正
總 編 輯／王志宏
叢書主編／蔡文村
叢書編輯／何祺婷
美術指導／邱宇陞
資深美編／蔡雅君
出 版 者／經典雜誌
財團法人慈濟傳播人文志業基金會
地　　址／台北市北投區立德路二號
電　　話／（02）2898-9991
劃撥帳號／19924552
戶　　名／經典雜誌
製版印刷／禹利電子分色有限公司
經 銷 商／聯合發行股份有限公司
地　　址／新北市新店區寶橋路235巷6弄6號2樓
電　　話／（02）2917-8022
出版日期／2021年11月初版
定　　價／新台幣450元

國家圖書館出版品預行編目(CIP)資料

惜地：中區慈濟志工環保口述歷史/
曾益冰等口述;張淑宜等整理. --初版.--
臺北市：經典雜誌, 財團法人慈濟傳播人
文志業基金會,
2021.11；432面；15*21公分.
(環境保護口述歷史系列；2)

ISBN 978-626-7037-17-1(平裝)
1.慈濟 2.慈濟志工 3.中區慈濟志工
4.慈濟基金會 5.慈濟環保志工
6.慈濟環保 7.環保 8.口述歷史
547.16　　　　110018131

ISBN 978-626-7037-17-1（平裝）
Printed in Taiwan